ENZYKLOPÄDIE
DEUTSCHER
GESCHICHTE
BAND 83

ENZYKLOPÄDIE
DEUTSCHER
GESCHICHTE
BAND 83

HERAUSGEGEBEN VON
LOTHAR GALL

IN VERBINDUNG MIT
PETER BLICKLE
ELISABETH FEHRENBACH
JOHANNES FRIED
KLAUS HILDEBRAND
KARL HEINRICH KAUFHOLD
HORST MÖLLER
OTTO GERHARD OEXLE
KLAUS TENFELDE

DIE AUSSEN-POLITIK DER BUNDESREPUBLIK DEUTSCHLAND 1949 BIS 1990

VON
ULRICH LAPPENKÜPER

R. OLDENBOURG VERLAG
MÜNCHEN 2008

Bibliografische Information der Deutschen Nationalbibliothek

Die Deutsche Nationalbibliothek verzeichnet diese Publikation in der Deutschen Nationalbibliografie; detaillierte bibliografische Daten sind im Internet über <http://dnb.d-nb.de> abrufbar.

© 2008 Oldenbourg Wissenschaftsverlag GmbH, München
Rosenheimer Straße 145, D-81671 München
Internet: oldenbourg.de

Umschlaggestaltung: Dieter Vollendorf
Umschlagabbildung: Bundeskanzler Helmut Kohl (r.) und Altbundeskanzler Willy Brandt geben ein gemeinsames Fernsehinterview über die deutsche Einheit im ehemaligen Arbeitszimmer von Bundeskanzler Konrad Adenauer im Palais Schaumburg. Bundesregierung/Arne Schambeck
Gedruckt auf säurefreiem, alterungsbeständigem Papier (chlorfrei gebleicht)
Satz: Schmucker-digital, Feldkirchen b. München
Druck: MB Verlagsdruck, Schrobenhausen
Bindung: Buchbinderei Kolibri, Schwabmünchen

ISBN 978-3-486-55039-9 (brosch.)
ISBN 978-3-486-55040-5 (geb.)

Vorwort

Die „Enzyklopädie deutscher Geschichte" soll für die Benutzer – Fach-
historiker, Studenten, Geschichtslehrer, Vertreter benachbarter Diszi-
plinen und interessierte Laien – ein Arbeitsinstrument sein, mit dessen
Hilfe sie sich rasch und zuverlässig über den gegenwärtigen Stand unserer Kenntnisse und der Forschung in den verschiedenen Bereichen
der deutschen Geschichte informieren können.

Geschichte wird dabei in einem umfassenden Sinne verstanden:
Der Geschichte der Gesellschaft, der Wirtschaft, des Staates in seinen
inneren und äußeren Verhältnissen wird ebenso ein großes Gewicht bei-
gemessen wie der Geschichte der Religion und der Kirche, der Kultur,
der Lebenswelten und der Mentalitäten.

Dieses umfassende Verständnis von Geschichte muss immer wieder Prozesse und Tendenzen einbeziehen, die säkularer Natur sind, nationale und einzelstaatliche Grenzen übergreifen. Ihm entspricht eine
eher pragmatische Bestimmung des Begriffs „deutsche Geschichte".
Sie orientiert sich sehr bewusst an der jeweiligen zeitgenössischen Auffassung und Definition des Begriffs und sucht ihn von daher zugleich
von programmatischen Rückprojektionen zu entlasten, die seine Ver-
wendung in den letzten anderthalb Jahrhunderten immer wieder begleiteten. Was damit an Unschärfen und Problemen, vor allem hinsichtlich
des diachronen Vergleichs, verbunden ist, steht in keinem Verhältnis zu
den Schwierigkeiten, die sich bei dem Versuch einer zeitübergreifenden
Festlegung ergäben, die stets nur mehr oder weniger willkürlicher Art
sein könnte. Das heißt freilich nicht, dass der Begriff „deutsche Geschichte" unreflektiert gebraucht werden kann. Eine der Aufgaben der
einzelnen Bände ist es vielmehr, den Bereich der Darstellung auch geographisch jeweils genau zu bestimmen.

Das Gesamtwerk wird am Ende rund hundert Bände umfassen.
Sie folgen alle einem gleichen Gliederungsschema und sind mit Blick
auf die Konzeption der Reihe und die Bedürfnisse des Benutzers in ihrem Umfang jeweils streng begrenzt. Das zwingt vor allem im darstel-
lenden Teil, der den heutigen Stand unserer Kenntnisse auf knappstem
Raum zusammenfasst – ihm schließen sich die Darlegung und Erörterung der Forschungssituation und eine entsprechend gegliederte Aus-

Vorwort

wahlbibliographie an –, zu starker Konzentration und zur Beschränkung auf die zentralen Vorgänge und Entwicklungen. Besonderes Gewicht ist daneben, unter Betonung des systematischen Zusammen-
hangs, auf die Abstimmung der einzelnen Bände untereinander, in
sachlicher Hinsicht, aber auch im Hinblick auf die übergreifenden Fra-
gestellungen, gelegt worden. Aus dem Gesamtwerk lassen sich so auch
immer einzelne, den jeweiligen Benutzer besonders interessierende Se-
rien zusammenstellen. Ungeachtet dessen aber bildet jeder Band eine in
sich abgeschlossene Einheit – unter der persönlichen Verantwortung
des Autors und in völliger Eigenständigkeit gegenüber den benachbar-
ten und verwandten Bänden, auch was den Zeitpunkt des Erscheinens
angeht.

Lothar Gall

Inhalt

Vorwort des Verfassers

Eine Synthese der westdeutschen Außenpolitik im Zeitraum von der Gründung der Bundesrepublik Deutschland 1949 bis zur Wiedervereinigung der beiden deutschen Staaten 1990 auf knappstem Raum zu verfassen, stellt wohl jeden Autor vor eine zwiespältige Herausforderung. So reizvoll es ist, das vorhandene Wissen im Rahmen eines enzyklopädischen Überblicks zu bündeln und die Forschungsgeschichte in einem Grundriss abzuhandeln, so groß erscheint die Gefahr, dass durch die Konzentration auf zentrale Vorgänge und grundlegende Entscheidungen des außenpolitischen Regierungshandelns die Vielschichtigkeit der auswärtigen Beziehungen, ihre Einbettung in den Kontext der internationalen Politik, die Verknüpfung von Innen- und Außenpolitik, die Komplexität der außenpolitischen Entscheidungsprozesse nur unzureichend erfasst werden.

Trotz der durch die räumliche Beschränkung erzwungenen Notwendigkeit zur Auswahl und zum Verzicht beschränkt sich die Darstellung bewusst nicht nur auf den diplomatischen Alltag und die Große Politik. Sie bemüht sich vielmehr in Disposition und Ausführung darum, die Vielfalt der Handlungsabläufe zu spiegeln, den Strukturbedingungen und Handlungsspielräumen nachzugehen sowie die Bonner Außenpolitik sowohl in ihrer Eigenständigkeit als auch in ihren diversen Verflechtungen zu zeigen. Ohne die Grundmuster und Tendenzen der Geschichtswissenschaft aus dem Auge zu verlieren, versucht sie überdies in der gebotenen Kürze auf allzu oft unberücksichtigt bleibende „Nebengleise" hinzuweisen, Forschungsdesiderata zu markieren und über die Wiedergabe der maßgeblichen Meinungen hinaus eigene Positionen zu beziehen.

Bei der Entstehung dieses Buches habe ich von vielen Seiten Hilfe und Rat erfahren, für die ich herzlich danken möchte. Dankbar verbunden weiß ich mich namentlich Herrn Prof. Dr. Klaus Hildebrand, der als verantwortlicher Herausgeber des Bandes die Studie einer intensiven Lektüre unterzogen und eine Vielzahl wertvoller Hinweise gegeben hat. Mein Dank gilt auch dem Hauptherausgeber Prof. Dr. Lothar Gall für seine eingehende Durchsicht und manch wichtigen Verbesserungsvorschlag. Ein sehr herzlicher Dank gebührt meinen Freunden

Herrn Dr. Christoph Studt und Herrn Professor Dr. Hermann Wentker, die die Mühe auf sich nahmen, das ganze Manuskript gewissenhaft zu lesen und kritisch zu kommentieren. Gedankt sei ferner Frau Gabriele Jaroschka vom Oldenbourg Verlag für ihre kompetente Lektorierung. Für die Beschaffung der umfangreichen Literatur danke ich den Mitarbeitern am Lehrstuhl von Prof. Dr. Klaus Hildebrand, Herrn Peter Beule, Herrn Patrick Bormann, Frau Anne Raith, Herrn Johannes Tröger und insbesondere Frau Rafaela Hiemann. Einmal mehr und in besonderer Weise danke ich schließlich meiner Frau Christiane für stete Unterstützung und großherziges Verständnis.

Reinbek, im September 2007   Ulrich Lappenküper

I. Enzyklopädischer Überblick

1. Besatzungszeit 1945 bis 1949

Mit der bedingungslosen Kapitulation der deutschen Wehrmacht am 7./ 8./9. Mai 1945 endete der Zweite Weltkrieg für das „Dritte Reich" in der totalen Niederlage. Weitgehend zerstört, militärisch erobert und von alliierten Truppen besetzt, hörte Deutschland auf, ein Akteur der internationalen Politik zu sein. Die Siegermächte USA, Sowjetunion, Großbritannien und Frankreich übernahmen die oberste Regierungsgewalt und teilten das „vergangene Reich" (K. Hildebrand) wie auch die ehemalige Reichshauptstadt Berlin in vier Besatzungszonen, die einem Kontrollrat der alliierten Oberbefehlshaber unterstellt wurden. Im Potsdamer Protokoll vom 2. August 1945 vereinbarten die Staats- und Regierungschefs der „Großen Drei", Clement Attlee, Harry S. Truman und Josef Stalin, vier deutschlandpolische Fundamentalprinzipien: Demilitarisierung, Denazifizierung, Dezentralisierung und Demokratisierung. Um der Sowjetunion einen Zugriff auf das westdeutsche Industriepotenzial zu verwehren, stimmten Briten und Amerikaner als Konzession einer „ordnungsgemäßen Überführung" der Deutschen aus Ungarn, den Gebieten jenseits von Oder und Neiße und der Tschechoslowakei zu. Vorbehaltlich eines Friedensvertrages akzeptierten sie die Unterstellung der Ostgebiete unter polnische Verwaltung sowie die Abtretung des nördlichen Ostpreußens an die Sowjetunion.

Wie sich auf der Potsdamer Konferenz bereits angedeutet hatte, sollte es den Alliierten in der Folgezeit kaum mehr gelingen, die dort gefassten Beschlüsse einvernehmlich umzusetzen. Insbesondere die in Aussicht genommene Bildung von deutschen Zentralverwaltungsbehörden und die Absicht, die Kriegsverluste durch Reparationen abzugelten, führten auf den seit September abgehaltenen Konferenzen des Rats der vier Außenminister wiederholt zu scharfen Auseinandersetzungen. Die Schaffung zweier Reparationsgebiete ungeachtet der Verpflichtung, Deutschland als einheitliches Wirtschaftsgebiet zu betrachten, und die Anbindung der Zonen an unterschiedliche politische und wirtschaftliche Systeme ebneten den Boden für eine Spaltung Deutschlands.

Bedingungslose Kapitulation

Potsdamer Protokoll

Rat der vier Außenminister

Indem die USA und die Sowjetunion seit dem Jahreswechsel 1945/46 global zur politischen Konfrontation übergingen, schwand die Aussicht auf eine Bereinigung der deutschlandpolitischen Differenzen. Nachdem Stalin eine militärische Aufrüstung angekündigt hatte, warnte Winston Churchill am 5. März 1946 öffentlich vor einer Teilung Europas durch einen „Eisernen Vorhang". Wenige Monate später widersetzte sich der sowjetische Außenminister Wjatscheslaw Molotow im Rat der Außenminister einem Plan seines amerikanischen Kollegen James F. Byrnes zur Neutralisierung Deutschlands und forderte im Gegenzug die Umstrukturierung der deutschen Wirtschaft nach dem Vorbild der Sowjetischen Besatzungszone (SBZ).

Wachsendes Misstrauen gegenüber dem ehemaligen Kriegsalliierten veranlasste die USA, im Herbst 1946 eine deutschlandpolitische **Deutschlandpolitische Wende der USA** Wende einzuleiten. Sie plädierten für eine politische Neugestaltung Deutschlands und beschlossen zusammen mit Großbritannien die wirtschaftliche Verschmelzung der ihnen unterstellten Territorien zur Bizone. Vor dem Hintergrund der kommunistischen Infiltration Griechenlands und der Türkei weitete sich der Kampf der beiden Weltmächte in Europa zu einer politisch, wirtschaftlich und ideologisch fundierten Auseinandersetzung, die der amerikanische Publizist Walter Lippmann **Kalter Krieg** als „Kalten Krieg" bezeichnete. Wenige Monate nachdem die USA den von der Sowjetunion bedrohten Völkern im Rahmen der Truman-Doktrin Hilfe angeboten hatten, stellte Außenminister George C. Marshall Europa am 5. Juni 1947 ein wirtschaftliches Hilfsprogramm in Aus **Marshall-Plan** sicht, das auch Deutschland zugute kommen sollte. Kurz darauf schlugen auch die amerikanischen Stabschefs mit der Besatzungsdirektive JCS 1779 gegenüber Deutschland einen neuen Ton an. Stalin untersagte daraufhin den osteuropäischen Staaten die Teilhabe am European Recovery Program (ERP) und propagierte die Zwei-Lager-Theorie, wonach sich die Welt in eine imperialistisch-antidemokratische westliche und eine antiimperialistisch-demokratische östliche Hälfte teile.

Angesichts dieser Zuspitzung konnte es niemanden überraschen, dass die Beratungen des Rats der Außenminister deutschlandpolitisch in die Sackgasse gerieten. Auch Frankreich, das bisher im Glauben an eine Verständigung mit der Sowjetunion eine eigenständige Politik zwischen Ost und West verfolgt hatte, schwenkte allmählich auf die an **Frankreichs Einschwenken auf die westliche Deutschlandpolitik** gelsächsische Linie ein, wobei ihm die Entscheidung durch die Unterstützung der Westmächte in der Saarfrage erleichtert worden sein dürfte.

Seit dem 23. Februar 1948 diskutierten Vertreter der USA, Großbritanniens, Frankreichs und der BENELUX-Staaten in London über

Wege zur Errichtung eines föderativen Regierungssystems in Westdeutschland und über die deutsche Beteiligung am Marshall-Plan. Anfang Juni kamen sie überein, die Ministerpräsidenten der neu gegründeten Länder mit der Ausarbeitung einer Verfassung für eine parlamentarische Demokratie zu beauftragen. Parallel dazu bereiteten die Westmächte mit deutschen Verwaltungsstellen unter strengster Geheimhal-
tung eine Währungsreform vor, die die zerrüttete Finanzwirtschaft sa-   Währungsreform
nieren und somit die Basis für den ökonomischen Aufbau Westdeutschlands schaffen sollte.

Um deren Umsetzung in Berlin zu verhindern, verfügte die Sow-
jetische Militäradministration eine totale Blockade aller Land- und   Berlin-Blockade
Wasserwege zu den Westsektoren der ehemaligen Reichshauptstadt. Ihr
Versuch, implizit die Gründung des deutschen Weststaates zu vereiteln,
scheiterte an der anglo-amerikanischen Gegenwehr und dem Durch-
haltevermögen der über eine Lüftbrücke versorgten Berliner Bevölkerung.

Am 1. Juli übergaben die Militärgouverneure der drei Westmächte den Ministerpräsidenten die auf der Londoner Sechsmächte-
konferenz erarbeiteten Direktiven und autorisierten sie in diesen Frankfurter Dokumenten, eine Verfassunggebende Nationalversammlung
einzuberufen. Zugleich präsentierten die Militärgouverneure den Länderchefs Leitsätze für ein Besatzungsstatut, das die Beziehungen der
Alliierten zur künftigen westdeutschen Regierung regeln sollte. Trotz
erheblicher Vorbehalte nahmen die westdeutschen Politiker das Angebot an. Aus Sorge vor einer dauerhaften Spaltung Deutschlands ver-
langten sie aber, keine Verfassung, sondern ein provisorisches „Grundgesetz" zu entwerfen, und zwar nicht von einer Nationalversammlung,
sondern durch einen von den Landtagen zu wählenden „Parlamentarischen Rat". Acht Monate nach der Einberufung verabschiedete dieser
Rat am 8. Mai 1949 ein Grundgesetz, das nach der Genehmigung durch   Grundgesetz
die Militärgouverneure und die Landtage am 24. Mai in Kraft trat. Außenpolitisch betrachtet, übertrug diese Verfassung dem „Transitorium"
Bundesrepublik Deutschland (T. Heuss) zwei Staatszielbestimmungen:
die Verpflichtung, „in freier Selbstbestimmung die Einheit und Freiheit
Deutschlands zu vollenden" (Präambel), und die Bereitschaft, Hoheits-
rechte auf „zwischenstaatliche Einrichtungen" zu übertragen, um „eine
friedliche und dauerhafte Ordnung in Europa und zwischen den Völkern der Welt herbeizuführen und zu sichern" (Art. 24).

Nicht das unverkennbare Spannungsverhältnis zwischen der
Westoption und der gesamteuropäischen Orientierung, sondern das
Ringen um den wirtschaftspolitischen Kurs zwischen Plan- und Sozia-

ler Marktwirtschaft stand im Mittelpunkt des Wahlkampfes zum Ersten

Wahlkampf zum
Ersten Bundestag

Bundestag. Als die Stimmen am 14. August ausgezählt waren, lagen die Christlich-Demokratische Union Deutschlands (CDU) und die Christlich-Soziale Union (CSU) mit knapper Mehrheit vor der Sozialdemokratischen Partei Deutschlands (SPD). Da alle Parteien die absolute Mehrheit verfehlt hatten, oblag der stärksten Fraktion die Aufgabe, eine Regierung zu bilden. Trotz erheblicher parteiinterner Widerstände setzte sich Konrad Adenauer, der Chef der CDU im Rheinland und in der Britischen Zone, mit der Absicht durch, eine Koalition mit der Freien Demokratischen Partei Deutschlands (FDP) und der niedersächsisch-konservativen Deutschen Partei (DP) einzugehen. Drei Wochen nach seiner Wahl zum Bundeskanzler endete die „doppelte Staatsgründung" (C. Kleßmann) auf deutschem Boden am 7. Oktober mit dem In-Kraft-Treten der Verfassung der Deutschen Demokratischen Republik (DDR).

„Doppelte Staats-
gründung"

Wenngleich, formal betrachtet, erst jetzt die Voraussetzung für eine bundesdeutsche Außenpolitik geschaffen worden war, hatten deutsche Politiker bereits seit dem Untergang des „Dritten Reiches" die Ansicht vertreten, dass die Außenpolitik Deutschlands nicht den Alliierten allein überlassen bleiben dürfe. Nachdem zur Jahreswende 1946/47 diverse Landesregierungen in der amerikanischen und der britischen Zone Sekretariate gebildet hatten, die sich mit außenpolitischen Angelegenheiten beschäftigen sollten, beschlossen die Ministerpräsidenten von Bayern, Württemberg-Baden und Hessen am 15. April 1947 die

Deutsches Büro für
Friedensfragen

Errichtung eines Deutschen Büros für Friedensfragen, um Unterlagen über eine Friedensregelung für die bevorstehende Außenministerkonferenz in London vorbereiten zu lassen. Demgegenüber konzentrierten sich einflussreiche Akteure des Bizonen-Verwaltungsrates wie der Oberdirektor Hermann Pünder auf die Beteiligung am ERP, von der sie sich die Chance erhofften, „Politik nach außen" zu machen.

Mittel- und langfristig bedeutsamer als die Aktivitäten des Friedensbüros oder des Verwaltungsrates der Bizone waren drei konkurrierende außenpolitische Konzeptionen, die von maßgebenden Parteipolitikern entwickelt wurden: Konrad Adenauer, Kurt Schumacher und

Konkurrierende
außenpolitische
Konzeptionen Ade-
nauers, Schuma-
chers und Kaisers

Jakob Kaiser. Adenauer ging in seiner außenpolitischen Lageanalyse davon aus, dass das Gleichgewicht in Europa durch den Zweiten Weltkrieg zerstört und Deutschland zum reinen „Objekt" in der Weltpolitik abgestiegen sei. Das der Alten Welt gegenüber den neuen Supermächten drohende Inferioritätsverhältnis konnte seiner Meinung nach nur durch einen Zusammenschluss der europäischen Demokratien unter Einbeziehung Deutschlands beseitigt werden. Als Grundvoraussetzung für die Rettung Europas erschien ihm die Überwindung des Gegensatzes zu Frankreich.

Im Gegensatz zu Adenauer, der Deutschland fest im Westen verortete und die Westbindung über die Einheit Deutschlands stellte, hoffte Jakob Kaiser, der Vorsitzende der CDU in der Sowjetischen Besatzungszone, dass Deutschland die Teilung unter den Bedingungen der sich verschärfenden Blockkonfrontation verhindern und als politisch wie weltanschaulich vermittelnde Brücke zwischen Ost und West fungieren könne.

Eine die Gedankengänge Adenauers wie Kaisers in spezifischer Weise verbindende Konzeption verfocht der Vorsitzende der SPD, Kurt Schumacher. Sein dezidiert antikommunistisch ausgerichteter außenpolitischer Ansatz zielte auf den Aufbau eines demokratischen und sozialistischen Deutschlands, eingebettet in eine demokratische und sozialistische Föderation europäischer Staaten. Da die Unabhängigkeit, Gleichberechtigung und Selbstbestimmung des deutschen Volkes zu seinen obersten Zielen zählten, billigte er die von Adenauer propagierte Westbindung nur in dem Maße, wie sie es dem freien Teil Deutschlands ermöglichte, das Herrschaftssystem in der SBZ zu untergraben.

Während Kaisers Konzept seit seiner Absetzung durch die Sowjetische Militäradministration Ende 1947 als desavouiert erscheinen musste, blieb der Wettstreit zwischen den Ansätzen Adenauers und Schumachers lange Zeit offen. Zwar hatte die Wahl des CDU-Vorsitzenden zum Bundeskanzler eine gewisse Vorentscheidung erbracht, doch die Bewährung stand seiner Politik der Westbindung noch bevor.

2. „Souveränität durch Integration" 1949 bis 1955

Im September 1949 aus der Taufe gehoben, fehlte der Bundesrepublik Deutschland zu Beginn nicht nur jegliches internationales Ansehen, sondern sie besaß auch nicht die volle Souveränität. Sichtbarsten Ausdruck fand die beschränkte Handlungsfreiheit im Besatzungsstatut der Alliierten Hohen Kommission (AHK) vom 10. April 1949. Darin reklamierten die Statthalter der drei Westmächte die Zuständigkeit in einer Reihe von „Vorbehaltungsgebieten" für sich wie der Außenpolitik oder dem Außenhandel und beanspruchten das Recht, die „Ausübung der vollen Gewalt" unter bestimmten Bedingungen „ganz oder teilweise wieder zu übernehmen". Obwohl die Bundesrepublik folglich weder

Marginalien:
- Westbindung
- Brücke zwischen Ost und West
- Unabhängigkeit, Gleichberechtigung und Selbstbestimmung
- Besatzungsstatut der AHK

über das Recht zur außenpolitischen Betätigung noch über die dafür notwendigen Instrumente verfügte, sah Adenauer die Außenpolitik als ein Kernstück seiner Regierungsarbeit an. Wichtiger als ein bis auf weiteres fruchtloser Kampf um die Wiedererlangung der deutschen Einheit schien ihm der Gewinn von Sicherheit und Souveränität, die Verankerung der Bundesrepublik als gleichberechtigtes Mitglied in der westlichen Staatenwelt und die feste Bindung an die USA.

Indem er sein Konzept mit der Bereitschaft verband, auf die Sicherheitsbedürfnisse der Westmächte einzugehen, ließ er den latent vorhandenen Konflikt mit der SPD-Opposition offen ausbrechen. Kurz nach Übernahme der Regierungsgeschäfte erbat Adenauer von den Westmächten eine Verlangsamung der Demontagen und bot als Gegengabe den bisher abgelehnten Beitritt zu der im April geschaffenen Internationalen Ruhrbehörde an. Nach langwierigen Verhandlungen mit

Petersberger Abkommen

ihm stellten die Hohen Kommissare im Petersberger Abkommen vom 22. November 1949 neben dem Stopp der Demontagen eine Prüfung des Besatzungsstatuts in Aussicht und billigten die Aufnahme Westdeutschlands in die Organization for European Economic Cooperation (OEEC) sowie den Europarat.

Adenauer hatte die Beratungen ganz im Stile der Geheimdiplomatie des 19. Jahrhunderts geführt und musste sich dafür im Bundestag harte Worte der Kritik anhören. Schumacher verband seine Philippika gar mit einem persönlichen Angriff auf den „Bundeskanzler der Alliier-

„Bundeskanzler der Alliierten"

ten", der freilich nicht Adenauer, sondern ihm selbst schadete. Denn während der SPD-Vorsitzende in den Augen westlicher Staatsmänner fortan deutschen Nationalismus verkörperte, galt der Kanzler als ein Politiker, der Kredit verdiente.

Anders als die USA, die nun gemeinsam mit Großbritannien eine Prüfung des deutsch-alliierten Verhältnisses in Angriff zu nehmen gedachten und mit dem Abkommen über die Durchführung des Marshall-Plans vom 15. Dezember ein wichtiges Fanal setzten, wollte Frankreich den Status quo erst einmal einfrieren; dies um so mehr, als sich die

Revision des Besatzungsstatuts

Frage der Revision des Besatzungsstatuts mit dem Problem der Wiederbewaffnung Westdeutschlands zu verquicken begann.

Die durch den Kalten Krieg hervorgerufenen Differenzen der Westmächte über die Frage der Remilitarisierung nutzend, regte Adenauer Ende 1949 in der Presse den Aufbau einer integrierten europäischen Armee mit deutschen Einheiten an. Da die von der NATO beschlossene Truppenvermehrung ohne westdeutsche Beteiligung kaum zu erreichen war, schien das von ihm propagierte Konzept der „Sicher-

„Sicherheit durch Integration"

heit durch Integration" (D. Krüger) das einzig mögliche zu sein, militärische Notwendigkeiten mit emotionalen wie politischen Empfindlichkeiten der westeuropäischen Nachbarn in Einklang zu bringen.

Zwar willigte Außenminister Robert Schuman Mitte Mai 1950 in die Prüfung des Besatzungsstatuts ein; von der von seinen anglo-amerikanischen Kollegen Dean Acheson und Ernest Bevin angemahnten Lockerung der westdeutschen Demilitarisierungsfessel wollte er indes nichts wissen. Dass die Angelsachsen daraus nicht mit Druck, sondern mit Nachgiebigkeit reagierten, lag wohl vornehmlich an dem von Schuman am 9. Mai präsentierten Plan über die supranationale Zusammenlegung der westeuropäischen Kohle- und Stahlindustrie.

In streng geheimer Mission vorab informiert, zögerte Adenauer keinen Moment, die Offerte anzunehmen. Denn zum einen deckten sich die Grundgedanken des Schuman-Plans in weiten Teilen mit der von Schuman-Plan ihm seit den zwanziger Jahren wiederholt empfohlenen internationalen Zusammenarbeit auf dem Montangebiet. Zum anderen sah er in dem französischen Vorstoß einen Anknüpfungspunkt, das schwierige Verhältnis zu Frankreich, für ihn „Angelpunkt des europäischen Zusammenschlusses", auf eine neue Basis zu stellen.

Kurzzeitig sollte die Schuman-Plan-Konferenz, zu der sich am 20. Juni Delegationen der Bundesrepublik, Frankreichs, Italiens und der BENELUX-Staaten in Paris einfanden, die bilateralen Beziehungen tatsächlich entkrampfen. Der Ausbruch des Korea-Krieges spitzte sie jedoch wieder zu. Da die Westmächte sich auch wegen des Aufbaus paramilitärischer Streitkräfte in der DDR einer Remilitarisierung der Bundesrepublik kaum mehr entziehen konnten, bot Adenauer den USA Ende August die Aufstellung deutscher Kontingente im Rahmen einer westeuropäischen Armee an und hoffte implizit, damit die Diskussion über Souveränität und Gleichberechtigung voranzutreiben.

Sein Vorstoß vollzog sich abermals im Halbschatten der Geheimdiplomatie, denn die Wiederbewaffnung war in der Bundesrepublik noch umstrittener als die Mitwirkung an der geplanten Montanunion oder der am 15. Juni beschlossene Beitritt zum Europarat. Auch Frank- Beitritt zum reich plagten weiterhin massive Bedenken. Zwar stimmte Schuman Europarat Mitte September einer Modifikation des Besatzungsstatuts zu, nicht aber einer von den USA vorgelegten sicherheitspolitischen Paketlösung, die die Vermehrung der amerikanischen Truppen in Europa mit einem deutschen Wehrbeitrag im Rahmen einer europäischen Verteidigungsstreitmacht der NATO verband.

Da die Bundesregierung aus Verärgerung über die französische Intransigenz die weitere Mitarbeit am Schuman-Plan in Frage stellte, sah sich Frankreich zu einer sicherheitspolitischen Kehrtwende ge-

Pleven-Plan zwungen. Am 24. Oktober präsentierte Ministerpräsident René Pleven den Plan einer supranationalen westeuropäischen Armee, der die Bundesrepublik eigene Truppen unterstellen sollte. Trotz aller Einwände gegen das in vielfältiger Hinsicht diskriminierende Konzept hielten sich die Westmächte wie auch die Bundesregierung mit öffentlicher Kritik zurück.

Anfang 1951 begannen sie gemeinsam in Bonn mit Verhandlungen über eine Revision des Besatzungsstatuts und über das amerikanische Konzept einer westdeutschen Wiederbewaffnung. Mitte Februar nahmen die sechs an der Schuman-Plan-Konferenz beteiligten Staaten in Paris dem Vorschlag Plevens entsprechende Beratungen über die Errichtung einer europäischen Armee auf. Sämtliche Konsultationen standen zunächst ganz im Schatten der im März zwischen den Westmächten und der Sowjetunion eingeleiteten Gespräche über eine neue Deutschlandkonferenz. Die Bundesregierung war daran nicht beteiligt und beobachtete das Geschehen mit großem Unbehagen. An dieser Stimmung änderten auch drei aus ihrer Sicht höchst erfreuliche Ereignisse nichts: Am 6. März vollzogen die Westmächte eine „Kleine Revision" des Besatzungsstatuts und gestatteten der Bundesrepublik die Wiedererrichtung des Auswärtigen Amts sowie die Aufnahme diplomatischer Beziehungen zu ausländischen Staaten; am 18. April unterzeichneten die Außenminister der Bundesrepublik, Frankreichs, Italiens und der BENELUX-Staaten zum Abschluss der Schuman-Plan-Konferenz einen Vertrag über die Gründung der Europäischen Gemeinschaft für Kohle und Stahl (EGKS); und am 9. Juni beendeten die Westmächte den Kriegszustand mit Deutschland.

„Kleine Revision"
des Besatzungs-
statuts

Gründung der Euro-
päischen Gemein-
schaft für Kohle und
Stahl

Die Miene Adenauers, der nunmehr in Personalunion als Kanzler und Außenminister fungierte, heiterte sich allerdings erst in dem Moment wieder auf, als die Viermächteberatungen über Deutschland am 22. Juni ohne greifbares Ergebnis abgebrochen wurden. Bestärkt durch diesen um den Beitritt zum Allgemeinen Zoll- und Handelsabkommen (GATT) am 10. August ergänzten außenpolitischen Erfolg, zielte Adenauer in den Verhandlungen über das Besatzungsstatut nun auf eine möglichst vollständige Normalisierung des politischen und völkerrechtlichen Status Westdeutschlands. Intern meinte er gar, die Bundesrepublik müsse „Großmacht" werden. Irritiert über diese beträchtlichen Forderungen, vereinbarten die Westmächte, der Bundesrepublik wichtige Reservatrechte vorzuenthalten und deren Wehrbeitrag nun doch nicht im Rahmen der NATO, sondern unter dem Dach einer Europäischen Verteidigungsgemeinschaft zu organisieren.

Adenauers Groß-
machtambitionen

Wenn Adenauer sich trotz aller Enttäuschung auf diese Linie einließ, so tat er das nicht zuletzt deshalb, weil die Sowjetunion eine neue Runde im Kampf um Deutschland einläutete. Nachdem die DDR im September 1951 unter dem Motto „Deutsche an einen Tisch" eine Debatte über die Durchführung freier Wahlen zu einer verfassunggebenden Nationalversammlung in ganz Deutschland angeregt hatte, schlug Stalin am 10. März 1952 den drei westlichen Regierungen den Abschluss eines Friedensvertrages mit einem neutralisierten, geeinten Deutschland vor. In der westdeutschen Öffentlichkeit und in den Parteien nährte die Stalin-Note die Hoffnung, das ersehnte Ziel der staatlichen Einheit doch noch erreichen und die unerwünschte Wiederbewaffnung abwenden zu können. Die Westmächte wiesen allerdings den Vorstoß in engstem Einvernehmen mit Adenauer als indiskutabel zurück und führten die Verhandlungen über die Beendigung des Besatzungsstatuts und die Wiederbewaffnung beschleunigt zu Ende. Am 26. Mai schlossen sie in Bonn den „General-" oder „Deutschland-Vertrag", mit dem sie der Bundesrepublik die volle Macht über die inneren und äußeren Angelegenheiten übertrugen, selbst aber die oberste Gewalt und diverse Vorbehaltsrechte in Bezug auf Berlin, Deutschland als Ganzes und die Truppenstationierung behielten. Tags darauf unterzeichneten die sechs Staaten der Montanunion in Paris den Vertrag über die Europäische Verteidigungsgemeinschaft (EVG).

    Gestärkt durch die Aussicht, demnächst als „Partner der freien Welt" agieren zu können, wandte sich Adenauer einem besonders schwierigen Kapitel deutscher Außenpolitik zu, dem Verhältnis zu Israel. Ungeachtet erheblicher Vorbehalte in der Öffentlichkeit und finanzpolitisch motivierter Widerstände von Seiten des Bundesfinanzministers Fritz Schäffer, stand für den Kanzler die moralische Verpflichtung zur Wiedergutmachung am jüdischen Volk außer Frage. Ein von ihm am 10. September mit dem israelischen Außenminister Moshe Sharett in Luxemburg unterzeichnetes Abkommen verpflichtete die Bundesrepublik zu Warenlieferungen im Wert von drei Milliarden DM. Per Zusatzprotokoll akzeptierte Bonn eine Globalzahlung von 450 Millionen DM an die „Conference on Jewish Material Claims against Germany".

    Zeitgleich zu den Gesprächen mit Israel verhandelte die Bundesregierung mit Vertretern aus 65 Gläubigerstaaten des Deutschen Reiches über die Rückzahlung von Vorkriegs- und aus der Besatzungszeit stammenden Nachkriegsschulden. Die Konsultationen endeten am 27. Februar 1953 mit dem Abschluss des Londoner Schuldenabkommens, in dem die Bundesrepublik sich zur Begleichung einer Gesamtschuld in Höhe von gut 14 Milliarden DM bereit erklärte.

Stalin-Note

„Deutschland-Vertrag"

Vertrag über die Europäische Verteidigungsgemeinschaft

Luxemburger Abkommen

Londoner Schuldenabkommen

Politisches Kapital konnte die Bundesrepublik aus diesen internationale Kreditfähigkeit und Reputation versprechenden Erfolgen, zu denen sich am 14. August 1952 noch der Beitritt zum Internationalen Währungsfonds gesellt hatte, allerdings erst dann schlagen, wenn die Westverträge in Kraft treten würden. Angetrieben von seiner nie versiegenden Furcht vor einer Einigung der Großen Vier über die „deutsche Frage", drängte Adenauer daher auf die Ratifizierung, nicht nur in Bonn, sondern auch in Paris. Denn noch unsicherer als die Billigung durch den Deutschen Bundestag erschien die Zustimmung der Assemblée Nationale. Um die französischen EVG-Befürworter im Kampf gegen die „anti-cédistes" zu stützen, fasste der Kanzler sogar eine Lösung der Saarfrage ins Auge – eines der heikelsten Probleme im beiderseitigen Verhältnis.

Wirtschaftlich mit der Französischen Republik in einer Währungs- und Zollunion verschmolzen, hatte das Saargebiet mit der Verfassung vom 15. Dezember 1947 die politische Autonomie erhalten.

Saarfrage Wenngleich Adenauer diesen von den Westmächten 1948 gebilligten Status als illegitim betrachtete, galt ihm die Saarfrage prinzipiell als Manövriermasse für seinen Verständigungskurs gegenüber Frankreich. Freilich konnte er sich nicht über die Tatsache hinwegsetzen, dass einseitige Opfer nicht nur in der Bonner Opposition, sondern auch in Teilen der Koalition abgelehnt wurden. Da auch Schumans saarpolitische Handlungsspielräume extrem eng waren, endeten die Verhandlungen im Herbst 1952 mit einem Fehlschlag.

Europäische Politische Gemeinschaft Neue Hoffnungen, die Stagnation in der Debatte über die Westverträge aufzubrechen, weckte bei Adenauer der von Schuman und Italiens Ministerpräsidenten Alcide De Gasperi lancierte Vorschlag zur Schaffung einer Europäischen Politischen Gemeinschaft (EPG). Anders als die SPD-Opposition, die jegliche Mitwirkung an der Realisierung verweigerte, stimmten die Bundesregierung und die sie tragenden Parteien lebhaft zu. Dass Adenauer zur Rettung der EVG Anfang 1953 tiefgreifende Veränderungen am supranationalen Kern des Pariser Vertrags zugunsten Frankreichs hinzunehmen bereit war, verdeutlicht indes, wie pragmatisch er europapolitisch ausgerichtet war. Allein die unverblümte Drohung des neuen US-Außenministers John Foster Dulles mit einer Wende in der amerikanischen Europapolitik zeichnete dafür verantwortlich, dass der Kanzler fortan als resoluter Verfechter des EVG-Abkommens auftrat.

Am 17. März ließ der Bundestag die Westverträge mit dem Votum der CDU/CSU und der FDP passieren. Ihre Bestätigung bei den Wahlen im September durfte die Bundesregierung zu Recht als öffentliche Le-

gitimation ihres außenpolitischen Kurses werten. Die erhoffte Sogwir-
kung auf die französische Nationalversammlung blieb allerdings aus.
Obwohl die Niederschlagung des Volksaufstandes in der DDR am   Volksaufstand
17. Juni die Wunschträume jener hatte platzen lassen, die seit dem Tode   in der DDR
Stalins die Voraussetzungen für eine friedliche Einigung zwischen den
Blöcken als gegeben sahen, mehrten sich in Paris die Symptome einer
politischen Détente. Auch der Fehlschlag einer neuen Deutschlandkonferenz der Vier Mächte im Februar 1954 und ein weiterer Versuch Adenauers zur Regelung der Saarfrage sollten die innerfranzösische Stimmung nicht ändern. Am 30. August nahm die Nationalversammlung
den EVG-Vertrag von der Tagesordnung und gab damit auch dem seit   Scheitern der EVG
März 1953 vorliegenden Statut über die EPG den Todesstoß.

Getrieben von der Sorge um die Zukunft der transatlantischen Beziehungen, gelang es den vier Westmächten innerhalb weniger Wochen, das Desaster zu überwinden. Nachdem Großbritannien eine per-
manente Truppenpräsenz auf dem Kontinent akzeptiert und die Bundesrepublik den Verzicht auf die Produktion von ABC-Waffen zugesagt
hatte, gab Frankreich den fünf Jahre lang geübten Widerstand gegen
den Beitritt der Bundesrepublik zur Atlantischen Allianz auf. Am
23. Oktober bestätigten die Westmächte in den Pariser Verträgen den   Pariser Verträge
Deutschlandvertrag vom Mai 1952 in modifizierter Form, übertrugen
der Bundesrepublik die „volle Macht eines souveränen Staates" und
öffneten ihr das Tor zur neugeschaffenen Westeuropäischen Union wie
auch zur NATO. Da der französische Ministerpräsident Pierre Mendès
France diese Zusagen von einer Lösung des Saarproblems abhängig
machte, stimmte Adenauer einer Europäisierung der Saar unter dem
Dach der WEU zu. Widerstrebend akzeptierte er außerdem, dieses
Saarstatut einer Volksabstimmung zu unterwerfen.

Für viele deutsche Politiker wog die Befreiung aus den Fesseln
des Besatzungsstatuts die aufzubringenden Kosten nicht auf. Selbst ei-
nigen Kabinettsmitgliedern galten die vom Kanzler als Erfolg verkauf-
ten Pariser Verträge als zu teuer. Dennoch verabschiedete der Deutsche
Bundestag die Zustimmungsgesetze Ende Februar 1955 mit großer
Mehrheit. Nachdem auch die übrigen Staaten die Ratifikationsprozedur
abgeschlossen hatten, war die Rückkehr unter die „souverän(en)"   Rückkehr unter die
Mächte der Welt (K. Adenauer) für die Bonner Republik abgeschlos-   „souveränen"
sen.   Mächte der Welt

3. Stabilisierung der Westbindung 1955 bis 1963

In-Kraft-Treten der
Pariser Verträge

Mit dem In-Kraft-Treten der Pariser Verträge am 5. Mai 1955 begann für die Bonner Außenpolitik eine neue Epoche, die zunächst janusköpfig wirkte. Denn mit dem Gewinn der eigenen Souveränität gingen sowohl die Konsolidierung der militärischen Bündnissysteme in Ost und West als auch Ansätze einer blockübergreifenden Entspannung einher: Momente, die einer Wiedervereinigung Deutschlands im Weg standen. Dies sollte eine nach Genf einberufene Konferenz der Vier Mächte deutlich zeigen.

Adenauer, der trotz der Abgabe des Auswärtigen Amts an Heinrich von Brentano am 8. Juni die Leitung der Außenpolitik nicht aus den Händen gab, behagte die Aussicht auf das erste Gipfeltreffen seit der Potsdamer Konferenz ganz und gar nicht. Zwar verständigten sich die Staats- und Regierungschefs der ehemaligen Kriegsalliierten im Juli lediglich auf die Durchführung einer Außenministertagung; dennoch gab dieses magere Ergebnis der Bundesregierung keinen Anlass zur Beruhigung. Denn einerseits wurde die „deutsche Frage" von Entspannungs- und Abrüstungsverhandlungen sowie dem Streben nach einem Auseinanderrücken der Machtblöcke in den Hintergrund gedrängt. Andererseits deutete sich an, dass eine Wiedervereinigung Deutschlands momentan allenfalls unter den Auspizien einer Neutralitätslösung möglich sein würde.

Adenauer reagierte auf diese Tendenzen mit einer mehrdimensionalen Strategie, die deutschland-, sicherheits- und europapolitische Elemente umfasste. Er forcierte den Aufbau der Bundeswehr und plädierte für eine allgemeine Abrüstung, unterstützte eine französisch-belgische Initiative zur Wiederbelebung der europäischen Integration und flog zu direkten Gesprächen mit der sowjetischen Führung nach Moskau. Gegen den heftigen Widerstand engster Berater und im Widerspruch zu seiner eigenen ursprünglichen Planung willigte der Kanzler dort Mitte September in die Aufnahme diplomatischer Beziehungen ohne Fortschritte in der deutschen Frage ein und begnügte sich in der Kriegsgefangenenproblematik mit mündlichen Versprechungen.

Adenauers Moskau-
Reise

Um eine vollständige Erosion des 1949 von der Bundesregierung angemeldeten Anspruchs auf exklusive Vertretung des deutschen Volkes zu verhindern, entwickelte der Leiter der Politischen Abteilung im Auswärtigen Amt, Wilhelm G. Grewe, eine deutschlandpolitische Abwehrwaffe. Die von Journalisten auf den Namen des Staatssekretärs im Auswärtigen Amt, Walter Hallstein, getaufte Maxime besagte, dass die

Hallstein-Doktrin

Bundesrepublik es als unfreundlichen Akt ansehen würde, wenn dritte Staaten die DDR diplomatisch anerkannten. Wie die Genfer Außenministerkonferenz im Herbst verdeutlichte, gab nicht nur die Sowjetunion, sondern auch die Riege der Westmächte der globalen Entspannung den Vorrang vor Verhandlungen über die Wiedervereinigung. Die schwindende Aussicht auf die staatliche Einheit musste für die Bundesregierung um so schmerzhafter sein, als ihr eine vom Scheitern der EVG angefachte Renationalisierung der westeuropäischen Außenpolitiken gegenüberstand. Um die nationalen Sehnsüchte der Deutschen zu dämpfen, suchte der Bundeskanzler sein Heil in der Europapolitik, die von der Sechsergemeinschaft nach dem Fehlschlag auf der militärischen und politischen Ebene nun auf dem ökonomischen Sektor intensiviert wurde.

Entspannung vor Wiedervereinigung

Anfang Juni 1955 hatte sich die Montanunion auf einer Konferenz in Messina für die Errichtung eines Gemeinsamen Marktes, die sektorale Integration im Bereich des Transportwesens und die Schaffung einer gemeinsamen Organisation zur friedlichen Nutzung der Atomkraft ausgesprochen. Die zur Umsetzung dieser „relance européenne" eingesetzte Regierungskommission ließ rasch massive Meinungsverschiedenheiten insbesondere zwischen der Bundesrepublik und Frankreich zutage treten. Als die Vorbereitung des Saarreferendums die angespannte Atmosphäre weiter anheizte, trat Adenauer zur Beruhigung der Gemüter nachdrücklich für die Billigung des Statuts ein. Doch die Saarbevölkerung wollte seinem Rat nicht folgen und votierte am 23. Oktober mit 67,7% gegen das Abkommen.

„Relance européenne"

Saarreferendum

Dieses Ergebnis und die nun aufkommende Forderung national geprägter deutscher Kreise nach weiteren Direktkontakten zur Sowjetunion veranlassten Adenauer Ende 1955, dem europäischen Einigungsprozess mehr Schub zu geben. Indem er die Wirtschafts- und Atomgemeinschaft selbst um den Preis von Sonderrechten für Frankreich zu akzeptieren bereit war, rief er in der Bundesregierung massiven Unmut hervor. Namentlich Bundeswirtschaftsminister Ludwig Erhard plädierte für einen funktionalen statt einem institutionellen Integrationsansatz, der letztlich einer weltweiten Liberalisierung der Handelsströme dienen sollte, zu der die Bundesrepublik im Rahmen des General Agreement on Tariffs and Trade (GATT) und durch einseitige Zollsenkungen bedeutsame Impulse beigesteuert hatte.

Adenauer ließ sich von den wirtschaftspolitischen Argumenten seines Kabinettskollegen nicht überzeugen. Spannungen im Atlantischen Bündnis und zunehmende Indizien für eine amerikanisch-sowjetische „Komplizenschaft" (H. Köhler) bewogen ihn im Herbst 1956 vielmehr, noch enger mit Frankreich zu kooperieren. Erschüttert über die „Ohnmacht Europas" in der weltpolitischen Doppelkrise in Ungarn und am Suez-Kanal, reiste der Kanzler am 6. November zum französischen Ministerpräsidenten Guy Mollet, der wegen der ultimativen Forderung der Sowjetunion nach einer Beendigung des französisch-englisch-israelischen Waffengangs auf dem Sinai unter erheblichem Druck stand. Nachdem sie wenige Tage zuvor, am 27. Oktober, mit der Unterzeichnung des Luxemburger Abkommens über die Eingliederung der Saar in den Geltungsbereich des Grundgesetzes das letzte gravierende Konfliktpotenzial aus der Nachkriegszeit beseitigt hatten, gelang ihnen nun auch ein Durchbruch bei den Verhandlungen über den Gemeinsamen Markt. Dank dieser Einigung konnten die Verträge über die Gründung der Europäischen Wirtschafts- und Atomgemeinschaft (EWG u. EURATOM) am 25. März 1957 in Rom unterzeichnet werden.

Weltpolitische Doppelkrise

Eingliederung der Saar in den Geltungsbereich des Grundgesetzes

Römische Verträge

Aufgrund der proeuropäischen Wendung der SPD wurde die Ratifikationsdebatte des Bundestages zu einer reinen Formsache. Alle Parteien, auch die dezidiert national gesinnte FDP, vertraten überdies einvernehmlich die Auffassung, dass die Bundesregierung nun energisch darauf hinwirken müsse, die wirtschaftspolitische Kluft zwischen der Sechsergemeinschaft und den übrigen europäischen Demokratien zu schließen. Im Gegensatz zu Erhard, der sich ganz in diesem Sinne massiv für die von Großbritannien angeregte Bildung einer europäischen Freihandelszone (FHZ) einsetzte, hielt der in den Bundestagswahlen vom September grandios bestätigte Adenauer an der kleineuropäischen Ordnung auf der Basis der deutsch-französischen Verständigung nicht zuletzt deshalb fest, weil Frankreich mit einer Rüstungskooperation auf nuklearem Gebiet lockte.

Unterstützung fand der Kanzler vor allem beim neuen Bundesverteidigungsminister Franz Josef Strauß, für den eine Nation ohne Atomwaffen eine „entmannte" war. Durch britische Umrüstungspläne und den „Sputnik-Schock" mit der Aussicht konfrontiert, machtpolitisch ins Hintertreffen und sicherheitspolitisch wegen der von den USA propagierten Strategie der „flexible response" in eine Schieflage zu geraten, beschloss die Bundesrepublik im Herbst 1957 mit Frankreich und Italien die Entwicklung von Kernwaffen.

Trilaterale Nuklearkooperation

Während diese Vereinbarung vor der Öffentlichkeit und dem Parlament geheim gehalten werden konnte, geriet die von der NATO angestoßene Ausrüstung der Bundeswehr mit atomaren Trägersystemen in den Fokus einer heftigen innen- und außenpolitischen Auseinandersetzung. In der Bevölkerung entwickelte sich eine von oppositionellen Politikern, Gewerkschaftern, evangelischen Theologen und Wissenschaftlern getragene Protestbewegung, in der sich die Furcht vor Kernwaffen mit der Sehnsucht nach der staatlichen Einheit verband.

Da die Westmächte ihr im Ringen um Deutschland kaum mehr Rückendeckung boten, geriet die Bundesregierung immer mehr in die Defensive. Als der sowjetische Ministerpräsident Nikolaj Bulganin Anfang 1958 zu einer Gipfelkonferenz der NATO, des Warschauer Paktes und einiger blockfreier Staaten einlud, erklärte Adenauer in eklatantem Widerspruch zu dem jahrelang verfolgten Junktim von Wiedervereinigung und Sicherheit, das Hauptziel eines Gipfeltreffens solle nur die allgemeine Abrüstung sein. Demgegenüber hielt Außenminister von Brentano unbeirrt an der bisherigen Marschroute fest, konnte aber nicht verhindern, dass die Opposition die Wiedervereinigungspolitik der Koalition als gescheitert hinstellte. Als sie zwei Monate später die Nuklearpolitik der Bundesregierung erneut scharf attackierte, zeigte sich das Kabinett besser gewappnet. Gegen die Stimmen der SPD und bei Enthaltung der FDP-Abgeordneten votierte der Bundestag Ende März für die allgemeine Abrüstung und für die Ausrüstung der Bundeswehr mit Atomwaffen.

Junktim von Wiedervereinigung und Sicherheit

Kurz darauf versuchte Adenauer, der „deutschen Frage" mit dem Vorschlag einer „Österreich-Lösung" für die DDR eine neue Wendung zu geben. Doch der Kreml ließ sich darauf nicht ein, ging statt dessen einmal mehr zur Konfrontation über. Am 27. November 1958 forderte der neue sowjetische Ministerpräsident Nikita Chruschtschow ultimativ die Umwandlung Berlins in eine „Freie Stadt" und schob zwei Monate später die Anregung einer Friedenskonferenz unter deutscher Beteiligung nach. Bonn lehnte das Moskauer „Friedensdiktat" (B. Meissner) kategorisch ab, sah sich aber mit der Tatsache konfrontiert, dass die Westmächte dem sowjetischen Gedanken neuer Vier-Mächte-Verhandlungen aufgeschlossen gegenüberstanden und implizit den westdeutschen Meinungsstreit über die Entspannungspolitik weiter anheizten. Während die SPD mit einem Deutschlandplan aufwartete, der für die Denuklearisierung Deutschlands und die Überführung in ein kollektives Sicherheitssystem plädierte, zeigte sich die Koalition uneins. Brentano hoffte, die Vier-Mächte-Gespräche zu einer deutschlandpolitischen Gegenoffensive nutzen zu können, wohingegen Adenauer auf eine reine Abrüstungskonferenz setzte, insgeheim aber seinen Staatssekretär Hans Globke mit der Ausarbeitung eines Planes beauftragte, dessen Kernelement die auf fünf Jahre befristete Fixierung des Status quo in Deutschland sowie die anschließende Durchführung von Volksabstimmungen über die Wiedervereinigung war.

„Österreich-Lösung" für die DDR

Berlin-Krise

Globke-Plan

Entspannungspolitische Alleingänge des britischen Premierministers Harold Macmillan und die seit der zweiten Genfer Außenministerkonferenz vom Mai 1959 wachsende Sorge, im Notfall auf den amerikanischen Präsidenten Dwight D. Eisenhower nicht zählen zu können, führten Adenauer mehr und mehr an die Seite des neuen französischen Staatspräsidenten Charles de Gaulle. Dabei war der Kanzler dem General nach dessen Regierungsbeginn Mitte 1958 mit abgrundtiefem Misstrauen begegnet, verband mit ihm nicht nur die französisch-sowjetische Allianz von 1944, sondern auch die auf Dominanz ausgerichtete französische Deutschlandpolitik der ersten Nachkriegszeit und ganz generell ein Streben nach „grandeur" und nationaler Unabhängigkeit. Nach einer wider Erwarten harmonischen ersten Begegnung Mitte September auf de Gaulles Landsitz Colombey-les-deux-Eglises geriet Adenauers Zutrauen kurzfristig erneut ins Wanken, als der General den Angelsachsen einen geheimen Vorschlag zur Bildung eines sicherheitspolitischen Triumvirates unterbreitete. Dass die Verstimmung des Kanzlers über diesen Affront nicht zu einer dauerhaften Belastung des bilateralen Verhältnisses führte, lag vor allem an der Krise um Berlin, in der de Gaulle der Bundesregierung fest zur Seite stand.

Adenauer honorierte es ihm mit einem Quid pro quo, verbat sich vom Auswärtigen Amt jegliche Kritik am französischen Algerienkrieg und nahm es hin, dass Frankreich die Verhandlungen über die FHZ abrupt abbrach. Die deutschlandpolitische Nagelprobe blieb der „étroite entente franco-allemande" (C. de Gaulle) glücklicherweise erspart. Indem Chruschtschow die mit den Westmächten vereinbarte Gipfelkonferenz in Paris Mitte Mai 1960 platzen ließ, befreite er den Kanzler für kurze Zeit von seinen größten Sorgen. Zur Entwarnung sah Adenauer aber keinen Anlass. Zwar gehörte die Bundesrepublik währungspolitisch inzwischen zu den fünf stärksten Staaten der Welt. Außerhalb der ökonomisch-fiskalischen Sphäre aber war sie nach wie vor ein Zwerg, sicherheits- und deutschlandpolitisch auf Gedeih und Verderb vom Wohlwollen der Westmächte abhängig. Das Scheitern seines Wiedervereinigungskonzepts im Zuge des Berliner Mauerbaus am 13. August 1961 und der laue Protest der Westmächte veranlassten den Kanzler, noch entschiedener auf die französische Karte zu setzen.

Der Verlust der absoluten Mehrheit bei den Bundestagswahlen im September und der Zwang zur Bildung einer Regierung mit der FDP engten seine außenpolitischen Spielräume nicht unwesentlich ein. Adenauer musste der neuen Koalition nicht nur versprechen, zur Mitte der Legislaturperiode sein Amt zu räumen; er hatte auch hinzunehmen, dass mit Gerhard Schröder nun ein ebenso selbstbewusster wie anglo-

Marginalien:
„étroite entente franco-allemande"

Berliner Mauerbau

philer Politiker das Auswärtige Amt übernahm, der der Außenpolitik seinen Stempel aufzudrücken suchte. Insbesondere die Europapolitik ließ tiefe Meinungsverschiedenheiten im Kabinett zutage treten. Während Schröder wie auch Erhard sein Augenmerk auf John F. Kennedys „Grand Design" einer transatlantischen Partnerschaft und die von Großbritannien angestrebte Aufnahme in die EWG richteten, konzentrierte sich Adenauer auf die von Frankreich angeregte Gründung einer politischen europäischen Union, über die seit dem Sommer eine Studienkommission unter dem Vorsitz des französischen Diplomaten Christian Fouchet beriet. An diesem profranzösischen Kurs hielt der Kanzler auch dann noch fest, als de Gaulle Anfang 1962 ein vom Fouchet-Ausschuss ausgearbeitetes Statut über eine konföderale Union torpedierte. Je unnachgiebiger die USA auf die eigene Vormachtrolle im westlichen Bündnis pochten, die Westeuropäer zur Lastenteilung zwangen, ohne deren Forderung nach mehr Mitsprache in der Nuklearpolitik nachzukommen, und ihnen obendrein den Eindruck einer Verständigung mit der Sowjetunion vermittelten, desto mehr fühlte sich der Kanzler an die Seite Frankreichs gedrängt.

Kennedys „Grand Design" vs. de Gaulles „Grand dessin"

Trotz energischer Versuche seiner Umgebung, ihn auf die seit 1949 gültige multilaterale Linie deutscher Außenpolitik einzuschwören, änderte der Kanzler Mitte 1962 den Kurs und optierte für eine bilaterale Allianz mit Frankreich. Am 22. Januar 1963 unterzeichnete er mit de Gaulle den Vertrag über die deutsch-französische Zusammenarbeit, um die Union beider Nachbarn am Rhein völkerrechtlich zu verankern. Beide Staatsmänner glaubten, die Einigung Europas von diesem „Kraftzentrum" (K. Adenauer) aus völlig neu gestalten zu können, unterschätzten aber die Widerstandspotenziale gegen das ratifizierungsbedürftige Abkommen. Zwar billigte der Deutsche Bundestag den Elysée-Vertrag Mitte Mai am Ende eines langen, in enger Abstimmung mit den USA vollzogenen, parteiübergreifenden Meinungsbildungsprozesses, hob aber in einer Präambel zum Ratifikationsgesetz die multilateralen Verflechtungen der Bundesrepublik hervor und brach der exklusiven Allianz damit die Spitze ab.

Elysée-Vertrag

Der wenige Wochen später erzwungene Beitritt der Bundesrepublik zum amerikanisch-britisch-sowjetischen Abkommen über ein Verbot von Kernwaffenversuchen konnte Adenauer als Bestätigung für die Berechtigung seines Misstrauens gegenüber der westlichen Vormacht ansehen. Die Unterzeichnung abzulehnen, kam für den Kanzler auf Abruf aber nicht in Frage. Mochte er auch mit dem Anbruch einer neuen außenpolitischen Ära, in der das für ihn zentrale Verhältnis zu Frankreich zugunsten der Beziehungen zu den USA relativiert werden sollte,

hadern; ihr zu trotzen war ihm nicht mehr gegeben. Am 15. Oktober
trat Adenauer als Regierungschef zurück.

4. Außenpolitik in Bewegung 1963 bis 1966

Einen Tag nach der Demission des Kanzlers wählte der Bundestag Ludwig Erhard zum neuen Regierungschef. Der 1959 in der CDU ausge-
brochene „Kampf ums Kanzleramt" (D. Koerfer) war damit entschieden, aber nicht beendet. Von Anfang an sah sich der ehemalige Wirt-
schaftsminister in seiner Partei massiven Bedenken ausgesetzt. Ein
Kanzler, der im Gegensatz zu seinem Vorgänger den Einsatz von Macht
geradezu verabscheute und nicht in der Politik, sondern in der Wirtschaft den entscheidenden Faktor für das Zusammenleben von Staaten
erblickte, schien den Aufgaben des hohen Amtes nicht gewachsen; dies
um so weniger, als sich tiefgreifende Veränderungen in den internationalen Beziehungen ankündigten, die die Bonner Republik in vielfältiger Weise tangierten. Nachdrücklich gefördert durch den Prozess der
Dekolonisation, bildete sich unterhalb des sowjetisch-amerikanischen
Duopols eine Staatengesellschaft mit multipolarem Charakter heraus,
die neben neuen Möglichkeiten auch neue Unwägbarkeiten eröffnete.
Da die USA immer tiefer in den Morast des Vietnam-Krieges einsan-
ken, wirkte ihr Schutz für die Bundesrepublik immer weniger vertrau-
enswürdig. Zugleich verloren die Amerikaner wie auch die übrigen
Westmächte aufgrund ihres Strebens nach Entspannung das Problem
der Teilung Deutschlands aus dem Blick. Das war für die Deutschen
um so schmerzhafter, als das nach dem Zweiten Weltkrieg in Europa als
diskreditiert geltende Nationalstaatsdenken eine Renaissance erlebte
und die zu Beginn der 1950er Jahre strahlende Idee der europäischen
Einigung verblasste.

Trotz der weltpolitisch gegenläufigen Tendenzen bekräftigte Erhard in seiner ersten Regierungserklärung am 18. Oktober die Sicher-
heitspartnerschaft mit den USA, verpflichtete sich nachdrücklich dazu,
die europäische Integration in enger Zusammenarbeit mit Frankreich
voranzutreiben, und unterstrich das Ziel, die Wiedervereinigung
Deutschlands wieder auf die Agenda der Weltpolitik zu setzen.

Während dem Kanzler dabei vor allem direkte Gespräche mit der
Sowjetunion vorschwebten, begann Außenminister Schröder ganz im
Sinne der amerikanischen „Strategie des Friedens" nun eine „Politik
der Bewegung", die das Verhältnis zu den Moskauer Satellitenstaaten

intensivieren sollte. Obwohl Schröder an den deutschlandpolitischen Fundamentalgesetzen der Hallstein-Doktrin, des Alleinvertretungsanspruchs gegenüber der DDR und der Nichtanerkennung der Oder-Neiße-Linie kategorisch festhielt, war seine Politik nicht unumstritten. Aus der Sicht manches Unionsabgeordneten drohte sie die Nicht-Anerkennungspolitik gegenüber der DDR zu untergraben; dem Koalitionspartner FDP und der oppositionellen SPD schien die Öffnung nach Osten hingegen zu kurz zu greifen, weil sie die DDR ausklammerte. Namentlich der Regierende Bürgermeister von Berlin, Willy Brandt, und sein Pressechef Egon Bahr vertraten die Ansicht, dass der Status quo in Deutschland nur dann überwunden werden könne, wenn man ihn zunächst akzeptiere. „Wandel durch Annäherung" lautete ihre Zauberformel, nach der sie im Dezember mit der Regierung der DDR ein „Passierscheinabkommen" abschlossen, das den West-Berlinern erstmals seit dem Mauerbau wieder Verwandtenbesuche im Ostteil der Stadt erlaubte. Der Bundesregierung missfiel zwar die implizite Aufwertung der „Zone", sie ließ Brandt aber aus humanitären Gründen gewähren und nahm dafür in Kauf, dass ihr striktes Nein zu offiziellen deutsch-deutschen Kontakten ausgehöhlt wurde.

„Passierschein-abkommen"

Nach dem Jahreswechsel wandte sich Erhard, wie angekündigt, einer Neubelebung der europäischen Einigung zu. Im Gegensatz zu seinem kleineuropäisch ausgerichteten Vorgänger schwebte ihm „ein Europa der Freien und der Gleichen" vor, das allen Demokratien des Kontinents offen und in engster Verbindung zu den USA stehen sollte. Nicht Frankreich, sondern Amerika war für ihn der außenpolitische Dreh- und Angelpunkt, als Garant der deutschen Sicherheit wie als Hüter eines freien Welthandels. Allerdings war sich Erhard bewusst, dass er die europäische Einigung nur mit de Gaulles Billigung voranbringen konnte. Mit weitreichenden Konzessionen auf dem für Frankreich höchst bedeutsamen europäischen Agrarsektor glaubte er, den Staatspräsidenten im Sinne eines do-ut-des für eine „relance européenne" gewinnen zu können. Doch de Gaulle ließ sich auf diesen Handel nicht ein, forderte Erhard Mitte 1964 vielmehr zur Mitwirkung an einem bilateralen Zusammenschluss als Kern einer europäischen Föderation auf und signalisierte gegenüber dem Staatssekretär des Auswärtigen Amts, Karl Carstens, die Bereitschaft zu einer nuklearpolitischen Zusammenarbeit. Erhard lehnte eine solche den Geist des Elysée-Vertrages wiederbelebende Zweier-Union aus Rücksicht auf die übrigen EWG-Staaten und die USA strikt ab und zog damit den massiven Unmut seiner eigenen Partei auf sich.

Erhards Europakonzept

Die seit der ausklingenden Ära Adenauer schwelende Polarisie-

rung zwischen den „Gaullisten", die energisch einer engen Entente mit
Frankreich das Wort redeten, und den „Atlantikern", die der Beziehung
zu den USA die Priorität einräumten, spitzte sich dramatisch zu. Im Fokus ihres Fundamentalstreits über die Ausrichtung der Bonner Außenpolitik stand die Frage, ob die Bundesrepublik der vagen französischen
Offerte einer Mitarbeit an der „Force de frappe" nachgehen oder das
noch in der Kanzlerschaft Adenauers gebilligte Projekt einer Multilateralen Nuklearstreitkraft (MLF) weiterverfolgen sollte. Unterstützt von
der SPD, setzte die Bundesregierung auf die MLF, obwohl seit Ende
1964 erkennbar wurde, dass kein europäischer Partner sich an der Realisierung des Projekts beteiligen würde und auch die USA nach dem
Eintritt Chinas in den Club der Kernwaffenmächte gemeinsam mit der
Sowjetunion die Proliferation von Nuklearwaffen einzudämmen
wünschten.

Kaum zwölf Monate im Amt, war die Außenpolitik der Regierung Erhard an vielen Fronten in die Defensive geraten. Der verhal-
tene Aufbruch zu neuen ostpolitischen Ufern hatte mit der Errichtung
von Handelsvertretungen in Warschau, Bukarest, Budapest und Sofia
zwar erste Erfolge gezeitigt, geriet nun aber ins Stocken. Erhards Hoffnung, Chruschtschow für ein direktes Gespräch über die Wiedervereinigung zu gewinnen, zerschlug sich mit dem Sturz des Ministerpräsidenten im Oktober 1964. Als die Bundesregierung im Frühjahr 1965
eine Handelsmission in Prag zu errichten beabsichtigte, legte der neue
starke Mann im Kreml, Leonid Breschnew, sein Veto ein und verhinderte überdies eine vom Auswärtigen Amt gestartete Annäherung an
Polen.

Auch europapolitisch herrschte für die Bundesregierung Ebbe.
Ein von ihr im November 1964 vorgelegtes Europa-Memorandum lag
auf Eis, weil Frankreich jegliche Diskussion darüber von einer Klärung
der EWG-Agrarpolitik sowie einer Hinwendung Bonns zur französischen Sicherheitspolitik abhängig machte. Obwohl das Siechtum der
MLF einen zentralen Streitpunkt zwischen den Nachbarn beseitigte,
geriet das beiderseitige Verhältnis nach dem Jahreswechsel auf eine ab-
schüssige Bahn. Als Schröder die westlichen Partner zu einer gemeinsamen Deutschland-Initiative ermunterte, erklärte de Gaulle die „deutsche Frage" zu einem genuin europäischen Problem. Eine solche „Europäisierung der deutschen Frage", die die Rechte der USA untergrub,
glaubte die Bundesregierung um so weniger mittragen zu können, als
der Druck der Sowjetunion nicht nachließ und deren Bemühen um eine
internationale Aufwertung der DDR sich mit dem Nahost-Konflikt ver-
schränkte.

Seitdem die Gefahr einer Anerkennung der DDR im Zuge der Dekolonisation drastisch gestiegen war, versuchte die Bundesregierung
die jungen Staaten in Afrika und Asien vor allem mit den Mitteln der
Entwicklungshilfe auf ihre Seite zu ziehen. Der Erfolg hielt sich indes
in Grenzen: Im März 1962 eröffnete die DDR ein Generalkonsulat in
Kambodscha; zwei Jahre später nahm Sansibar diplomatische Beziehungen zur DDR auf, und Anfang 1965 schien Ägypten dem Beispiel
des Inselstaates folgen zu wollen. Von Moskau ermuntert, lud Präsident   Nahost-Krise
Gamal Abd el Nasser am 27. Januar den Staatsratsvorsitzenden der
DDR, Walter Ulbricht, aus Protest gegen westdeutsche Waffenlieferungen an Israel nach Kairo ein und brachte die Bundesregierung damit in
eine Zwickmühle. Gemäß der Hallstein-Doktrin war sie gezwungen,
eine offizielle Anerkennung der DDR durch Ägypten umgehend zu
ahnden; zugleich aber musste sie darauf bedacht sein, die traditionell
guten Kontakte zur arabischen Welt nicht zu beschädigen.

Die Frage nach der angemessenen Reaktion auf Kairos Provoka-
tion löste in der Bundesregierung heftige Kontroversen aus. Obwohl
Nasser die offizielle Anerkennung der DDR beim Besuch Ulbrichts
sorgsam vermied, plädierte Erhard zunächst für den Abbruch der Beziehungen zu Kairo, kündigte dann aufgrund erheblicher Bedenken innerhalb der Koalition wie auch auf Seiten der westlichen Partner am
6. März die Einstellung der Wirtschaftshilfe für Ägypten an und beschloss auf Anraten des Vorsitzenden der CDU/CSU-Fraktion im Bundestag, Rainer Barzel, die Aufnahme diplomatischer Beziehungen zu   Aufnahme diploma-
Israel. Obwohl er diese Entscheidung durch den Zusatz abfederte, die   tischer Beziehungen
Waffenlieferungen nach Tel Aviv einzustellen, folgte die Reaktion der   zu Israel
arabischen Staaten auf dem Fuße. Fast alle beriefen ihre Botschafter
aus Bonn ab, wagten aber aus Rücksicht auf die westdeutsche Entwicklungshilfe, die aus der Sicht der Bundesregierung mehr und mehr zu
einer „moderne(n) Sicherheitspolitik" geworden war (W. Scheel), nicht
die Anerkennung Ost-Berlins. Das befürchtete „Stalingrad am Nil" (G.
Wirsing) blieb der Bundesrepublik also erspart, der Reputationszu-
wachs der DDR in der internationalen Staatenwelt schien indes kaum
mehr zu stoppen zu sein.

Kurz nach dem Nahost-Debakel geriet die Bonner Außenpolitik
durch Frankreichs „Politik des leeren Stuhls" in der EWG abermals in   De Gaulles „Politik
die Bredouille. Um der immer brüchiger werdenden Westintegration   des leeren Stuhls"
neuen Halt zu geben und dem zunehmenden Verlangen der Weltmächte
nach Entspannung zu entsprechen, entschloss sich die Bundesregierung
nach Beendigung der EWG-Krise zu einem bemerkenswerten Schritt.
Unter dem von Erhard formulierten Motto der „Auflockerung" ihrer

Ostpolitik richtete sie am 25. März 1966 an alle Länder, mit denen sie Beziehungen unterhielt, sowie an die Ostblockstaaten außer der DDR eine vom Bundestag mitgetragene „Note zur Abrüstung und Sicherung des Friedens". Da Erhard und Schröder das darin enthaltene Angebot zum Gewaltverzicht nicht mit einer Revision ihrer Deutschland- und Ostpolitik verbanden, fiel die Resonanz jenseits des Eisernen Vorhangs allerdings höchst verhalten aus.

Friedensnote Erhards

De Gaulles Austritt aus der militärischen Integration der NATO und seine aufsehenerregende Reise in die Sowjetunion stellten die Bundesregierung vor neuerliche Probleme. Noch bedenklicher erschienen ihr die Bemühungen der USA um eine Annäherung an Moskau. Wie wenig sich Bonn auf seinen wichtigsten Bündnispartner verlassen konnte, verdeutlichte ein im Herbst eskalierender Streit über die „Offset-Abkommen". Seit Anfang der 1960er Jahre hatte die Bundesrepublik sich vertraglich verpflichtet, die durch die Stationierung amerikanischer Soldaten für die Zahlungsbilanz der USA auftretenden Devisenverluste durch Rüstungskäufe in den USA auszugleichen. Da sie aufgrund einer angespannten Haushaltslage in einen erheblichen Zahlungsrückstand geraten war, reiste Erhard Ende September nach Washington, um Präsident Lyndon B. Johnson um einen Zahlungsaufschub zu bitten. Doch die Fahrt des Kanzlers zu seinem „Freund" endete im Desaster. Johnson verweigerte das Moratorium und drohte mit dem Abzug amerikanischer Truppen für den Fall westdeutscher Unbotmäßigkeit.

„Offset-Abkommen"

Nach dieser Brüskierung hatte Erhard in seiner Partei den letzten Kredit verspielt. Nachdem die FDP den Kabinettstisch Ende Oktober aus finanzpolitischen Gründen verlassen hatte, entzog die Koalition dem Regierungschef im Gefühl einer drohenden außenpolitischen Isolierung das Vertrauen und verständigte sich mit der SPD auf die Bildung einer Großen Koalition. Von der eigenen Partei im Stich gelassen, erklärte Erhard am 30. November seinen Rücktritt.

Sturz Erhards

5. „Neue" Ostpolitik mit Hindernissen 1966 bis 1969

Am 1. Dezember 1966 wählte der Deutsche Bundestag den bisherigen Ministerpräsidenten von Baden-Württemberg, Kurt Georg Kiesinger, zum neuen Bundeskanzler. Chef des Auswärtigen Amts und Vizekanzler wurde der SPD-Vorsitzende Willy Brandt. Das Zusammengehen

Bildung der Großen Koalition

ihrer bisher stets gegeneinander agierenden Parteien leitete in der Geschichte der Bundesrepublik ein neues Kapitel ein.

In seiner ersten Regierungserklärung am 13. Dezember ließ Kiesinger klar erkennen, dass er außenpolitisch zwar nicht zu neuen Ufern aufbrechen, wohl aber die alten Gestade neu vermessen wolle. Nicht mehr Westbindung und Wiedervereinigung, sondern Friedenssicherung und Völkerverständigung stellte er ins Zentrum seiner Ausführungen. Die von seinen Vorgängern entwickelten Ansätze zur Verbesserung des Verhältnisses zu Osteuropa glaubte der Kanzler zu einer „neuen" Ostpolitik weiterentwickeln zu können, die den von ihnen beschriebenen Kausalzusammenhang zwischen europäischer Entspannung und deutscher Einheit umkehren sollte: Im Gegensatz zu dem von Adenauer und Erhard verkündeten Credo: Entspannung durch Wiedervereinigung hieß Kiesingers Leitspruch Wiedervereinigung durch Entspannung.

Kiesingers „neue" Ostpolitik

Mit diesen neuen Akzenten reagierte die Bundesregierung zum einen auf die von den USA forcierte globale Entspannungspolitik, zum anderen auf den Wunsch der SPD nach einer aktiveren Ost- und Deutschlandpolitik. Der gemeinsame Wille zur Macht zwang die beiden Flügel der Großen Koalition zum außenpolitischen Konsens. Da sie ihre politische Ehe aber nur auf Zeit abgeschlossen hatten, blieben die Differenzen latent bestehen und führten vor allem in der Deutschlandpolitik zu mancher Widersprüchlichkeit.

Widersprüchlichkeiten in der Deutschlandpolitik

Kiesinger wollte das Verhältnis zum zweiten deutschen Staat zwar „entkrampfen" und präsentierte dazu einen umfangreichen Maßnahmenkatalog zur „Erleichterung des täglichen Lebens für die Menschen in beiden Teilen Deutschlands". Zugleich aber trachtete er danach, die DDR durch die Aufnahme diplomatischer Beziehungen mit anderen Staaten des Warschauer Paktes zu isolieren, und bediente sich dazu der noch unter Außenminister Schröder entwickelten „Geburtsfehlertheorie". Danach sollte die Hallstein-Doktrin gegenüber jenen Staaten nicht gelten, die die DDR 1949 unter sowjetischem Druck hatten anerkennen müssen. Zur Anwendung kam die Theorie indes nur einmal, im Januar 1967, als die Bundesrepublik mit Rumänien den Austausch von Botschaftern vereinbarte. Bevor sie analoge Abmachungen mit Ungarn, der ČSSR und Bulgarien treffen konnte, legte die DDR den Hebel um und untersagte ihren Verbündeten mit Rückendeckung der Sowjetunion die Normalisierung der Beziehungen zu Westdeutschland, solange die dortige Regierung Ost-Berlin nicht anerkenne.

„Geburtsfehlertheorie"

Da allen Hoffnungen auf eine Verbesserung des Verhältnisses zu den Staaten in Ostmitteleuropa damit der Boden entzogen war, suchte die Bundesregierung seit dem Herbst das direkte Gespräch mit der östlichen Hegemonialmacht. Doch auch dieser Kontakt führte nur zu begrenzten Erfolgen, weil das Bundeskanzleramt nicht bereit war, für den Austausch von Gewaltverzichtserklärungen den Status quo in Europa anzuerkennen. Sowohl am Alleinvertretungsanspruch als auch am Friedensvertragsvorbehalt hinsichtlich der Oder-Neiße-Grenze hielt Kiesinger in Übereinstimmung mit der Mehrheit der Union ausdrücklich fest, während Brandt und die SPD offenbar weiterzugehen wünschten. So konnte die Große Koalition ostpolitisch nur noch einen Erfolg verbuchen: die Wiederaufnahme der 1957 abgebrochenen Beziehungen zu Jugoslawien Anfang 1968. Kiesinger wagte diesen mit Blick auf die Hallstein-Doktrin nicht unproblematischen Akt trotz massiver innerparteilicher Widerstände, weil er auf einer Asienreise die Überzeugung gewonnen hatte, dass eine Modifizierung der Doktrin keine Anerkennungswelle durch blockfreie Staaten heraufbeschwören würde. Ohnehin wünschte er sich die Hände nicht so zu binden, dass aus der Doktrin ein Dogma würde.

Keine Anerkennung des Status quo

Der Einmarsch der Warschauer-Pakt-Staaten in die ČSSR im August 1968 beraubte die Bundesregierung dann jeglicher Möglichkeit, den zunehmend brüchigeren Faden nach Moskau weiterzuspinnen. Erst als die Sowjetunion Anfang 1969 im Zeichen kriegerischer Auseinandersetzungen mit China zu einer neuen Entspannungsoffensive gegenüber dem Westen antrat, konnte die Bundesregierung die Kontakte wieder aufnehmen.

Niederschlagung des Prager Frühlings

Bei ihren Verbündeten hatte die ostpolitische Beweglichkeit der Bundesrepublik seit 1966 wohlwollende Zustimmung, aber auch nervöse Aufmerksamkeit hervorgerufen. Im Einklang mit Brandt hielt Kiesinger es daher für ratsam, die von Erhard geerbten ramponierten Beziehungen zu den USA und zu Frankreich schleunigst zu verbessern. Anders als in Paris stieß sein guter Wille in Washington zunächst nicht auf fruchtbaren Boden, wie sich Anfang 1967 im Zuge der Verhandlungen des UNO-Abrüstungsausschusses über die Nichtweiterverbreitung von Kernwaffen zeigen sollte.

Wenngleich in der Bundesrepublik im Prinzip kaum jemand den durch die Aufnahme in die Nukleare Planungsgruppe (NPG) der NATO 1966 verbesserten Status als Nichtnuklearmacht ändern wollte, traf die Art und Weise, wie die USA sie dazu drängten, einen mit der Sowjetunion vereinbarten Entwurf für einen Atomsperrvertrag noch vor der Unterzeichnung zu billigen, auf massiven Widerstand. Anders als Erhard war Kiesinger nicht bereit, das hegemoniale Gebaren der Amerikaner widerspruchslos hinzunehmen. Ende Februar kritisierte er unge-

Widerstand gegen den Atomsperrvertrag

schminkt und öffentlich das „atomare Komplizentum" der Supermächte und bewog Johnson tatsächlich zum Einlenken. Die USA unterrichteten die Bundesregierung fortan ausführlich über den Gang der Beratungen, billigten einen deutschen Vorschlag zur Aufnahme eines Passus über das Verbot zur Anwendung politischen Drucks gegenüber nuklearen Habenichtsen und erklärten in Übereinstimmung mit den anderen Westmächten, aus dem Beitritt beider deutscher Staaten zum Atomwaffensperrvertrag keine völkerrechtliche Anerkennung der DDR abzuleiten.

Dass der Bundesregierung von Seiten der USA nun mehr Verständnis entgegengebracht wurde und sie sich ein wenig aus der amerikanischen Umklammerung befreien konnte, hing gewiss auch mit ihren verbesserten Beziehungen zu Frankreich zusammen. Wie für seine Vorgänger galten dem Kanzler der Nachbar auf der anderen Rheinseite und die Supermacht jenseits des Atlantiks als die beiden wichtigsten außenpolitischen Partner. Anders als Adenauer und Erhard achtete Kiesinger allerdings behutsam darauf, jeglichem Optionszwang auszuweichen. Er wünschte zwar eine Aktivierung des Elysée-Vertrags und akzeptierte auch den Führungsanspruch des französischen Staatspräsidenten; nie aber ließ er einen Zweifel daran aufkommen, dass er etwa auf die Freundschaft zu den USA und zu Großbritannien verzichten wolle. Denn anders als de Gaulle es sah, war die europäische Gemeinschaft seines Erachtens zu schwach, um als „Dritte Kraft" mit den Supermächten zu konkurrieren.

Ausweichen vor dem Optionszwang

Wie kaum anders zu erwarten, begrüßte der französische Staatspräsident den spürbaren Klimawechsel, gab sich damit aber nicht zufrieden. Mitte 1967 verlangte er als Preis für die französische Rückendeckung der westdeutschen Ostpolitik ein Einschwenken der Bundesrepublik auf eine anti-amerikanische Linie in den großen Fragen der Weltpolitik. Zu dieser Gegenleistung war die Bundesregierung aber nicht bereit. So stand sie während des Sechstagekrieges auf der Seite der von den USA unterstützten Israelis und leistete im Vietnam-Krieg sogar humanitäre Hilfe durch die Entsendung des Hospitalschiffes „Helgoland" vor die südostasiatische Küste.

Nur in der Europapolitik schreckte Kiesinger vor einer so dezidiert anti-französischen Position zurück, obwohl auch hier seit dem zweiten Antrag Großbritanniens auf Beitritt in die EWG ein tiefer Dissens zwischen Bonn und Paris herrschte. Der Kanzler missbilligte de Gaulles abermaliges Veto, weigerte sich aber, die EWG-Erweiterung notfalls ohne Frankreich durchzusetzen, wie die SPD und einzelne CDU-Abgeordneten es wünschten. Nicht einmal an einer Aktivierung

der WEU zwecks Überbrückung der Kluft zwischen der Sechsergemeinschaft und Großbritannien mochte er sich beteiligen.

Wenngleich Kiesinger sich nach Kräften bemühte, de Gaulle zu
europapolitischen Zugeständnissen zu bewegen, und dessen Angebot

Keine „präferenzielle   einer „präferenziellen Zusammenarbeit" kategorisch zurückwies,
Zusammenarbeit"   wurde sein Langmut in der SPD mehr und mehr kritisiert. Dass diese
mit Frankreich   Stimmen den koalitionsinternen Frieden nicht zu sehr belasteten, war
vornehmlich das Verdienst des Vorsitzenden der SPD-Bundestagsfrak-
tion, Helmut Schmidt, der seinen Parteifreunden wiederholt vor Augen
führte, dass auf die französische Partnerschaft nicht verzichtet werden
könne.

Anders als in der Europapolitik bedurfte es in der Außenwirtschaftspolitik solcher koalitionsinterner Vermittlungen nicht. Denn hier
herrschte ein breites Einvernehmen, wenn es darum ging, etwaigen Zu-
mutungen von Seiten Frankreichs oder anderer Verbündeter die Stirn zu
bieten. Dies bewies die Große Koalition insbesondere Ende 1968 auf
der Bonner Währungskonferenz der zehn führenden Industriestaaten
der Welt. Mit großem Wohlgefallen hatte die Bundesregierung zur
Kenntnis genommen, wie die deutsche Wirtschaft die schleichende
Rezession der ausklingenden Erhard-Ära überwunden und neuen
Schwung gewonnen hatte. Nicht zu Unrecht konnte sie das Anwachsen
der Außenhandelsüberschüsse und die steigenden Gold- und Devisen-
reserven auch als Frucht ihrer eigenen Politik ansehen. Trotz massiven
Drucks sperrten sich die Bundesminister Franz Josef Strauß und Karl
Schiller daher im November 1968 hartnäckig gegen alle Forderungen
des „Zehner-Klubs", das ökonomische Übergewicht durch währungs-

Umsetzung wirt-   politische Ausgleichsmaßnahmen zu mindern, und setzten erstmals in
schaftlicher Macht der Geschichte der Bundesrepublik wirtschaftliche Macht in politische
in politische Stärke Stärke um.

Nach dem Jahreswechsel sollte das Einvernehmen der Koalitionäre rasch verfliegen. Vom Sog der nahenden Bundestagswahlen erfasst, drifteten die Vorstellungen der Union und der SPD insbesondere
in der Ost- und Deutschlandpolitik auseinander. Wie tief die Kluft im
Kabinett reichte, verdeutlichte ein Streit über eine angemessene Reaktion auf die Anerkennung der DDR durch Kambodscha. Zwar rang sich

„Kambodschieren"   die Koalition im Mai 1969 dazu durch, mit dem „Kambodschieren",
d. h. der Abberufung des Botschafters aus Phnom Penh ohne Abbruch
der diplomatischen Beziehungen, den Automatismus der Hallstein-
Doktrin außer Kraft zu setzen; sie war aber nicht bereit, das deutschlandpolitische Instrument aus ihrem Arsenal zu eliminieren. Auch im
wieder aufgenommenen Dialog mit der Sowjetunion verhinderten die

Differenzen zwischen Christdemokraten und Sozialdemokraten jeglichen Fortschritt. Während die Union darauf spekulierte, nach den Wahlen das Heft wieder in die eigene Hand zu nehmen, hofften führende SPD-Politiker, die neu entdeckten Gemeinsamkeiten mit der FDP als Kitt für eine sozial-liberale Koalition operationalisieren zu können, um auf diese Weise deutschland- und ostpolitische Verkrustungen ganz im Sinne der neuen amerikanischen Führung unter Richard Nixon wie auch der „Anerkennungspartei" (K. G. Kiesinger) in der deutschen Öffentlichkeit aufzubrechen. Tatsächlich gelang der Union bei den Wahlen zum sechsten Deutschen Bundestag im September 1969 ein respektabler Sieg. Die Macht aber errangen die Sozialdemokraten, die nun eine Regierung mit den Liberalen eingingen.

Annäherung von SPD und FDP

6. „Überwindung des Status quo durch eine europäische Friedensordnung" 1969 bis 1974

Die Wahl Willy Brandts zum vierten Bundeskanzler am 21. Oktober 1969 markiert in der Geschichte der Bundesrepublik Deutschland eine tiefe historische Zäsur. Erstmals seit ihrem Bestehen leitete ein Sozialdemokrat die Regierungsgeschäfte, erstmals wurde das Amt des Außenministers mit einem FDP-Politiker besetzt, Walter Scheel. Indem sich beide Koalitionäre darauf verständigten, das Schwergewicht der Regierungsarbeit auf die Deutschland- und Ostpolitik zu legen, gerieten sie unweigerlich in den Dunstkreis einer sich dramatisch verändernden Großwetterlage, die nun von einem „Dreieck Washington-Moskau-Peking" (W. Scheel) bestimmt wurde. Selbstbewusst hofften die beiden Regierungsparteien, den frischen Wind der Entspannungspolitik nicht bloß passiv über sich hinwegblasen zu lassen; sie gedachten vielmehr, in den Worten von Brandts Mitarbeiter Egon Bahr, aktiv vor ihm zu „segeln".

Wahl Brandts zum Bundeskanzler als historische Zäsur

Schon die erste Regierungserklärung am 28. Oktober ließ aufhorchen. Anknüpfend an die Politik der Großen Koalition, plädierte der Kanzler dafür, die Probleme mit Osteuropa durch Gewaltverzichtsabkommen zu entschärfen, ging dann aber über die Linie Kiesinger insofern hinweg, als er ausdrücklich neben der Sowjetunion, Polen und der ČSSR auch die DDR einzubeziehen wünschte und von „zwei Staaten in Deutschland" sprach. Brandt war sich bewusst, dass diese Politik nicht im Alleingang, sondern nur in enger Abstimmung mit den westlichen Partnern, allen voran den USA, betrieben werden konnte. Ohne sie

Brandts Neue Ostpolitik

würde es auch nicht möglich sein, zu Rüstungsbeschränkungen und Truppenreduzierungen zu gelangen, die neben dem Gewaltverzicht ein zweiter zentraler Bestandteil der von ihm angestrebten europäischen Friedensordnung sein sollte. Während weite Teile der Bevölkerung das Programm der neuen Regierung begrüßten, warnten die in die Opposition verbannten Unionsparteien vor einem Bruch mit der bisherigen Außenpolitik. Die von der Großen Koalition hinausgezögerte Unterzeichnung des Atomwaffensperrvertrages am 28. November gab ihrer Kritik reichlich Nahrung, verzichtete die Bundesregierung doch bewusst auf die Möglichkeit, diese Karte als Trumpf für den bevorstehenden Verhandlungspoker mit der Sowjetunion aufzuheben.

Ziel einer europäischen Friedensordnung

Eine Gegenleistung blieb ihr die Sowjetunion schuldig; ja, sie wartete in den Anfang Dezember aufgenommenen Gesprächen über einen Gewaltverzicht gar mit Forderungen auf, die in Bonn nur als Affront bewertet werden konnten: Anerkennung der DDR, Unveränderlichkeit der Grenzen, Verzicht auf den Wiedervereinigungsanspruch. Im festen Willen, den drohenden Fehlstart seiner Ostpolitik zu vereiteln, übertrug Brandt die Verhandlungsführung nach dem Jahreswechsel Egon Bahr. Da der Staatssekretär im Bundeskanzleramt nicht weniger als die „Überwindung des Status quo durch eine europäische Friedensordnung" anstrebte, weckte seine Moskauer Mission den Verdacht, die Bundesrepublik wolle die Fesseln der Westbindung lösen. Zur Beruhigung der Westmächte versprach die Bundesregierung ihnen daher einen kontinuierlichen Informationsaustausch, der sowohl im Rahmen der Bonner „Vierer-Gruppe" über die drei westlichen Botschafter als auch über einen „back channel" zwischen Bahr und Nixons Sicherheitsberater Henry A. Kissinger erfolgte.

Aufnahme von Gewaltverzichtsgesprächen mit Moskau

„back channel" zu den USA

Politische Konzessionen Bonns und die Vereinbarung eines ökonomischen Tauschgeschäfts über die Lieferung von sowjetischem Erdgas gegen deutsche Stahlröhren bewogen Moskau im Frühjahr 1970, die eigenen Forderungen zurückzuschrauben. Am Ende der ersten Beratungsrunde übersandte Bahr dem Auswärtigen Amt im Mai „Leitsätze für einen Vertrag mit der UdSSR", die nach gezielten Indiskretionen ein innenpolitisches Erdbeben auslösten. Selbst einige Koalitionspolitiker monierten die Unausgewogenheit des „Bahr-Papiers" hinsichtlich der deutschen und sowjetischen Zugeständnisse. Auch in der Bonner „Vierer-Gruppe" machte sich Unmut bemerkbar, der die Bundesregierung zwang, mehr Vorsicht walten zu lassen. So dauerte es bis Ende Juli, ehe die nun von Scheel geführten offiziellen Verhandlungen mit dem Kreml beginnen konnten. Zwei Wochen später, am 12. August, endeten sie mit der Unterzeichnung des Moskauer Vertrages

Innenpolitische Kritik des „Bahr-Papiers"

Moskauer Vertrag

durch Brandt und Ministerpräsident Alexej Kossygin. Darin verpflichteten sich beide Regierungen zum gegenseitigen Gewaltverzicht, erkannten die Unverletzlichkeit der bestehenden Grenzen an und verabredeten den Ausbau der bilateralen Zusammenarbeit. Ein von Scheel übergebener „Brief zur deutschen Einheit" bekräftigte ferner die Absicht der Bundesregierung, am Ziel der Wiedervereinigung festhalten zu wollen.

Nach diesem geschichtsmächtigen Akt kamen auch die Verhandlungen mit Polen richtig in Gang. Seit Februar zwischen dem Staatssekretär des Auswärtigen Amts, Georg Ferdinand Duckwitz, und dem stellvertretenden Außenminister Josef Winiewicz geführt, wurden sie hauptsächlich durch drei Probleme belastet, von denen am Ende nur eines behoben werden konnte. Aus Rücksicht auf polnische Empfindlichkeiten bekräftigte Brandt im Warschauer Vertrag vom 7. Dezember   Warschauer Vertrag
mit Ministerpräsident Josef Cyrankiewicz die Unverletzlichkeit der „bestehenden Grenzlinie" als „westliche Staatsgrenze" Polens, verzichtete auf die Anwendung von Gewalt und bekundete schließlich den Wunsch nach einer Normalisierung der beiderseitigen Beziehungen. Die polnische Forderung nach Entschädigungen für die Verbrechen der nationalsozialistischen Gewaltherrschaft blieb hingegen ebenso unerfüllt wie der deutsche Wunsch nach leichteren Ausreisemöglichkeiten für nach wie vor östlich von Oder und Neiße lebende Deutsche.

Nicht nur die Verhandlungen zwischen Bonn und Warschau, auch die Beratungen über die in der Bundesrepublik sehnlichst gewünschte Regelung der Berlin-Frage hatten seit dem Sommer 1970 Auftrieb gewonnen, wenngleich es noch bis zum 3. September 1971 dauern sollte, bis die Botschafter der drei Westmächte in Bonn und der sowjetische Vertreter in Ost-Berlin das Vier-Mächte-Abkommen besiegelten. Die   Vier-Mächte-
Abkommen über
Berlin
Bundesregierung war an den Konsultationen nicht beteiligt, besaß allerdings sehr wohl Möglichkeiten, auf den Gang der Dinge Einfluss zu nehmen.

Zur Ausfüllung der Übereinkunft nahm Bahr kurz darauf Verhandlungen mit dem Staatssekretär beim Ministerrat der DDR, Michael Kohl, über ein Transit-Abkommen auf. Dank der Ausklammerung strittiger Rechtsfragen erreichten sie am 17. Dezember eine Einigung, die den Straßen- und Eisenbahnverkehr von der Bundesrepublik nach West-Berlin regelte. Zugleich unterzeichneten sie ein Protokoll über die Post- und Fernmeldeverbindungen. Einige Tage später folgte ein Übereinkommen zwischen dem Außenministerium der DDR und dem West-Berliner Senat über Verbesserungen des Reise- und Besucherverkehrs innerhalb Berlins.

Während Brandts Ost- und Deutschlandpolitik nun auf den Höhepunkt zustrebte, braute sich in Bonn ein politisches Unwetter zusammen. International hoch gerühmt und im Oktober 1971 mit dem Friedensnobelpreis ausgezeichnet, geriet der Kanzler innenpolitisch ins Fadenkreuz massiver Kritik. Als die Bundesregierung im Frühjahr 1972 ihre parlamentarische Mehrheit verlor, witterte die Opposition die Chance, den Regierungschef durch ein konstruktives Misstrauensvotum zu stürzen. Doch der Coup schlug fehl, weil zwei Unionsabgeordnete dem Kanzlerkandidaten der CDU/CSU, Rainer Barzel, aus welchen Motiven auch immer, die Stimme verweigerten.

Widerstand gegen die Ostverträge

Gefangen von der parlamentarischen Patt-Situation, verständigten sich die Führungen der Bundestagsfraktionen auf eine gemeinsame Entschließung zu den Ostverträgen, die der Opposition den Weg zu einem positiven Votum bahnen sollte. Zwar folgte die Union dem Wunsch ihres Fraktionsvorsitzenden Barzel nicht, trug aber mit ihrer breiten Stimmenthaltung am 17. Mai indirekt dazu bei, dass das Vertragswerk am 3. Juni in Kraft treten konnte.

Ratifizierung der Ostverträge

Nun gewann auch die Neugestaltung der deutsch-deutschen Beziehungen Kontur. Schon in seiner ersten Regierungserklärung hatte Brandt seine Absicht bekundet, die Teilung Deutschlands durch eine Annäherung beider Staaten langfristig überwinden zu wollen. Erste direkte Kontakte mit DDR-Ministerpräsident Willi Stoph am 19. März 1970 in Erfurt und am 21. Mai in Kassel waren aber in der Sache ergebnislos geblieben, weil Stoph um eine „Denkpause" gebeten hatte, die bis zur parlamentarischen Absegnung der Ostverträge andauern sollte.

Verhandlungen über eine Normalisierung der deutsch-deutschen Sonderbeziehungen

Im Sommer 1972 begannen Bahr und Kohl Verhandlungen über eine Normalisierung der deutsch-deutschen Sonderbeziehungen, wobei die entscheidenden Fortschritte nicht zwischen ihnen, sondern in parallel geführten Gesprächen zwischen Bahr und Vertretern der Westmächte bzw. der Sowjetunion gelangen. Am 21. Dezember unterzeichneten die Staatssekretäre den „Vertrag über die Grundlagen der Beziehungen zwischen der Bundesrepublik Deutschland und der Deutschen Demokratischen Republik", mit dem sich beide Staaten, ohne formelle gegenseitige Anerkennung, zu guter Nachbarschaft auf der Basis der Gleichberechtigung und der Unverletzlichkeit der Grenzen verpflichteten.

Grundlagenvertrag mit der DDR

Obwohl der Sieg der Koalition bei den Bundestagswahlen im November als überzeugendes Votum der Bevölkerung für die Ostpolitik der Regierung Brandt/Scheel gewertet werden konnte, entzündete sich in Bonn abermals heftiger Streit. Nachdem Bundestag und Bundesrat den Grundlagenvertrag gegen die Stimmen der Union im Mai 1973 ra-

tifiziert hatten, forderte die bayerische Staatsregierung das Bundesverfassungsgericht zu einer höchstrichterlichen Entscheidung über die
Vereinbarkeit des Abkommens mit dem Grundgesetz auf. Tatsächlich
sah das Karlsruher Gericht die Verfassung nicht verletzt, verpflichtete
die Bundesregierung aber in ihrem Urteil vom 31. Juli dazu, die Wiederherstellung der deutschen Einheit als politisches Ziel nicht aufzugeben.

Bundesverfassungs-
gerichtsurteil zum
Grundlagenvertrag

Einen neuen Stein des innenpolitischen Anstoßes bot der von
Brandt am 11. Dezember 1973 unterzeichnete „Prager Vertrag" mit der
Tschechoslowakei, den die Opposition aufgrund der Bedenken der Ver-
triebenenpolitiker abermals nicht annehmen wollte. Doch einmal mehr
konnte sie nicht verhindern, dass der Bundestag das Ratifikationsgesetz
am 20. Juni 1974 billigte und auch einen Einspruch des Bundesrates
zurückwies. Am 19. Juli trat das Abkommen in Kraft. Damit unterhielt
die Bundesrepublik zu allen Staaten des Ostblocks mit Ausnahme Al-
baniens diplomatische Beziehungen.

Prager Vertrag

Schon ein Jahr vor dem Erreichen dieses wichtigen Zwischenziels
seiner Ostpolitik hatte Brandt sein entspannungspolitisches Augenmerk dem Abbau der militärischen Konfrontation durch Abrüstung und
Truppenreduzierung zu widmen begonnen. Seit Juli 1973 nahm die
Bundesregierung mit allen europäischen Staaten (außer Albanien), den
USA und Kanada an einer Konferenz über Sicherheit und Zusammenarbeit in Europa (KSZE) teil. Ab Oktober beteiligte sie sich ferner an
der Konferenz über Mutual Balanced Forces Reductions (MBFR), an
der allerdings nur zwölf NATO- und sieben Warschauer-Pakt-Staaten
mitwirkten. Dass namentlich Frankreich die MBFR-Verhandlungen ablehnte, fand Brandt höchst bedauerlich, war aber für ihn kein politischer Beinbruch. Denn das Erreichen des zweiten Ziels seiner Ostpolitik, die Europäisierung der Entspannung zwischen den Supermächten,
hing nicht von der Haltung Frankreichs, sondern von dem Zusammen-
wirken mit den USA und dem Einvernehmen mit der Sowjetunion ab.
Gleichwohl bildete die Stärkung der „Entente élémentaire" als Fundament der europäischen Kooperation einen weiteren Schwerpunkt seiner
Außenpolitik.

Mitwirkung an
KSZE und MBFR

Die Rahmenbedingungen dafür schienen seit dem Rücktritt de
Gaulles 1969 nicht schlecht. Aus Sorge um ein Abdriften der Bundesrepublik nach Osten und in der Absicht, ihr ökonomisches Übergewicht
auszutarieren, unterstützte der neue Staatspräsident Georges Pompidou
die Bemühungen der EG um eine zweite „relance européenne" und gab
auch den von de Gaulle gepflegten Widerstand gegen einen britischen
EWG-Beitritt auf. Anfang Dezember 1969 sprach sich die Sechserge-

Zweite „relance
européenne"

meinschaft auf einer Gipfelkonferenz in Den Haag für die baldige Aufnahme von Beitrittsverhandlungen aus; sie vereinbarte eine Intensivierung der politischen Zusammenarbeit und beschloss die stufenweise Errichtung einer Wirtschafts- und Währungsunion (WWU).

Streben nach einer Wirtschafts- und Währungsunion

Die Beratungen der dazu eingerichteten Kommission offenbarten indes rasch einen tiefen Dissens zwischen „Ökonomisten", die wie Bundeswirtschaftsminister Schiller eine gemeinsame Wirtschafts- und Konjunkturpolitik als Vorbedingung für die Einführung der Währungsunion begriffen, und den „Monetaristen", die aus Sorge um nationale Souveränitätsrechte eine baldige Verknüpfung von Währungs- und Wirtschaftsunion ablehnten. Der mühsam gefundene Kompromiss erwies sich rasch als Makulatur, weil der von den USA verursachte Zusammenbruch des Weltwährungssystems von Bretton Woods den Europäern neue Wege der währungspolitischen Zusammenarbeit abverlangte. Unter tatkräftiger Mithilfe der Bundesregierung schuf die EWG im März 1972 mit den prospektiven Neumitgliedern Großbritannien und Irland einen Europäischen Wechselkursverbund, die „Währungsschlange".

Geburt der „Währungsschlange"

Bevor sie die nächsten Stufen zur WWU erreichen konnte, geriet die Frage der politischen Zusammenarbeit in den Fokus ihrer Aktivitäten. Anfang 1971 hatte Pompidou die Bildung einer europäischen Konföderation angeregt und damit den Verdacht ausgelöst, die bestehenden EWG-Organe entmachten zu wollen. Nachdem die Verhandlungen über die Norderweiterung dank deutscher Vermittlung und intensiver britisch-französischer Konsultationen erfolgreich beendet worden waren, beschlossen die Staats- und Regierungschefs im Oktober 1972 die Umwandlung der Gesamtheit der bestehenden EG-Beziehungen in eine „Europäische Union", deren Leitprinzip die Koordinierung der Politik nach intergouvernementalem Muster sein sollte. Wenngleich Brandt am bundesstaatlichen Zusammenschluss Europas perspektivisch festhielt, unterstützte er das Projekt in der Hoffnung, auf diesem Weg eine gemeinsame Haltung in den drängenden Fragen der Weltpolitik finden zu können. Ganz im Sinne Pompidous trat der Kanzler für mehr europäische Identität ein, propagierte aber zugleich einen „organischen Dialog" mit den USA, um eine transatlantische Entfremdung zu verhindern. Die von Frankreich anvisierte Loslösung von der westlichen Vormacht kam für Brandt nicht in Frage, auch dann nicht, als Kissinger Mitte April 1973 das Konzept einer neuen Atlantik-Charta präsentierte, das die EG zu einer reinen Regionalmacht degradierte.

„Organischer Dialog" der EG mit den USA

Der Ausbruch des israelisch-arabischen Jom-Kippur-Krieges Anfang Oktober spitzte das erneut aktive „Dreiecks-Dilemma" (G. Ziebura) zwischen Bonn, Washington und Paris dramatisch zu und stellte auch das deutsch-israelische Verhältnis auf eine harte Probe. Sämtliche Bemühungen um eine friedliche Lösung des Nahost-Konflikts, die Brandt wenige Monate zuvor bei einem Besuch in Israel, dem ersten eines Bundeskanzlers, unternommen hatte, waren durch den Waffengang zunichte gemacht. Im schmerzhaften Spagat zwischen Macht und Moral nahm die Bundesregierung es hin, dass die USA ihre Militärdepots auf westdeutschem Boden zur Unterstützung des israelischen Verbündeten benutzten, mahnte aber zugleich die Berücksichtigung der legitimen Interessen der Palästinenser an. Dieser Spagat schien um so notwendiger, als die arabischen Staaten ihr Erdöl zur politischen Waffe umfunktionierten und mit einem Lieferboykott die westlichen Industrieländer in arge Schwierigkeiten brachten. *(Randnote: „Dreiecks-Dilemma" zwischen Washington und Paris; Erdöl-Krise)*

Trotz der gemeinschaftlichen Herausforderung versagte die europäische Solidarität. Gegenseitiges Misstrauen und unterschiedliche Interessen vereitelten auf dem EG-Gipfel von Kopenhagen im Dezember 1973 nicht nur eine tragfähige Entscheidung zum Erdölproblem, sie blockierten auch eine Einigung im transatlantischen Dialog wie in der Währungsfrage. Frankreichs Austritt aus der „Währungsschlange" Anfang 1974 und seine Selbstisolation auf der Washingtoner Energiekonferenz im Februar sollten den Zusammenhalt in der EG weiter schwächen. Erst der Tod Pompidous am 2. April und der Rücktritt Brandts am 6. Mai schufen die Möglichkeit, die Beziehungen innerhalb der Gemeinschaft wie auch zwischen Bonn und Paris neu zu gestalten. *(Randnote: Rücktritt Brandts)*

7. „Sicherheit durch Ökonomie" 1974 bis 1982

Am 16. Mai 1974 wählte der Bundestag den bisherigen Finanzminister Helmut Schmidt zum neuen Bundeskanzler. Als Außenminister der zweiten sozial-liberalen Koalition saß nun der zuvor für das Innenressort zuständige Hans-Dietrich Genscher am Kabinettstisch, da Walter Scheel vom Auswärtigen Amt in die Villa Hammerschmidt umgezogen war. Schmidts außenpolitisches Denken wurde anders als das seines Vorgängers Brandt nicht von der Vision einer gesamteuropäischen Friedensordnung, sondern von der nüchternen Einschätzung deutscher Interessen und militärischer Notwendigkeiten geprägt. Sicherheit konnte die ökonomische „Weltmacht" Bundesrepublik seines Erachtens nur durch eine florierende Wirtschaft und durch ein politisch-militärisches Gleichgewicht zwischen den Blöcken gewinnen. *(Randnote: Ökonomische „Weltmacht" Bundesrepublik)*

Dem Imperativ der Entspannungspolitik gemäß beteiligte sich die
Bundesregierung aktiv an den Verhandlungen der KSZE und hoffte, die
mit der Ostpolitik Brandts eingeleitete Annäherung an die Staaten des
Warschauer Paktes auf der Basis der Schlussakte vom 1. August 1975

Dissens zwischen
Koalition und
Opposition über die
KSZE

fortschreiben zu können. Während die CDU-Opposition das Dokument
ablehnte, weil es die Vormachtstellung der Sowjetunion de facto legiti-
mierte und ansonsten lediglich Absichtserklärungen über Menschenrechte, Nichteinmischung und verstärkte Zusammenarbeit enthielt, ver-
wies die SPD/FDP-Koalition auf die dynamischen Möglichkeiten der
Vereinbarungen und darauf, den Anspruch auf nationale Einheit durch
friedliche Grenzänderung nicht fallengelassen zu haben.

Die mageren Ergebnisse der KSZE-Folgekonferenzen von Belgrad 1977/78 und Madrid 1980–1982 durften CDU und CSU zweifellos als Bestätigung ihrer Vorbehalte ansehen. Mit ebenso gutem Recht
konnte die Bundesregierung darauf hinweisen, dass die Mitarbeit an
der KSZE das Ansehen der Bundesrepublik und ihren politischen Be-
wegungsraum vergrößere. 1977, vier Jahre nach dem Beitritt zur UNO,
übernahm sie erstmals den Vorsitz im UN-Sicherheitsrat; 1978 fungierte sie als Gastgeberin eines jener Weltwirtschaftsgipfel, die
Schmidt 1975 mit dem französischen Staatspräsidenten Valéry Giscard
d'Estaing initiiert hatte.

Gegenüber der Sowjetunion gewann der „Korb 2" der Schlussakte
über die wirtschaftliche Zusammenarbeit an Bedeutung. In der Über-

Wirtschaftspolitik
als Außenpolitik

zeugung, dass die Wirtschaftspolitik der Bundesregierung „zugleich
Außenpolitik" sei, zielte Schmidt nicht ohne Erfolg darauf ab, die Er-
rungenschaften der Ostpolitik Brandts gegen die Unbilden der Zeit-
läufte abzuschirmen. Mit wirtschaftlichen Kooperationsverträgen und
industriellen Großprojekten stieg die Bundesrepublik zum wichtigsten
westlichen Handelspartner der Sowjetunion auf, bezahlte diese Erfolge
aber mit beträchtlichen Zugeständnissen. Nicht nur die Machthaber in
Moskau, auch jene in Warschau ließen sich den Bonner Wunsch nach
einer Umsetzung der im „Korb 3" enthaltenen Grundsätze der Zusammenarbeit in humanitären Fragen teuer bezahlen.

Während die Beziehungen zu Jugoslawien und Rumänien weitgehend problemlos verliefen, machte Polen die Durchführung der bereits
im Warschauer Vertrag vereinbarten menschlichen Erleichterungen un-
verblümt von finanziellen Gegenleistungen abhängig. Die Bundesre-

Finanzielle Opfer
der Ostpolitik

gierung begriff die finanziellen Opfer ihrer Ostpolitik nicht als leonini-
sches Geschäft, sondern vor dem Hintergrund neuer Spannungen in der
internationalen Atmosphäre als Kredit auf die Zukunft, ohne sich freilich auf eine solche spezifische Art der Scheckbuchdiplomatie be-

schränken zu wollen. Als die Sowjetunion 1976 eine rüstungspolitische
Offensive startete und neue Mittelstreckenraketen vom Typ SS-20 auf-
stellte, forderte Schmidt die NATO im Oktober 1977 öffentlich zu einer   Sowjetische Rake-
Nachrüstung auf, falls es nicht zu Rüstungsbeschränkungen käme. Da   tenaufrüstung
sich die Supermächte durch ihre Abrüstungsverhandlungen im strategi-
schen Bereich auf eine Parität zubewegten, drohte der amerikanische
Nuklearschutzschirm über Westeuropa durch die neuen sowjetischen
Waffensysteme porös zu werden.

US-Präsident Jimmy Carter schien für die Nöte der Bundesrepublik kaum Verständnis zu haben, trübte er doch nicht nur mit einer
Menschenrechtskampagne gegen die Sowjetunion die Chance auf ein
rüstungspolitisches Abkommen, sondern schob der Bundesrepublik
auch noch die Verantwortung für die Einführung einer umstrittenen
Neutronenwaffe zu, deren Produktion er dann im April 1978 eigen-
mächtig verhinderte. Vor dem Hintergrund dieser Turbulenzen ergänzte   Streit mit den USA
Schmidt die seit den Zeiten Adenauers geltende Maxime von der „Si-   über die Neutronen-
cherheit durch Integration" durch die Losung „Sicherheit durch Ökono-   waffe
mie". Bei einem Besuch Breschnews im Mai 1978, dem ersten eines
sowjetischen Staatsoberhauptes in der Bundesrepublik, unterzeichneten beide Regierungen ein langfristiges Wirtschaftsabkommen und verständigten sich außerdem auf den Grundsatz der Rüstungsparität zwischen Ost und West.

Besorgt über die zunehmende Erosion im Atlantischen Bündnis,
lud Carter die drei europäischen Hauptverbündeten Frankreich, Großbritannien und Deutschland zu einem Gipfeltreffen auf die französische Karibikinsel Guadeloupe ein. Anfang Januar 1979 einigten sich
die vier Staatsmänner auf die Stationierung amerikanischer Mittelstreckenraketen in Westeuropa für den Fall, dass die Sowjetunion nicht
einlenken würde. Am 12. Dezember mündete ihre Übereinkunft in
den NATO-Doppelbeschluss, mit dem die integrierten Staaten der Al-   NATO-Doppel-
lianz das Angebot zu Verhandlungen über den Abbau der Mittelstre-   beschluss
ckenraketen mit der Ankündigung verbanden, notfalls selbst nachzu-
rüsten.

Der Einmarsch sowjetischer Truppen in Afghanistan am 27. Dezember war ein untrügliches Signal, wie der Kreml auf die westliche
Aktion zu reagieren gedachte. An der Nahtstelle der beiden Blöcke in
besonderer Weise von der tiefen Krise im Ost-West-Verhältnis betroffen, wagte die Bundesrepublik einen schwierigen Spagat zwischen   Spagat zwischen
Bündnisloyalität und Festhalten an der Détente. Dem Beispiel Wash-   Bündnisloyalität und
ingtons folgend, boykottierte Bonn im Sommer 1980 die Olympischen   Festhalten an der
Spiele in Moskau, stockte zugleich seine Entwicklungshilfe für Afgha-   Détente

nistan auf und bemühte sich nach Kräften, dem Ausbruch eines zweiten Kalten Krieges entgegenzuwirken.

Da die Sowjetunion weder in der Afghanistan- noch in der Raketenfrage nachzugeben bereit war, bildete sich in der Bundesrepublik eine Protestbewegung gegen die drohende Nachrüstung, die vornehmlich in der neuen Partei Die Grünen, aber auch in den Reihen der SPD zahlreiche Anhänger fand und den innenpolitischen Konsens über Schmidts Gleichgewichtspolitik trotz seines Sieges bei den Bundestagswahlen im November zerstörte. Als der neue amerikanische Präsident Ronald Reagan 1981 einen ideologischen Feldzug gegen das „Reich des Bösen" jenseits des Eisernen Vorhangs startete, begann Schmidt einen sicherheitspolitischen Dialog mit Frankreich in der Absicht, der Europäischen Gemeinschaft mehr Verantwortung für den Abbau der Ost-West-Spannungen zu übertragen. Der Sieg François Mitterrands bei den Präsidentschaftswahlen im Mai 1981 beendete Schmidts „Entente" mit Giscard, die mittlerweile zum Fundament seiner Außenpolitik geworden war.

Obwohl der westdeutsche Streit über die Nachrüstung bei den Verbündeten Zweifel an der Bonner Bündnistreue schürte, hielt die Bundesregierung daran fest, die Kontakte nach Osten nicht abreißen zu lassen. Besonderes Augenmerk legte Schmidt dabei auf die Pflege der deutsch-deutschen Beziehungen und hoffte, die Einheit der Nation wahren zu können. Die Rahmenbedingungen waren nicht eben günstig, fuhr der Staatsratsvorsitzende Erich Honecker doch einen schwankenden Kurs zwischen Annäherung und Abschottung. Konkrete Ergebnisse ließen sich in den Konsultationen beider Regierungen deshalb nur dadurch erreichen, dass die Bundesrepublik der DDR seit 1974 mit erheblichen Aufwendungen für Kredite, Straßenbenutzungs-, Transit- und Postpauschalen finanziell wie ökonomisch unter die Arme griff. Schmidt hielt zwar am Brandtschen Prinzip vom „Wandel durch Annäherung" fest, hatte aber hinzunehmen, dass Honecker 1980 weitere Fortschritte in den innerdeutschen Beziehungen von der Anerkennung der DDR-Staatsbürgerschaft abhängig machte. Bei einem Treffen in der Uckermark beschränkten sich beide Regierungschefs im Dezember 1981 weitgehend auf die Versicherung, im Dialog bleiben zu wollen.

Dennoch geriet die Visite des Bundeskanzlers in ein fahles Licht, weil der Kalte Krieg mit der Verkündung des Kriegsrechts in Polen eine neue Eskalationsstufe erreichte. Die Bundesrepublik war abermals gezwungen zu beweisen, dass sie keinen Sonderweg gehen, sondern der Bündnisräson verbunden bleiben würde. Aus der Sicht von Außenminister Genscher kam es nun vor allem darauf an, die Einigung der euro-

Auflösung des innenpolitischen Konsenses über die Gleichgewichtspolitik

„Entente" mit Giscard als Fundament der Außenpolitik

Schmidts Treffen mit Honecker in der Uckermark

päischen Gemeinschaft voranzutreiben. Seit ihrem Amtsantritt hatte
die sozial-liberale Koalition eine Fülle europapolitischer Herausforderungen zu meistern, denen sie pragmatisch und ohne ideologischen
Überschwang begegnet war. In den Vordergrund rückten einerseits die
Bewahrung der inneren Handlungsfähigkeit der EG nach der Norderweiterung am 1. Januar 1973, andererseits die Stärkung der wirtschaftspolitischen Kohärenz. Da der EG-Ministerrat den schwierigen Aufgaben nicht gewachsen war, beschloss die Zehnergemeinschaft auf Vorschlag Schmidts und Giscard d'Estaings im Dezember 1974, die bisher
unregelmäßigen Treffen der Staats- und Regierungschefs zukünftig als
Europäischen Rat zu institutionalisieren.   Bildung des Euro-
                                                                              päischen Rats
     Abgesehen von dieser Gemeinschaftsaktion herrschte zwischen
beiden Regierungen in der Folgezeit europapolitisch kein Einvernehmen. Weder in der Frage von Neuverhandlungen über den britischen
EG-Beitritt noch in der Debatte über institutionelle Reformen der EG
oder in den Beratungen über die Süderweiterung zogen Bonn und Paris
an einem Strang. Erst die sicherheitspolitischen Friktionen mit den
USA und europapolitische Dissonanzen mit Großbritannien bewogen
die Bundesregierung seit 1977 dazu, wieder stärker auf die französi-
sche Karte zu setzen. Nur so glaubte Schmidt, das wachsende Unbeha-   „Zweite Weltmacht
gen der Partner gegenüber der zur „zweiten Weltmacht des Westens"   des Westens"
aufsteigenden Bundesrepublik zerstreuen und die negativen Konsequenzen des amerikanischen Handelsdefizits für die deutsche Wirtschaft eindämmen zu können.

     Besorgt über die Talfahrt des Dollar, begannen Schmidt und Gis-
card mit gleichgerichteten, aber keineswegs identischen Motiven Ge-
heimgespräche über die Bildung eines Europäischen Währungssystems
(EWS). Trotz mannigfacher Widerstände von Seiten der Partner in der
EG wie auch in der Bundesregierung setzten sie ihr Konzept 1978 weitgehend durch. Ihre Hoffnung, das im März 1979 in Kraft tretende EWS   Schaffung des EWS
könne stufenweise als Nukleus der ja bereits 1969 anvisierten Währungsunion dienen, sollte sich indes nicht erfüllen.

     Nicht nur in der Währungspolitik, auch auf anderen Sektoren ge-
riet die europäische Einigung ins Stocken. Um die Stagnation aufzubrechen, regte Genscher Anfang 1981 eine Reform der Römischen Verträge an, die den Brüsseler „acquis communautaire" mit den intergouvernementalen Institutionen Europäischer Rat und Europäische Politische Zusammenarbeit (EPZ) verbinden und die Bereiche gemeinsamer
Politik ausbauen sollte. Im November präsentierte er mit seinem italie-
nischen Kollegen Emilio Colombo den Entwurf einer „Europäischen
Akte", der allerdings in der EG auf wenig Gehör stieß. Nicht einmal der

Genscher-Colombo-Plan

Bundeskanzler stand voll hinter dem Genscher-Colombo-Plan, gab er doch der ökonomischen Seite der Europapolitik stets den Vorrang vor den politisch-institutionellen Aspekten.

Deshalb war die Bundesregierung auch seit 1974 für eine Festigung der EG-Außenbeziehungen eingetreten und hatte sich 1975 bzw. 1979 aktiv an den Verhandlungen über die Lomé-Verträge mit den Staaten Afrikas, der Karibik und des Pazifikraumes (AKP) beteiligt. Schmidt wünschte jedoch keine radikale Umgestaltung des freihändlerischen Außenwirtschaftskonzepts zugunsten der Dritten Welt, wie es in den entwicklungspolitischen Leitlinien des zuständigen Ministers Erhard Eppler anklang. Nach einer gründlichen Reflexion sprach sich das Kabinett 1975 für einen Ausgleich zwischen entwicklungspolitischen Erfordernissen und außenpolitischem Nutzen aus, sah sich indes Ende des Jahrzehnts im Zuge der Weltwirtschaftskrise zu einer noch stärkeren Akzentuierung der eigenen Interessen gezwungen. Nicht unberührt von den ökonomischen Turbulenzen blieb auch die auswärtige Kulturpolitik, die mit der Zunahme weltweiter Verpflichtungen seit Anfang der 1970er Jahre unter dem Rubrum eines „weitergefaßten Kulturbegriffs" (R. Dahrendorf) akzentuiert worden war, nun aber ebenso wie die Entwicklungshilfe unter schwindenden Finanzmitteln litt.

Entwicklungspolitik

Akzentuierung der auswärtigen Kulturpolitik

Obwohl es Schmidt gelungen war, die Bundesrepublik als europäische Mittelmacht zu profilieren und selbst zum angesehenen Partner in West und Ost aufzusteigen, ereilte ihn im Herbst 1982 ein ähnliches Schicksal wie Ludwig Erhard. Nachdem die FDP aus Protest gegen die Wirtschafts- und Finanzpolitik der SPD den Kabinettstisch verlassen hatte, entzog der Bundestag dem auch in seiner eigenen Partei in Bezug auf die Nachrüstungsproblematik kaum noch gelittenen Kanzler das Vertrauen.

Bruch der Koalition

8. „Aktive Friedenspolitik" und Einigung Europas 1982 bis 1989

Amtsantritt Bundeskanzler Kohls

Mit der Wahl des CDU-Vorsitzenden Helmut Kohl am 1. Oktober 1982 wurde erstmals in der Geschichte der Bonner Republik ein Bundeskanzler mit Hilfe eines konstruktiven Misstrauensvotums gekürt. Kohls Amtsantritt stand außenpolitisch unter einem dunklen Vorzeichen, war doch seit der Verschärfung des Ost-West-Konflikts unter den Bündnispartnern die Befürchtung gewachsen, die Bundesrepublik könne unter dem Druck der Friedensbewegung aus dem westlichen Bündnis ausscheren. Um diesen Bedenken die Spitze zu nehmen, bekannte sich Kohl in seiner ersten Regierungserklärung am 13. Oktober mit Nachdruck zu beiden Teilen des NATO-Doppelbeschlusses und würdigte die westliche Allianz als „Kernpunkt deutscher Staatsräson". Er kündigte eine Stabilisierung der deutsch-amerikanischen Beziehungen sowie die Öffnung neuer Wege zur europäischen Einigung an und verpflichtete sich zu einer „aktiven Friedenspolitik" gegenüber den Staaten Mittel- und Osteuropas.

NATO als „Kern- punkt deutscher Staatsräson"

Trotz dieses eindeutigen Bekenntnisses zur außenpolitischen Kontinuität nahmen die Bedenken der Westmächte auch nach Kohls Sieg bei den vorgezogenen Bundestagswahlen am 6. März 1983 nicht ab. Erst als das Parlament am 22. November ungeachtet massenhafter öffentlicher Proteste und gegen die Stimmen der Opposition für die Durchführung des NATO-Doppelbeschlusses in seinen beiden Teilen votierte, ließ das Misstrauen nach. Indem die Bundesrepublik akzeptierte, dass die USA nach dem Abbruch der Abrüstungsverhandlungen mit der Stationierung von Pershing-Raketen begannen, gab sie ihren Loyalitätsbekundungen die dringend notwendige Glaubwürdigkeit.

Ihr Festhalten an der transatlantischen Partnerschaft bedeutete jedoch keine blindgläubige Übernahme amerikanischer Vorgaben. Der von Reagan angekündigten Installation einer weltraumgestützten Raketenabwehr begegnete die Bundesregierung mit deutlichen Vorbehalten. Ihre implizite Hoffnung, den brüchigen Faden der Entspannungspolitik gegenüber der Sowjetunion weiterspinnen zu können, sollte sich indes zunächst nicht erfüllen. Allein die umfangreichen Wirtschaftskontakte vereitelten ein Einfrieren der Beziehungen.

Festhalten an der transatlantischen Partnerschaft

Auch nach der Ernennung Michail Gorbatschows zum Generalsekretär der KPdSU im März 1985 blieb das beiderseitige Verhältnis frostig. Nachdem Kohl den Kreml-Chef im Oktober 1986 wegen seines medienwirksamen Stils mit NS-Propaganda-Minister Joseph Goebbels verglichen hatte, titulierte Gorbatschow den Kanzler im Gefolge der deutsch-amerikanischen Vereinbarung über die Strategic Defense Initiative (SDI) als „Lakaien der USA". Es war das Verdienst des alten und neuen Außenministers Genscher, dass die Frostperiode bald darauf endete. Kurz nach den für die Koalition siegreichen Bundestagswahlen vom Januar 1987 forderte er den Westen von der Bühne des Weltwirtschaftsforums in Davos auf, Gorbatschows „Glasnost"- und „Perestroika"-Politik ernstzunehmen. Obwohl ihm sein Fanfarenstoß bei den Verbündeten den Vorwurf des „Genscherismus" einbrachte, sah auch Kohl den Zeitpunkt zu einer Wende gegenüber der Sowjetunion gekommen. Anfang 1988 unterzeichnete die Bundesregierung ein wirt-

Mitwirkung an SDI

Deutsch-sowjetische Annäherung

schaftspolitisches Kooperationsabkommen mit der UdSSR und beschloss nach kontroversen Diskussionen auch die Billigung einer zwischen Moskau und Washington anvisierten „doppelten Null-Lösung"
im Bereich der Mittelstreckenraketen.

Als die NATO nach dem Abschluss des amerikanisch-sowjeti-
schen Vertrages über die Beseitigung von Intermediate Range Nuclear
Forces (INF) im Dezember 1987 eine dritte „Null-Lösung" für Nuklearwaffen mit kürzerer Reichweite ins Auge fasste, legte Kohl sich hingegen quer. Indem die Koalition unter dem Eindruck der Einleitung des
sowjetisches Rückzugs aus Afghanistan die von den USA und Großbritannien geplante Alternativlösung, die Modernisierung der westlichen
Kurzstreckenraketen vom Typ „Lance", ablehnte, verursachte sie in
den Beziehungen zu den Partnern abermals eine schwere Krise. Als
Kohl dann auch noch das deutsch-sowjetische Verhältnis im Zuge eines
Moskau-Besuchs im Oktober 1988 aufwertete, witterten Amerikaner
wie Briten wieder einmal die Gefahr einer westdeutschen Ostdrift. Allein der Kollaps des Ostblocks 1989 sollte verhindern, dass der Konflikt in der Atlantischen Allianz zum Ausbruch kam.

Nicht nur in Washington und London, auch in Ost-Berlin wurde
die deutsch-sowjetische Détente mit Argwohn verfolgt. Seit ihrem
Amtsantritt 1982 hatte die Bundesregierung keinen Hehl daraus gemacht, dass sie mit den Fortschritten im deutsch-deutschen Verhältnis
nicht zufrieden war. Deutlicher als ihre Vorgängerin sprach sie die Ver-
letzungen von Grundfreiheiten in der DDR an, achtete aber zugleich
darauf, dass die von Kritikern prognostizierte Eiszeit ausblieb. Kohl er-
neuerte eine von Schmidt ausgesprochene Einladung an Honecker und
befürwortete eine Intensivierung der innerdeutschen Handelsbeziehun-
gen, die der DDR als gewissermaßen stillem Teilhaber der EG beträchtlichen Nutzen einbrachte. Er ließ die 1975 abgebrochenen Verhandlungen über ein Kulturabkommen wieder aufnehmen und billigte 1983
und 1984 zwei milliardenschwere Kredite, deren ersten Franz Josef
Strauß eingefädelt hatte. Ihren unbezweifelbaren Höhepunkt erlebte die
von Kohl so genannte „Verantwortungsgemeinschaft" für den Frieden
beim Besuch des DDR-Staatsratsvorsitzenden in der Bundesrepublik
im September 1987. Indem der Kanzler Honecker protokollarisch fast
wie einen Staatsgast empfing, akzeptierte er in gewisser Weise die
deutsch-deutsche Zweistaatlichkeit. Da Kohl zugleich sein Festhalten
am Ziel der Einheit Deutschlands bekräftigte, distanzierte er sich in aller Deutlichkeit von jenen politischen Kräften, die den Begriff der Einheit der Nation von der Forderung nach einem einheitlichen National-
staat zu trennen wünschten.

Krise in der NATO

Deutsch-deutsche
„Verantwortungsge-
meinschaft"

In den westlichen Kapitalen trieb nach dem deutsch-deutschen Gipfeltreffen wieder einmal das Schreckgespenst des deutschen Sonderweges sein Unwesen. Dabei hatte die Regierung Kohl/Genscher nie einen Zweifel darüber aufkommen lassen, dass ihre „aktive Friedenspolitik" nach Osten nur auf der Basis einer festen Verankerung im Westen stattfinden konnte. Als selbsternannter Hüter der Europapolitik Adenauers deklarierte Kohl die europäische Einigung als „Herzstück deutscher Außenpolitik". Neue Perspektiven auf dem Weg zur angestrebten Europäischen Union erhoffte er sich von den Beratungen über den „Genscher-Colombo-Plan". Belastet von ungeklärten Haushalts- und Kompetenzfragen sowie schwierigen Verhandlungen über den Beitritt Spaniens und Portugals, verliefen die Beratungen der EG indes so zäh, dass der Europäische Rat auf seiner Tagung in Stuttgart Mitte 1983 statt der anvisierten „Europäischen Akte" nur eine unverbindliche „Erklärung" abgeben konnte. Nachdem ein gleichzeitig geschnürtes Reformpaket über den Binnenmarkt, die Süderweiterung und das Finanzsystem monatelang unerledigt liegen geblieben war, nahm der Kanzler Anfang 1984 Fühlung zum französischen Staatspräsidenten Mitterrand in der Absicht auf, den deutsch-französischen „Motor" für die überfälligen Entscheidungen wieder anzuwerfen. Trotz unterschiedlicher parteipolitischer Vorzeichen verhalfen sie nicht nur den deutsch-französischen Beziehungen zu einer neuen „Blütezeit" (G. Ziebura), sondern trugen auch maßgeblich dazu bei, dass der Europäische Rat die Einberufung eines Regierungskomitees zur Ausarbeitung einer Einheitlichen Europäischen Akte (EEA) beschloss.

Wenngleich Kohl wiederholt die Notwendigkeit zu grundlegenden Fortschritten im Einigungswerk betonte, stellte sich unter den Partnern bisweilen der Eindruck ein, die Bundesregierung lasse ihren Worten keine Taten folgen. Nicht nur in der europäischen Agrarpolitik, auch in der Süderweiterung vertrat sie mit Zähigkeit nationale Interessen. Auf der 1985 einberufenen EG-Regierungskonferenz gab die Bundesrepublik ihre lange wahrgenommene integrationspolitische Antreiberrolle phasenweise völlig auf und trat insbesondere bei den wirtschafts- und finanzpolitischen Themen auf die Bremse. Anders als Genscher es 1981 erhofft haben mochte, wagte die Gemeinschaft am Ende der Reformdebatte auch wegen der deutschen Widerstände keinen großen Sprung. Mit der Anfang 1986 verabschiedeten EEA vereinbarte sie lediglich die schrittweise Verwirklichung des Binnenmarktes bis Ende 1992, die Einführung eines neuen Beschlussverfahrens und die Festlegung einer Methode zur Bildung einer europäischen Wirtschafts- und Währungsunion.

Marginalien:

„Aktive Friedenspolitik" nach Osten

Einigung Europas als „Herzstück deutscher Außenpolitik"

Neue deutsch-französische „Blütezeit"

Einheitliche Europäische Akte

Die Zustimmung des Bundestags zu dem ratifikationspflichtigen Abkommen konnte als sicher gelten, da das Parlament den europapolitischen Kurs der Bundesregierung seit Jahren wohlwollend begleitet hatte. Das Plazet des Bundesrates hingegen war weit weniger sicher.

Namentlich die bayerische Staatsregierung reagierte ausgesprochen kritisch auf die Akte, weil die vorgesehene Verlagerung nationaler Kompetenzen auf die Gemeinschaftsebene die Rechte der Länder zwangsläufig schmälern würde. Nach intensiven Beratungen akzeptierte die Bundesregierung schließlich eine rechtliche Fixierung der europapolitischen Kompetenzen der Länderkammer, war aber nicht bereit, ihre exekutive Handlungsautonomie beschneiden zu lassen.

Während die Auseinandersetzung zwischen dem Bund und Bayern über die EEA nach dieser Klarstellung bald abebbte, bot ein anderes Thema der Bonner Außenpolitik, die Entwicklungspolitik, Anlass zum Dauerstreit zwischen Bonn und München. Aus geopolitischen, außenwirtschaftspolitischen und persönlichen Motiven danach strebend, die globale Dimension deutscher Außenpolitik neu auszumessen, stellte der „verhinderte Außenminister" Strauß (A. Wirsching) den parteiübergreifenden Konsens über die Entwicklungshilfe offen in Frage. Auch der Bundesminister für wirtschaftliche Zusammenarbeit Jürgen

Warnke (CSU) forderte eine „Neuorientierung" zum Zwecke der stärkeren Wahrung deutscher Interessen und der Konzentration auf die weltanschaulich genehmen Länder der Dritten Welt.

Jenseits der vollmundigen Rhetorik beschränkte sich der „neue" Kurs vor allem darauf, die Hilfsleistungen stärker als zuvor mit der Forderung nach Verwirklichung der Menschenrechte und der Schaffung rechtsstaatlich-demokratischer Strukturen zu verbinden. Aus der Sicht der Opposition wirkte das von der Koalition angestimmte hohe Lied der Menschenrechte nur bedingt glaubwürdig. Denn immer dann, wenn diese Prinzipienpolitik mit ökonomischen oder sicherheitspolitischen

Ambitionen kollidierte, wie etwa in Südafrika, schienen die hehren Ideale den politischen Kalkülen untergeordnet zu werden. Wenngleich Genscher seine Namibia- und Südafrikapolitik trotz ständiger Attacken von Strauß nicht veränderte, wirkte sein Kurs bisweilen doch recht unscharf.

Einen ebenfalls diffusen Eindruck vermittelte seit der Unterzeichnung der Einheitlichen Europäischen Akte auch die Bonner Europapolitik. Denn einerseits peilte die Bundesregierung vor dem Hintergrund einer abflauenden Eiszeit in den Ost-West-Beziehungen eine engere sicherheitspolitische Kooperation der Europäischen Gemeinschaft an. Andererseits blockierte sie wegen massiver Bedenken des Bundesfinanzministeriums und der Bundesbank jeden Fortschritt in der Debatte über die Währungsunion. Es war abermals Genscher, der die Blockadehaltung im Februar 1988 mit einem Memorandum für die Schaffung eines europäischen Währungsraumes durchbrach. Wenige Monate später stimmte Kohl der Einsetzung eines Expertenausschusses zu, der Wege zur Vollendung der Wirtschafts- und Währungsunion prüfen sollte. Mitte 1989 billigte der Europäische Rat dessen Bericht und legte den Beginn der WWU auf den 1. Juli 1990 fest. Bevor die Bundesrepublik diesen geschichtsmächtigen Schritt gehen konnte, war sie gezwungen, auf die revolutionäre Umwälzung in der DDR zu reagieren.

Widerstände gegen die WWU

9. Die Wiedervereinigung Deutschlands 1989/90

Mit dem Fall der Berliner Mauer am 9. November 1989 geriet die Bonner Außenpolitik abrupt in den Fokus der Weltpolitik. Aus Sorge um die entspannungspolitischen Erfolge der Vergangenheit und mangels eines operativen Konzepts für die deutsche Einheit hielt sich die Bundesregierung zunächst auffallend zurück. Nicht die Wiedervereinigung, sondern die Durchführung freier Wahlen in der DDR proklamierte Kohl als Gebot der Stunde. Erst als die Sowjetunion signalisierte, mittelfristig grünes Licht für eine deutsch-deutsche Konföderation zu geben, ging der Kanzler in die Offensive. Ohne vorherige Abstimmung mit dem Koalitionspartner FDP präsentierte er der verblüfften Weltöffentlichkeit am 28. November ein „Zehn-Punkte-Programm zur Überwindung der Teilung Deutschlands und Europas", das über die Zwischenstufe „konföderativer Strukturen" auf die Bildung einer „bundesstaatlichen Ordnung in Deutschland" abzielte.

Berliner Mauerfall

Da der Bundeskanzler nur die USA, nicht aber die übrigen drei für Gesamtdeutschland verantwortlichen Mächte vorab informiert hatte, rief sein Papier dort massive Irritationen hervor. Als Kohl auf einem EG-Gipfel im Dezember die europäischen Partner um Unterstützung für die Erlangung der deutschen Einheit bat, sagte allein Spaniens Ministerpräsident Felipe Gonzales uneingeschränkte Hilfe zu. Demgegenüber gaben Margaret Thatcher und François Mitterrand deutlich ihren Unmut über das westdeutsche Vorpreschen, ja über die zentraleuropäische Entwicklung überhaupt zu Protokoll. Während Großbritanniens Premierministerin in den kommenden Wochen mit offenem Visier gegen die Wiedervereinigung kämpfte, stellte Frankreichs Präsident vor der Hand das Selbstbestimmungsrecht der Deutschen nicht in Frage;

Kohls „Zehn-Punkte-Programm"

zugleich aber ermunterte er die Führung der siechen DDR zur Bewahrung ihres eigenständigen Weges und suchte den Schulterschluss mit der Sowjetunion, um den Vereinigungsprozess zu bremsen, wenn nicht zu stoppen. So war Kohl ganz auf die amerikanische Führung unter Präsident George Bush angewiesen, der seine prinzipielle Zustimmung zum Konzept der „konföderativen Strukturen" allerdings mit der Bedingung verband, dass die dauerhafte Einbindung Deutschlands in die westliche Allianz nicht gefährdet werden dürfe.

Im Zeichen einer sich dramatisch verschlechternden Wirtschaftslage in der DDR und des dort zunehmend lauteren Rufs nach nationaler Einheit unterbreitete der Bundeskanzler dem DDR-Ministerpräsidenten Hans Modrow im Februar 1990 den Vorschlag zur Bildung einer *Bildung einer Wirtschafts- und Währungsunion* Wirtschafts- und Währungsunion. In der Bundesrepublik keineswegs unumstritten, wurde dieser ökonomisch riskante Vorstoß zur entscheidenden Triebfeder bei der ersten freien Volkskammerwahl am 18. März. Denn die Aussicht auf eine baldige Einführung der begehrten D-Mark verhalf jenen politischen Kräften zum Sieg, die einer raschen Wiedervereinigung das Wort redeten.

Derweil suchten die vier für Deutschland zuständigen Mächte in intensiven bi- und multilateralen Kontakten nach einer Antwort auf die Frage, wie ihre Rechte zur Geltung gebracht werden könnten. Ende Januar 1990 war im amerikanischen Außenministerium der Plan entwickelt worden, von den beiden deutschen Staaten zunächst die ökonomischen, politischen und rechtlichen Fragen der inneren Einigung klären zu lassen und dann zwischen ihnen und den vier ehemaligen Kriegsalliierten die außenpolitischen Aspekte zu behandeln. Die Bundesregierung stimmte der Idee umgehend zu und erklärte sich ferner bereit, etwaige Ergebnisse im Herbst auf einem Gipfeltreffen der KSZE zu vertreten. Großbritannien, Frankreich und die Sowjetunion akzeptierten das Zwei-plus-Vier-Konzept hingegen nur zögerlich, wobei Gorbatschow Mitte Februar gegenüber Kohl drei Bedingungen stellte: die Anerkennung der Unantastbarkeit der europäischen Grenzen; die Zahlung von Wirtschaftshilfe an die Sowjetunion; den Verzicht Gesamtdeutschlands auf die Mitgliedschaft in der Atlantischen Allianz.

Parallel zu den deutsch-deutschen Verhandlungen, die am 18. Mai in einen Vertrag über die Währungs-, Wirtschafts- und Sozialunion und am 31. August in einen Staatsvertrag über den Beitritt der DDR zum Geltungsbereich des Grundgesetzes mit Wirkung vom 3. Oktober mündeten, berieten die Außenminister aus Bonn und Ost-Berlin mit ihren Kollegen aus Washington, Moskau, Paris und London seit dem 5. Mai über die internationalen Aspekte der deutschen Einheit. Von besonderer

Zwei-plus-Vier-Gespräche

Brisanz erwiesen sich die Frage der Bündniszugehörigkeit des vereinten Deutschland, sein militärischer Status sowie die Anerkennung der deutsch-polnischen Grenze. Für Bush war die vollgültige deutsche NATO-Mitgliedschaft eine Grundvoraussetzung der Wiedervereinigung. Da Gorbatschow dies zunächst strikt ablehnte, regte Genscher an, dass ein vereinigtes Deutschland zwar der Allianz angehören solle, aber keine NATO-Streitkräfte in Ost-Deutschland stationiert werden dürften. Sein Vorstoß war in der Bundesregierung keineswegs unumstritten. Namentlich Bundesverteidigungsminister Gerhard Stoltenberg trat für die uneingeschränkte NATO-Zugehörigkeit ein, wohingegen Kohl sich zunächst auf die Seite des Außenministers stellte, dann aber Ende Februar gegenüber Bush die volle Aufrechterhaltung der deutschen Allianz-Verpflichtungen zusagte.

Streit über die NATO-Mitgliedschaft des geeinten Deutschland

Wohl auch unter dem Druck seiner innenpolitischen Gegner erklärte Gorbatschow die NATO-Mitgliedschaft beider deutscher Staaten im März abermals für ausgeschlossen und bestand überdies erneut auf der Anerkennung der Ostgrenze Deutschlands. Schon im Herbst 1989 hatte die polnische Regierung eine vertragliche Regelung dieses Problems noch vor der Wiedervereinigung verlangt und damit sowohl in Moskau als auch in London und Paris Gehör gefunden. Kohl aber vertrat aus Sorge um unerwünschte Reaktionen von Seiten der westdeutschen Vertriebenenverbände und aus Furcht vor polnischen Reparationsforderungen den Standpunkt, dass nur ein gesamtdeutsches Parlament die erwünschten Garantien geben könne. Als Ministerpräsident Tadeusz Mazowiecki im Februar 1990 einen Platz am Tisch der Zwei-plus-Vier-Konferenz einforderte, wies der Bundeskanzler dieses Ansinnen energisch zurück und regte statt dessen einen bilateralen Grenzvertrag an.

Anerkennung der Oder-Neiße-Grenze

Zum energischsten Sachwalter der polnischen Interessen schwang sich nun Mitterrand auf, der Anfang März den Beginn etwaiger Verhandlungen über einen solchen Grenzvertrag vor der Wiedervereinigung anmahnte und eine assoziierte Beteiligung Polens bei den Zwei-plus-Vier-Verhandlungen ins Gespräch brachte. Mit Rückendeckung Bushs konnte Kohl die Volte abwenden, kündigte aber zur Besänftigung des französischen Präsidenten eine Wiederbelebung des seit Monaten stagnierenden europäischen Einigungsprozesses an.

Der Ausgang der DDR-Volkskammerwahlen Mitte März ließ in seiner Eindeutigkeit die Widerstände in Ost und West merklich schwinden. Mitterrand ergriff nun die Chance, gemeinsam mit Kohl die Einberufung einer Regierungskonferenz zur Europäischen Union durchzusetzen, und stimmte der Wiedervereinigung Deutschlands nolens volens zu. Auch Thatcher und Gorbatschow schickten sich ins Unvermeidliche, wobei der Kreml-Chef seinen Schwenk teuer verkaufte. Ende April bot Kohl ihm eine deutliche Reduzierung der Bundeswehr-Truppenstärke an und unterzeichnete einen Kreditvertrag über fünf Milliarden DM. Als Gegenleistung gab Gorbatschow Ende Mai die Zusage, dass Deutschland im Falle einer Vereinigung in seiner Bündnis-

Durchbruch zur Wiedervereinigung wahl frei sei. Nachdem die NATO Anfang Juli mit der Revision ihrer bisherigen Verteidigungsstrategie das Ende der Gegnerschaft mit dem Warschauer Pakt eingeläutet hatte, kamen Gorbatschow und Kohl bei einem Treffen in Moskau und Archys (Kaukasus) Mitte Juli überein, die Ausdehnung der NATO auf das ostdeutsche Territorium bis zum Abzug der dort stationierten sowjetischen Soldaten hinauszuzögern und die Bundeswehr auf eine Stärke von 370 000 Mann zu begrenzen.

Am 17. Juli sagten die sechs Außenminister in der dritten Runde der Zwei-plus-Vier-Verhandlungen ihrem polnischen Kollegen Krzysztof Skubiszewski zu, Polens Begehr nach einer endgültigen Anerkennung der Oder-Neiße-Linie als polnische Westgrenze in das völkerrechtlich verbindliche Abschlussdokument der Konferenz aufzunehmen.

Nach dieser historischen Übereinkunft geriet der Zwei-plus-Vier-Prozess nur noch einmal, Anfang September, ins Stocken, als die Sowjetunion die Bundesrepublik mit neuen massiven Finanzforderungen als Preis für den Abzug ihrer Truppen aus der DDR konfrontierte. Abermals sah sich die Bundesregierung gezwungen, die Renitenz mit Geld aufzuweichen. Nachdem Kohl und Gorbatschow eine Pauschalsumme von 15 Milliarden DM vereinbart hatten, war der Weg für den Abschluss der Verhandlungen frei. Am 12. September unterzeichneten die Außenminister James Baker, Roland Dumas, Hans-Dietrich Genscher, Douglas Hurd, Markus Meckel und Eduard Schewardnadse in Moskau den „Vertrag über die abschließende Regelung in bezug auf

Zwei-plus-Vier-Vertrag Deutschland". Die Vier Mächte gaben ihre Vorbehaltsrechte für Gesamtdeutschland auf und übertrugen dem geeinten Land die volle Souveränität.

Einen Tag nach der Bestätigung des Abkommens durch die KSZE vollzogen beide deutsche Staaten am 3. Oktober die Wiedervereini-

Vollzug der Wiedervereinigung gung. In die Souveränität entlassen wurde die neue Bundesrepublik indes erst, nachdem die Abkommen über den Abzug der sowjetischen Truppen (12. Oktober 1990), über gute Nachbarschaft, Partnerschaft und Zusammenarbeit mit der Sowjetunion (9. November) sowie über die polnisch-deutsche Grenze abgeschlossen (14. November) und alle Ratifikationsurkunden zum Zwei-plus-Vier-Vertrag am 15. März 1991 hinterlegt waren.

II. Grundprobleme und Tendenzen der Forschung

1. Grundpositionen und Gesamtdarstellungen

Die Geschichte der Außenpolitik der Bundesrepublik Deutschland, d. h. ihr „Versuch, die Beziehungen zur internationalen Umwelt aktiv und reaktiv den eigenen Zielvorstellungen und Präferenzen gemäß zu gestalten" [151: W. LINK, Außenpolitik, 572], ist von der historiographischen Forschung bis zum Ende der 1970er Jahre nicht als vordringliches Themenfeld betrachtet worden. Dies lag zum einen an der von der Zunft traditionellerweise geübten wissenschaftlichen Zurückhaltung gegenüber der jüngsten Vergangenheit, zum anderen am fehlenden Zugang zu den zentralen Quellenbeständen, die erst nach Ablauf einer Sperrfrist frühestens von dreißig Jahren zur Verfügung standen. So wurde das Thema nach einer Phase, in der die „Leitartikler und Publizisten die Diskussion unter sich" führten [W. BESSON, Prinzipienfragen der westdeutschen Außenpolitik, in: PVS 9 (1968) 28–44, 28], zunächst von der Politischen Wissenschaft entdeckt. Die seither maßgeblich von ihr produzierten Gesamtdarstellungen lassen sich in drei Kategorien einteilen: verlaufsgeschichtliche Analysen, nach Aktionsfeldern durchkomponierte Untersuchungen und systematisch angelegte Studienbücher. Den Auftakt machte 1960 der Völkerrechtler und Diplomat W. G. GREWE [130: Außenpolitik]. Unter dem Eindruck des Mauerbaus in Berlin redete der Publizist R. ALTMANN 1962 einer „Politik der Entspannung" das Wort [210: Risiko, 136]. 1965 veröffentlichte der CDU-Abgeordnete E. MAJONICA eine Monographie mit dem politischen Anspruch, „nach Wegen zu suchen, um den Status quo zu überwinden" [155: Außenpolitik, 10].

Eine erste Gesamtanalyse der Bonner Außenpolitik lieferte 1970 W. BESSON. Den „mittlere(n) Staat" der Bundesrepublik als Definitivum begreifend [118: Außenpolitik, 457], identifizierte er als ihr „Bewegungsgesetz" eine „Staatsräson" [Ebd., 13] mit fünf Leitlinien: die Anerkennung der amerikanischen Hegemonie, die enge Kooperation mit den europäischen Verbündeten, die Pflicht des Ausgleichs mit den ost-

Außenpolitik kein vordringliches Forschungsfeld

Frühe Werke von Publizisten und Praktikern

Erste Gesamtanalyse W. BESSONS

europäischen Staaten, die Gestaltung des Verhältnisses zur DDR und die „Teilhabe" an den Geschehnissen in der Dritten Welt [Ebd., 453]. Indem er die Rückkehr der traditionellen Mitteleuropa-Perspektive als Vervollständigung der Staatsräson begrüßte, zog er die Kritik von H.-P. SCHWARZ auf sich, der die Staatsräson auf die „Doktrin der Westbindung" und die engen Beziehungen zu den USA beschränkt sehen wollte [Die Politik der Westbindung oder die Staatsraison der Bundesrepublik, in: ZfP 22 (1975) 307–337, 337]. W. LINK gewann dieser Anschauung ebenso wenig Plausibilität ab wie der These von B. BANDULET, der Adenauers Versuch eines Ausgleichs mit der Sowjetunion 1970 als „Alternative" zur Westpolitik bezeichnet hatte [211: Adenauer, 64]. Denn für LINK umfasste die bundesdeutsche Staatsräson seit der Ostpolitik Brandts die „Westbindung plus Ostverbindungen (bei hinreichender westlicher Gegenmachtbildung)" [298: Ära Brandt, 276].

In einer erstmals 1972 veröffentlichten Überblicksdarstellung empfahl P. NOACK eine stärkere Einbeziehung technologischer, wirtschaftlicher und militärtechnischer Entwicklungen in die Untersuchung der Außenpolitik [162: Außenpolitik]. Eine höchst innovative Einführung bot ein von H.-P. SCHWARZ 1975 herausgegebenes Handbuch [175], das neben den gängigen auch zuvor geringgeschätzte Themen wie den Einfluss der politischen Institutionen, der Gesellschaft oder der öffentlichen Meinung und die außenwirtschaftlichen Gegebenheiten in den Blick nahm, ohne aber die Beziehungen der Staaten als „die wichtigsten Bezugseinheiten der Außenpolitik" zu vernachlässigen [Vorwort, in: Ebd., 25].

Die Geschichtswissenschaft nahm sich der Bonner Außenpolitik zunächst nur als Teilaspekt der „Zeitgeschichte nach 1945" an [53: A. DOERING-MANTEUFFEL, Entwicklungslinien, 10]. Gewisse Konturen waren, angestoßen durch die Publikation der „Erinnerungen" K. ADENAUERs [28: 4 Bde.] und von Veröffentlichungen zu seinem 100. Geburtstag bzw. zum 25. respektive 30. Gründungstag der Bundesrepublik [215: D. BLUMENWITZ/K. GOTTO/H. MAIER/K. REPGEN/H.-P. SCHWARZ (Hrsg.), Konrad Adenauer, 2 Bde.; 153: R. LÖWENTHAL/H.-P. SCHWARZ (Hrsg.), Republik; 170: W. SCHEEL (Hrsg.), Nach dreißig Jahren], zwischen 1965 und 1975 erkennbar geworden. Pionierarbeit leistete A. HILLGRUBER mit einer auf die Außenpolitik konzentrierten Darstellung zur deutschen Geschichte, die in rasch folgenden Auflagen von 1965 bis 1986 „skizzenhaft fortgeführt" wurde [144: Deutsche Geschichte 1945–1986, 9]. „Erklärtermaßen unter dem Aspekt der historischen Erforschung" [Wortbeitrag K. REPGENS in: 52, 139] gaben R. MORSEY und K. REPGEN zwischen 1971 und 1974 die „Adenauer-Studien" heraus [255]. Das

Marginalien:

Dissens über die Staatsräson

Plädoyer zur Einbeziehung technologischer, wirtschaftlicher und militärtechnischer Entwicklungen

Handbuch zur Außenpolitik von H.-P. SCHWARZ

Entdeckung der Außenpolitik durch die Geschichtswissenschaft

„Adenauer-Studien"

Ende der „von der ‚Zunft' oftmals gar nicht beachtete(n) Existenz im Winkel zwischen den beiden Referenzdisziplinen Geschichtswissenschaft und Politologie" vollzog sich dann in den 1980er Jahren [53: A. DOERING-MANTEUFFEL, Entwicklungslinien, 15], als vor dem Hintergrund eines verbesserten Archivzugangs Einzelstudien an Tiefenschärfe gewannen und erste fundierte Synthesen zur Geschichte der Bundesrepublik entstanden. Die nach wie vor umfassendste und dank ihrer eigenständigen Forschungsleistung herausragende Gesamtdarstellung lieferte die von T. ESCHENBURG in Verbindung mit W. BENZ und H. GRAML [192: Jahre], H.-P. SCHWARZ [263: Ära Adenauer 1949–1957; Ära Adenauer 1957–1963], K. HILDEBRAND [279: Erhard], K. D. BRACHER, W. JÄGER, W. LINK [298: Republik im Wandel 1969–1974; 299: Republik im Wandel 1974–1982] und A. WIRSCHING [320: Abschied] verfasste, bis 1990 reichende Geschichte der Bundesrepublik Deutschland. In Inhalt, Methode und Qualität Maßstäbe setzend, beeinflusste das Werk die auf zeitgeschichtliche Aufarbeitung ausgerichtete Fachdiskussion wohl wie kein zweites, spiegelte aber zugleich die noch bestehende Zurückhaltung der Historikerzunft gegenüber der jüngsten Vergangenheit wider, da vier der sechs Bände zeitgeschichtlich orientierten Politikwissenschaftlern anvertraut worden waren.

Gesamtdarstellungen zur Geschichte der Bundesrepublik

An diesem Zustand änderte sich seither nur wenig, denn auch die später erschienenen großen Darstellungen zur bundesdeutschen Außenpolitik stammen weitgehend nicht aus der Feder von Geschichtswissenschaftlern. 1988 beleuchtete C. HACKE in einer mehrfach aktualisierten, profunden Untersuchung den Gang der auswärtigen Beziehungen vom „ohnmächtigen Trizonesien zur Weltmacht wider Willen" [133: Außenpolitik, 24]. Nach diversen Vorstudien legte W. F. HANRIEDER 1989 eine bestechende Analyse vor, in der er dem „‚Penetrated' Political System" [West German Foreign Policy 1949–1963. International Pressure and Domestic Response, Stanford 1967, 228] der Bundesrepublik die Fähigkeit zusprach, im Zuge der fortschreitenden „Ökonomisierung der internationalen Politik" wirtschaftliche Potenz in politische Macht umgewandelt zu haben [138: Deutschland, 22].

C. HACKES Standardwerk

W. F. HANRIEDERS These vom „penetrierten System"

Mit der generellen Dynamik der Zeitgeschichte erhielt die Forschung über die Bonner Außenpolitik seit den 1990er Jahren klarere Konturen. Vor dem Hintergrund eines im Zuge der Beendigung des Ost-West-Konflikts gewachsenen Interesses an den internationalen Beziehungen [vgl. 67: E. CONZE/U. LAPPENKÜPER/G. MÜLLER (Hrsg.), Geschichte; 78: W. LOTH/J. OSTERHAMMEL (Hrsg.), Geschichte] und einer verbesserten Quellenlage ergab sich auch dank neuer Synthesenbildungen [146: P. GRAF KIELMANSEGG, Katastrophe; 183: H. A. WINKLER,

Westen; 185: E. Wolfrum, Demokratie; die Darstellung des historischen Geschehens mit der Erörterung von Grundproblemen und Tendenzen der Forschung verbindend 159: R. Morsey, Bundesrepublik; analog aufgebaut, aber eher pointiert denn ausgewogen 167: A. Rödder, Bundesrepublik] die Chance zu neuen Gesamtdarstellungen. Mit einem luziden Essay unternahm K. Hildebrand als erster Historiker 1991 den Versuch einer außenpolitischen Gesamtschau bis 1982, die er programmatisch unter das Motto „Integration und Souveränität" stellte [143]. 1994 bis an die Schwelle zur Wiedervereinigung fortgeschrieben [142: Außenpolitik], hob er zum einen die prinzipielle Bedeutung der auswärtigen Beziehungen für die Bundesrepublik und zum anderen die durch Adenauers Westorientierung begründete „ganz neue Tradition deutscher Außenpolitik" hervor [143: Integration, 12].

Als Geschichte des Aufstiegs vom „internationalen Paria zum weithin respektierten Mitglied der Staatengemeinschaft" beschrieb S. Bierling die komplexe Entwicklung der bundesdeutschen Außenpolitik in weitgehend chronologischem Zugriff [119: Außenpolitik, 253]. Theoriegeschichtlich in Äquidistanz zu den Verfechtern der „Machtstaatskonzeption" wie zu den Protagonisten der „Handelstaatsthese", legte er einerseits ihre „normativen Grundlagen, die Machtverteilung sowie die großen Linien und langfristigen Tendenzen" offen [Ebd., 313] und erörterte andererseits die Aktivitäten der Bundesrepublik gegenüber den Staaten Europas, den USA sowie der Sowjetunion. In einer faktengesättigten Einführung sprach G. Schöllgen der westdeutschen Außenpolitik das Verdienst zu, „einen Zustand, den zu ändern sie angehalten war, als realistischerweise nicht änderbar zu akzeptieren und sich in ihm einzurichten" [172: Außenpolitik, 228]. Dem Forschungsansatz der Neuen Institutionenökonomie folgend, stellte T. Banchoff die These auf, dass die bundesdeutsche Außenpolitik einen komplexen Transformationsprozess durchlaufen habe, weil nicht mehr Macht und nationale Interessen für die Festlegung des außenpolitischen Kurses bestimmend gewesen seien, sondern „international institutions and domestic politics" [114: German Problem, 2].

Als Frucht jahrzehntelanger Auseinandersetzung mit der bundesdeutschen Außenpolitik präsentierte H. Haftendorn 2001 eine Abhandlung, die sich als zweites Standardwerk neben dem von C. Hacke etablieren sollte. Nach ihrer 1974 erschienenen Habilitationsschrift über die Bonner Abrüstungs- und Entspannungspolitik [134: Abrüstungs- und Entspannungspolitik] hatte sie 1978 einen Sammelband über „Verwaltete Außenpolitik" mitherausgegeben, der zu zeigen versuchte, dass nicht mehr die Regierungen, sondern die Ministerialbüro-

K. Hildebrands Essay „Integration und Souveränität"

Außenpolitik und internationale Institutionen

Verwaltete Außenpolitik

kratien und ihre counterparts in internationalen Organisationen die
„eigentlichen außenpolitischen Akteure" seien [136: DIES./W.-D. KARL/
J. KRAUSE/L. WILKER (Hrsg.), 7]. Chronologische Darstellung und sys-
tematische Analyse miteinander verknüpfend, konzentrierte sie sich   H. HAFENDORNS
nun in ihrem nüchtern gehaltenen Hauptwerk darauf zu verdeutlichen,   Standardwerk
wie es der Bundesrepublik in dem „System struktureller Abhängigkei-
ten" [135: Außenpolitik, 11] gelungen sei, durch die von Adenauer entwickelte Methode des „Souveränitätsgewinns durch Souveränitätsverzicht" Einfluss zu erlangen und zu einem geachteten Mitglied der Völ-
kergemeinschaft aufzusteigen [Ebd., 436].

2. Quellenpublikationen und einzelthematische Überblicksdarstellungen

Da „der Stoff der Geschichte", wie A. SOLSCHENIZYN zu Recht festge-
stellt hat, „nicht die Ansichten, sondern die Quellen" sind [zitiert nach
56: K. HILDEBRAND, Geschichte, 349], steht bei der Erforschung der
bundesdeutschen Außenpolitik die intensive Auswertung der Akten des
Auswärtigen Amts und anderer Archivbestände [zur Archivlage 159:
R. MORSEY, Bundesrepublik, 126–128; 167: A. RÖDDER, Bundesrepublik, 114–117] sowie der veröffentlichten Dokumente im Mittelpunkt
der Arbeit. Aus den vorhandenen wissenschaftlichen Quellenwerken
ragen naturgemäß die im Auftrag des Auswärtigen Amts vom Institut
für Zeitgeschichte herausgegebenen Akten zur Auswärtigen Politik der
Bundesrepublik Deutschland heraus [1; 2], die im Gegensatz zu den   Akten zur Aus-
amtlichen Editionen [3] bisher nur für bestimmte Jahrgänge zur Verfü-   wärtigen Politik der
gung stehen, da sie entlang der Aufhebung der 30-Jahres-Sperrfrist er-   Bundesrepublik
scheinen [zu den ausländischen Analog-Editionen vgl. 68: J. DÜLFFER,   Deutschland
Europa, 119–121].
    Gewisse Einsichten in gouvernementale – auch außenpolitische –
Entscheidungsabläufe der Adenauer-Ära liefern die Kabinettsproto-   Kabinettsprotokolle
kolle der Bundesregierung [15]. Als Abbild der zentralen Problemfel-   der Bundesregierung
der bundesdeutscher Außenpolitik lassen sich die übrigen Quellen-
werke drei Kernbereichen zuordnen: der Sicherheitspolitik [24: K. v.   Dokumentationen zu
SCHUBERT (Hrsg.), Sicherheitspolitik], der Ostpolitik [20: B. MEISSNER   Sicherheitspolitik,
(Hrsg.), Ostpolitik] und der Deutschlandpolitik [7: DzD; 23: H. POTT-   Ostpolitik und
HOFF, Bonn; 22: DERS., „Koalition"]. Dokumente zur Bonner Europa-   Deutschlandpolitik
litik finden sich in einschlägigen Spezialdokumentationen [9: Europa;
11: C. GASTEYGER, Europa].

Ein in geographischer, chronologischer wie thematischer Hinsicht wenig ausgewogenes Bild bieten die Quellenwerke zu den bilateralen Beziehungen der Bundesrepublik, die bisher nur zur Sowjetunion [19: B. MEISSNER (Hrsg.), Moskau Bonn], zu Frankreich [21: H. MÖLLER/K. HILDEBRAND (Hrsg.), Bundesrepublik, 4 Bde.], zu Israel [26: R. VOGEL (Hrsg.), Dialog; 14: Y. A. JELINEK (Hrsg.), Moral], zu Polen [13: H.-A. JACOBSEN/M. TOMALA (Hrsg.), Bonn – Warschau] und zu China [18: M. LEUTNER (Hrsg.), Bundesrepublik] vorliegen.

Quellenwerke zu bilateralen Beziehungen

Die Einflussnahme der Parteien auf die Regierungspolitik dokumentieren die Editionen der Sitzungsprotokolle des CDU-Bundesvorstandes [5] und der CDU-Bundestagsfraktion [6], der SPD-Bundestagsfraktion [25], des FDP-Bundesvorstandes [10] sowie der Bundestagsausschüsse für auswärtige Angelegenheiten [4] und für gesamtdeutsche Fragen [12].

Einflussnahme der Parteien

Eine unverzichtbare, wenngleich bisweilen nicht unproblematische Lektüre stellen die in großer Zahl vorliegenden autobiographischen Quellen von Politikern, Diplomaten und Militärs dar. Aus der Fülle der Selbstzeugnisse ragen zweifellos die „Erinnerungen" K. ADENAUERS [28] und die „Rhöndorfer Ausgabe" seiner Briefe und Teegespräche [27; 29] sowie die „Berliner Ausgabe" der Schriften W. BRANDTs heraus [33], wohingegen die gattungstypologisch singulären Lebensrückblicke H. SCHMIDTs [45: Menschen, 2 Bde.; 47: Weggefährten] mitunter „Geschichtsschreibung als Verhüllung" betreiben [58: K. KELLMANN, Literaturbericht (1993), 266] und die Memoiren H. KOHLs von der Absicht bestimmt sind, „Legenden" zu konterkarieren [41: Erinnerungen 1982–1990, 14]. Aussagekräftiger wirken authentisches Quellengut verarbeitende Selbstzeugnisse wie die Korrespondenzen H. v. BRENTANOS [31: A. BARING (Hrsg.), Bundeskanzler] und K. SCHUMACHERs [48: Reden], die Tagebuchaufzeichnungen von H. KRONE [42: Tagebücher, 2 Bde.] oder die „dokumentarische(n) Bericht(e)" von H. OSTERHELD [43: Außenpolitik; 44: „Ich gehe …"].

Autobiographische Quellen politischer Akteure

Entsprechend der mit zunehmender Nähe zur Gegenwart abnehmenden Dichte der zur Verfügung stehenden Quellen müssen Langzeitstudien zu den zentralen Problembereichen der Bonner Außenpolitik als Mangelware bezeichnet werden. So liegt zur fundamentalen Sicherheitspolitik bisher nur ein breit angelegter Sammelband mit „Analysen und Zeitzeugenberichte zur deutschen Militärgeschichte 1945 bis 1995" vor [180: B. THOSS (Hrsg.), Kalter Krieg]. Hinsichtlich der Bonner Europapolitik ist aufgrund einer fehlenden Gesamtdarstellung auf die „politische Chronik" bis 1977 von H. MÜLLER-ROSCHACH [160: Europapolitik] und wissenschaftliche Sammelbände zurückzugreifen, die

Langzeitstudien als Mangelware

Sicherheitspolitik

Europapolitik

den Gang der Eingliederung Westdeutschlands in die europäische Gemeinschaft von der Verkündigung des Marshall-Plans [237: L. HERBST/ W. BÜHRER/H. SOWADE (Hrsg.), Marshallplan] über die Gründung der EWG [240: R. HRBEK/V. SCHWARZ (Hrsg.), 40 Jahre] bis zur Schaffung der EU nachzeichnen [148: M. KÖNIG/M. SCHULZ (Hrsg.), Bundesrepublik]. Eine Überblicksdarstellung zur Außenwirtschaftspolitik wurde 1990 von J. BELLERS 1990 veröffentlicht [115: Außenwirtschaftspolitik]. Den „schwierigen Spagat" der vornehmlich von der Regierung bestimmten Raumfahrtpolitik „zwischen einer westeuropäischen und einer transatlantischen Ausrichtung" beschrieb die Pionierstudie N. REINKES [166: Geschichte, 18]. Ziemlich stiefmütterlich behandelt wurde von der Forschung bisher die von „Kulturkompetenz der Länder" und der Mitwirkung von Mittlerorganisationen bestimmte auswärtige Kulturpolitik [415: O. GRIESE, Kulturpolitik, 26]. — *Außenwirtschaftspolitik* — *Auswärtige Kulturpolitik*

Besondere, wiewohl höchst ungleichgewichtige Aufmerksamkeit haben in der Forschung die bilateralen Beziehungen der Bundesrepublik gewonnen, die mutatis mutandis vor allem als politische Interaktionen auf Regierungsebene untersucht worden sind. Dies gilt auch für das deutsch-deutsche Sonderverhältnis, zu dem H. POTTHOFF 1999 eine archivgestützte Gesamtdarstellung vom Mauerbau zur Wiedervereinigung veröffentlichte [165: Schatten]. H. J. KÜSTERS analysierte auf breiter archivalischer Basis, wie der seit 1945 „geteilte Frieden" in Deutschland, „der westlicherseits auf einem Integrationsfrieden beruhte", 1990 um eine östliche Komponente ergänzt, aber nicht als Friedensvertrag fixiert wurde [150: Integrationsfriede, 894]. Mit dem widersprüchlichen Phänomen des als Neutralismus bezeichneten deutschen „Streben(s) nach einem wiedervereinigten Deutschland außerhalb der Blöcke" beschäftigte sich A. GALLUS in einer quellengesättigten Gesamtdarstellung [126: Neutralisten, 25]. — *Deutsch-deutsches Sonderverhältnis* — *Neutralismus*

Entsprechend der in jeder Hinsicht elementaren Bedeutung ist das unter dem Primat der militärischen Sicherheit stehende Verhältnis zu den USA im Vergleich mit den anderen auswärtigen Beziehungen der Bundesrepublik bisher am intensivsten analysiert worden. Als Höhepunkt der Auseinandersetzung mit dieser „Erfolgsstory" [H.-J. SCHRÖDER, USA und westdeutscher Wiederaufstieg (1945–1952), in: 335, 95–118, 108] darf das von D. JUNKER herausgegebene monumentale Handbuch über die „USA und Deutschland im Zeitalter des Kalten Krieges" gelten, das umfassend und nüchtern den facettenreichen Gang der Entwicklung in Politik, Wirtschaft, Kultur und Gesellschaft herausarbeitete [334]. Monographisch bearbeitet wurden die deutsch-amerikanischen Beziehungen jüngst von F. NINKOVICH, der den „impact — *Verhältnis zu den USA* of long-term ideological considerations" hervorhob [337: Germany, VI].

Das Verhältnis der Bundesrepublik zum weltmächtlichen Antipoden der USA, der Sowjetunion, das nach dem plausiblen Urteil R. Lö-

„Sonderkonflikt" mit der Sowjetunion

WENTHALs als „*Sonder*konflikt" des Ost-West-Konflikts verstanden werden muss [152: Kalter Krieg, 604], ist im Kontext der Bonner Ostpolitik von P. BENDER [116: „Neue Ostpolitik"] und in einer mustergültigen Monographie von H. ADOMEIT aus der Perspektive der sowjetischen Deutschlandpolitik beleuchtet worden [348: Overstretch]. Wiederholt große Aufmerksamkeit schenkte die Forschung dem Verhältnis zu Frankreich. Pionierarbeit leistete dabei G. ZIEBURA, der schon 1970 mit einer scharfsinnigen Darstellung die Absicht verfolgte, „Mythen und

„Mythen und Realitäten" im Verhältnis zu Frankreich

Realitäten" voneinander abzuheben [389: Beziehungen]. Wenngleich spätere Abhandlungen eine positivere Entwicklung diagnostizierten [368: J. FRIEND, Linchpin], fiel ZIEBURAs 1997 aktualisierte Bilanz nicht freundlicher aus [389: Beziehungen]. Dass er insbesondere mit seiner Kritik am deutsch-französischen Freundschaftsabkommen übers Ziel hinausgeschossen war, verdeutlichten Veröffentlichungen zur Wirkungsgeschichte des Vertrags, die eindrucksvoll beschrieben, wie aus einer „Totgeburt eine Art Lebewesen" entstand [H.-P. SCHWARZ, Der deutsche Weg zum Elysée-Vertrag, in: 367, 49–60, 60].

Großbritannien und Deutschland als „Uneasy Allies"

Warum die Bundesrepublik und Großbritannien demgegenüber stets als „Uneasy Allies" [397: K. LARRES/E. MEEHAN (Hrsg.)] galten, ist erstmals 1976 von A. VOLLE diskutiert worden [401: Beziehungen]. S. LEE konstatierte 2001 in einer profunden Überblicksdarstellung auf der Ebene der Regierungen, Eliten und öffentlichen Meinung ein fundamentales Gefühl der „Germanophobia" in Großbritannien, in Deutschland eines der „indifference" [398: Victory, 232].

Deutsch-israelische Beziehungen zwischen Macht und Moral

Trotz ihrer historischen Bedeutung und zahlreicher Einzelstudien noch nicht umfassend bearbeitet sind die vom Spannungsbogen von Macht und Moral überwölbten deutsch-israelischen Beziehungen. Während J. DELIGDISCH 1974 für den schwierigen Prozess der Normalisierung neben den politischen Motiven der Bundesregierungen einen „persönliche(n) Faktor besonders bei der älteren Generation" der deutschen Politiker veranschlagte [413: Einstellung, 156], verdeutlichte M. A. WEINGARDT 2002 auf knappen Raum, dass die Bonner Nahost-Politik trotz einer gewissen Annäherung an die arabischen Staaten seit den 1970er Jahren letztlich proisraelisch blieb [440: Israel- und Nahost-

Palästinenser-Problem

politik]. In Bezug auf das Palästinenser-Problem betrieb die nach dem Befund K. JAEGERs vom „Auschwitz-Syndrom" gefesselte Bundesregierung eine „hochelastische Spagatpolitik", deren Charakteristika

„Widersprüchlichkeit" und ein „sehr inkonsistente(r) Kurs" gewesen seien [418: Bedeutung 223].

Das lange Zeit vernachlässigte Verhältnis der „ungleichen Nachbarn" Bundesrepublik und Niederlande hat erstmals nach breitem Aktenstudium F. WIELENGA untersucht [442: Feind, 13], wohingegen die Beziehungen zu den skandinavischen Staaten bisher nur als Teil zweier Dreiecksgeschichten mit Stockholm bzw. Helsinki und Ost-Berlin analysiert worden sind [429: A. MUSCHIK, Staaten; 432: D. PUTENSEN, Konfliktfeld].

(Randnotiz: Bundesrepublik und Niederlande)
(Randnotiz: Beziehungen zu Skandinavien)

Von den „Unfertige(n) Nachbarschaften" der Bundesrepublik zu ihren osteuropäischen Anrainern [416: O. N. HABERL/H. HECKER (Hrsg.)] ist insbesondere das Verhältnis zu Polen beleuchtet worden, wobei D. BINGEN im Zuge einer Analyse des Normalisierungsprozesses „zwischen Interessenpolitik und Moral" nachweisen konnte [408: Polenpolitik, 16], wie die DDR als „*ständig präsenter Dritter*" Einfluss auszuüben versuchte [Ebd., 323].

(Randnotiz: „Unfertige Nachbarschaften" zu Osteuropa)

Die Entwicklung der von der Bonner „Fixierung auf die beiden Supermächte" bestimmten deutsch-chinesischen Beziehungen im „Geflecht ideologischer Gegensätze, strategischer Planspiele und wirtschaftlicher Interessen" erörterte T. TRAMPEDACH 1997 anhand deutscher Aktenbestände [437: Bonn, 3 u. 199]. Weitgehend auf offiziellen Verlautbarungen und Quellen aus dem Archiv des Deutschen Roten Kreuzes beruhend, spiegelte V. BERRESHEIMS Rückblick auf „35 Jahre Indochinapolitik" Bonns stetiges Bemühen um Frieden, Stabilität und wirtschaftliche Entwicklung wider [407].

(Randnotiz: Beziehungen zu Indochina)

Ein gewisses Missverhältnis zwischen einer Vielzahl von Einzelstudien und breiten Wissenslücken hinsichtlich der konkreten Ausgestaltung der intergouvernementalen Interaktionen kennzeichnet den Forschungsstand zur westdeutschen Afrikapolitik. Methodisch unreflektiert und mitunter demagogisch beschränkte K. NDUMBE die Bonner Afrikapolitik 1992 auf das Leitmotiv der „Abhängigkeitsbewahrung und Abhängigkeitsschaffung" [430: Was will Bonn?, 360]. U. ENGEL definierte sie hingegen in einer politikwissenschaftlichen Studie als „Zivilmachtpolitik" [414: Afrikapolitik, 272]; diese habe bis 1972 unter einem „*deutschlandpolitische(n) Paradigma*" gestanden, das dann durch ein „*friedenspolitische(s)*" und nach 1989/90 durch ein „*zivilrechtlich-interventionistisches Paradigma*" abgelöst worden sei [Ebd., 282]. G. BRENKE wies in einer grundlegenden Studie über die bundesdeutsche Haltung zum Namibia-Konflikt nach, wie Außenminister Genscher sich aktiv, aber wenig erfolgreich an einer westlichen Lösungsstrategie unter dem Dach der UNO beteiligte [409: Bundesrepublik].

(Randnotiz: Afrikapolitik)
(Randnotiz: Namibia-Konflikt)

Starken Auftrieb hat in der jüngsten Vergangenheit die Erforschung der internationalen Dimension des Problems der Wiedergutmachung nationalsozialistischer Verbrechen erfahren. Nachdem das Thema zunächst ausschließliche Domäne der Juristen und Ministerialbeamten gewesen war, boten L. HERBST und C. GOSCHLER 1989 eine erste geschichtswissenschaftliche Bestandsaufnahme [141: (Hrsg.), Wiedergutmachung], die GOSCHLER 2005 kenntnisreich bis in die jüngste Vergangenheit monographisch fortschrieb [129: Schuld].

(margin) Wiedergutmachung nationalsozialistischer Verbrechen

3. Strukturbedingungen und Handlungsspielräume

„Die Bundesrepublik", so umschrieb W. F. HANRIEDER ein in der Fachwissenschaft allgemein anerkanntes Faktum, „entstand als Folge des Zweiten Weltkrieges und des Kalten Krieges, und ihre Sicherheit und Wohlfahrt blieben unauflöslich an die internationalen Rahmenbedingungen gebunden" [138: Deutschland, IX (Erstauflage)]. Angesichts der „über Gebühr hohe(n) Abhängigkeit von den Gezeiten der Weltpolitik" [143: K. HILDEBRAND, Integration, 5] erfordert jede Beschäftigung mit der Bonner Außenpolitik die Einbeziehung des äußeren Umfeldes, das dem Urteil H.-P. SCHWARZ' zufolge mit den „Stichworten Kalter Krieg, (…), Hegemonie der USA und Ausbau des integrierten Westeuropa" erfasst werden kann [64: Geschichtsschreibung, 11].

(margin) Abhängigkeit von der internationalen Politik

Obwohl mittlerweile die Vielfalt der Ursachen und Gründe des Kalten Krieges überzeugend herausgearbeitet worden ist [vgl. 68: J. DÜLFFER, Europa, 124–133], gilt die „deutsche Frage" noch immer als „le plus grand enjeu de la Guerre froide" [87: G.-H. SOUTOU, La guerre, 12]. Folgt man M. TRACHTENBERG, änderte sich dies im „watershed year" 1963 [110: Peace, 352], als mit dem Teststopp-Abkommen auf dem europäischen Kontinent ein „relatively stable system" entstand, das auf drei Pfeilern ruhte: dem Respekt vor dem Status quo in Zentraleuropa; dem nicht-nuklearen Status der Bundesrepublik; der Fortsetzung der amerikanischen Truppenpräsenz in Europa [Ebd., 398]. Wenngleich dieses pointierte Urteil von der Forschung kritisch hinterfragt worden ist, gilt es als unstrittig, dass die „globale Machtprobe" des Kalten Krieges [85: G. SCHMIDT, Strukturen, 3] seit Beginn der 1960er Jahre in eine Phase des „Long Peace" überging, die für die Bundesrepublik Chancen und Risiken barg [71: J. L. GADDIS]. An die Stelle einer konfrontativen Konfliktregulierung traten im „Ost-West-Konflikt" kooperative Austragungsmodi [76: W. LINK], doch die „ambiva-

(margin) „Deutsche Frage" und Kalter Krieg

(margin) M. TRACHTENBERGS „Constructed Peace"

(margin) „Konfrontation und Détente"

lence" [87: G.-H. Soutou, La guerre, 547] zwischen Systemgegensatz
und Status quo blieb bestehen.

Warum der nach einer Periode der Entspannung in einen „zweiten
Kalten Krieg" umschlagende Ost-West-Konflikt [73: F. Halliday,   „Second Cold War"
Second Cold War] Ende der 1980er Jahre doch überwunden und zu-
gleich die Teilung Deutschlands aufgehoben werden konnte, wird in
der Forschung kontrovers beurteilt. In den Augen W. Loths erklärt sich
der Untergang der Nachkriegsordnung vornehmlich aus der Reformpolitik Gorbatschows, die kausal wesentlich von der Entspannungspolitik
befördert worden sei [77: Helsinki, 273–278]. Für A. Rödder hingegen   Ursachen für das
war nicht die Détente der Bezugsrahmen der sowjetischen Außenpoli-   Ende des Kalten
tik, „sondern vielmehr die neue Konfrontation" mit den USA [167:   Krieges
Bundesrepublik, 144].

Trotz der internationalen Interdependenz weitgehend autonom,
hatten die beiden Weltmächte ihre Machtstellung in Europa seit 1945
dazu benutzt, zwei sich gegenseitig ausschließende Ordnungssysteme
aufzubauen, die J. L. Gaddis „Cold War Empires" nannte [70: We Now
Know, 52]. Ob das westliche von ihnen, wie G. Lundestad behauptete,   G. Lundestads
als „‚Empire' by Invitation" bezeichnet werden kann [103: United Sta-   These vom „‚Em-
tes] oder eine solche Sicht die Dinge zu sehr vereinfacht, wird intensiv   pire' by Invitation"
diskutiert. A. S. Milward [104: Rescue] schätzte den amerikanischen   Die Positionen
Einfluss weitaus geringer ein als Lundestad, und M. Trachtenberg ver-   A. S. Milwards und
suchte gar den Nachweis zu erbringen, dass die europäische Integration   M. Trachtenbergs
nicht dank der USA, sondern gegen sie vollzogen worden sei [Intro-
duction, in: 88, VII]. Wenngleich er seine Ansicht nur bedingt plausibel
belegen konnte, darf doch als gesichert gelten, dass die Westeuropäer
bei der Bildung der europäischen Gemeinschaft aktiv mitwirkten und
ihre Interessen bisweilen auch gegen die USA zu wahren wussten [vgl.
98: D. Krüger, Sicherheit], dies um so mehr, als sich die „wohltätige
Hegemonie" [H.-P. Schwarz, Die wohltätige Hegemonie und die Spal-
tung Europas, in: 79, 372–381] seit den 1960er Jahren in eine schwie-   Schwierige Partner-
rige Partnerschaft verwandelte.   schaft zwischen den
USA und Europa

Das wichtigste Mittel zur Festigung der eigenen Führungsrolle
war für die USA die Atlantische Allianz, über deren fünfzigjährige Geschichte wir dank eines von G. Schmidt 2001 herausgegebenen drei-
bändigen Monumentalwerkes [83: (Hrsg.), History] umfassend informiert sind. Es bestätigte den von W. F. Hanrieder diagnostizierten Befund, dass das Bündnis ganz im Sinne der amerikanischen Strategie des
„Doppel-Containment" die zweifache Aufgabe besaß, die Sowjetunion   „Doppel-Contain-
mittels Eindämmung und die Bundesrepublik mittels integrativer   ment" der NATO
Bündnisstrukturen in Schach zu halten [138: Deutschland, 6].

Gründlich erforscht wird seit geraumer Zeit neben dem transatlantischen Einigungsprozess auch die (west)europäische Einigung. W. LIP-

W. LIPGENS' Thesen zur europäischen Einigung

GENS, der Pionier der Integrationsforschung, interpretierte die seines Erachtens auf einen Bundesstaat hinauslaufenden Bemühungen als „innereuropäische Antwort auf die Katastrophe", in die das Nationalstaatssystem Europa geführt habe [100: Anfänge, 639]. In den Augen A. S. MILWARDs verschrieben sich die Europäer der Integration hinge-

Gegenargumente von A. S. MILWARD

gen vornehmlich aus ökonomischem Eigeninteresse und arbeiteten auch nicht auf einen Bundesstaat, sondern auf den modernisierten Na-

Nationale Interessen und „Idee Europa"

tionalstaat hin [104: Rescue]. F. KNIPPING stellte der These vom Antrieb des Integrationsprozesses durch nationale Interessen die „Idee Europa" als Motor gegenüber [95: Rom]. A. MORAVCSIK vertrat im Sinne der „Intergovernmental Bargaining Theory" [105: Choice, 60] die Ansicht, die Integration sei durch bestimmte „trends in technology and in economic policy" diktiert worden [Ebd., 3].

Besondere Verdienste um die Erforschung der europäischen Integration erwarb sich die Verbindungsgruppe von Historikern bei der

Die Arbeit der Verbindungsgruppe bei der EG/EU-Kommission

Kommission der Europäischen Gemeinschaften (bzw. Union), die vor dem Hintergrund einer sukzessiven Öffnung der Archive die einzelnen Etappen bis zu den 1970er Jahren untersuchte [101: W. LOTH (Hrsg.), Crises; 106: R. POIDEVIN (Hrsg.), Histoire; 108: K. SCHWABE (Hrsg.), Anfänge; 109: E. SERRA (Hrsg.), Il rilancio]. Eine chronologische Fortschreibung leistete ein nicht unter ihrem Dach entstandener Band über den „Aufbruch zum Europa der zweiten Generation" [96: F. KNIPPING/ M. SCHÖNWALD (Hrsg.)].

Angestoßen durch diese wegweisenden Sammelbände, entstanden neben einer Fülle von Abhandlungen zu Spezialfragen des Integrationsprozesses empirische Einzelstudien zur Geschichte der europäi-

Empirische Einzelstudien

schen Einigung. Den Auftakt machten 1982/83 drei Untersuchungen über die Gründung der EWG [99: H. J. KÜSTERS, Gründung] und der EURATOM [111: P. WEILEMANN, Anfänge] sowie über die „Aufbaujahre der Europäischen Gemeinschaft" [92: H. v. DER GROEBEN]. Eine „historische Aufarbeitung der europapolitischen Verhandlungen" bis zur zweiten „relance européenne" 1969 leistete unter Auswertung deutscher, französischer und der EWG-Archive E. KRAMER [97: Europa, 14]. W. LINK beleuchtete jüngst die Geschichte des alten Kontinents „Auf dem Weg zu einem neuen Europa" [Herausforderungen und Antworten, Baden-Baden 2006].

Angesichts der vielfältigen Verflechtungen mit den transatlanti-

Handlungsspielräume Bonner Außenpolitik

schen und europäischen Organisationen ist in der Forschung wiederholt das Problem der Handlungsspielräume Bonner Außenpolitik traktiert worden. Durchsetzen konnte die dem Urteil K. HILDEBRANDs zufolge „hilflos an den Fäden der Weltpolitik" zappelnde Bundesrepublik [143: Integration, 5] ihre außenpolitischen Interessen nur durch Anpassung an die globalen Rahmenbedingungen, wobei G. SCHWEIGLER zu Recht betonte, dass für sie „die Internalisierung von Werten, die sie fest an den Westen binden und das Fundament für politische Stabilität darstellen", als Vorgabe nicht zur Diskussion stand [176: Grundlagen, 225]. Kontrovers erörtert wurde in diesem Zusammenhang, ab wann die Bundesregierung sich aktiv an der internationalen Politik beteiligen konnte. Während A. DOERING-MANTEUFFEL eine „genuine Außenpolitik" vor 1955 in Abrede stellte [Wortmeldung in: 52, 156], warf U. LAPPENKÜPER die Frage auf, ob die Europa- und insbesondere die Frankreichpolitik Adenauers nicht als eigenständige außenpolitische Gehversuche gedeutet werden könnten [375: Beziehungen, 18]. K. KÖSTER empfahl eine Unterscheidung zwischen „de-lege-Spielraum und de-facto-Spielraum", wobei die Bundesrepublik die rechtlichen Beschränkungen seines Erachtens seit 1951 „de facto überschritten" habe [422: Bundesrepublik, 207]. Damit einher ging ein sukzessiver Bedeutungsrückgang der alliierten Vorbehaltsrechte, die für die Bundesrepublik nicht nur Beeinflussung von außen, sondern auch Chance zur Interessenswahrung bedeuteten [vgl. 137: H. HAFTENDORN/H. RIECKE (Hrsg.), „... Macht"].

Keine „genuine Außenpolitik" vor 1955?

„De-lege-Spielraum und de-facto-Spielraum"

Sukzessiver Bedeutungsrückgang der alliierten Vorbehaltsrechte

4. Normen, Akteure und Entscheidungsprozesse

„Kein denkender Deutscher kann sich mehr darüber im Unklaren sein, dass für unsere Epoche das Primat der Außenpolitik gilt", rief W. BRANDT Anfang 1949 einem Kreis von Parteifunktionären zu [Der Wille zum Friede. Perspektiven der Politik, 1971, 42]. Vierzehn Jahre später hielt E. KRIPPENDORFF die hinter diesem Credo stehende Trennung von Innen- und Außenpolitik für unhaltbar und warf die provokative Frage auf: „Ist Außenpolitik *Außen*politik?" [Ein Beitrag zur Theorie und der Versuch eine unhaltbare Unterscheidung aufzuheben, in: PVS 4 (1963) 243–266]. Wenngleich die seither mitunter äußerst heftige Primatsdebatte [vgl. 51: E. CONZE, „Politikgeschichte"] jüngst durch die programmatische These „Alles ist Außenpolitik" eine neue Volte erfahren hat [S. ROSENBLADT, in: Internationale Politik 60 (2005) 1], ist von der Forschung doch eher der von Krippendorfs Mitstreiter E.-O. CZEMPIEL formulierten Anregung gefolgt worden, den Blick stär-

Primat der Außenpolitik?

ker auf den Zusammenhang von Außenpolitik und Regierungssystem zu lenken [Der Primat der auswärtigen Politik. Kritische Würdigung einer Staatsmaxime, in: PVS 4 (1963) 266–287].

Außenpolitik und Regierungssystem

Im Bewusstsein, dass die außenpolitischen Willensbildungs- und Entscheidungsprozesse in einem Mehrebenensystem aufgehoben sind, das sich als „Mischung von Kanzlersystem, Kabinettsystem, Außenministersystem und Ausschußsystem" darstellt [174: H.-P. SCHWARZ, Bundesregierung, 52], mahnte H.-P. SCHWARZ 1975 dazu, dem „institutionelle(n) Rahmen" bzw. den „politische(n) Kräfte(n)" im Binnenbereich mehr Aufmerksamkeit zu schenken [175: (Hrsg.), Handbuch, 31 u. 175]. Wie U. FASTENRATH in seiner grundlegenden Studie über die „Kompetenzverteilung im Bereich der auswärtigen Gewalt" gezeigt hat [124], ist die Pflege der Beziehungen zu auswärtigen Staaten nach Art. 32 GG Sache des Bundes. Zwar wird er völkerrechtlich durch den Bundespräsidenten vertreten, doch obliegt die Formulierung der Außenpolitik nicht ihm, sondern der Bundesregierung mit dem Bundeskanzler als zentralem Akteur. Für die Frühphase der Bonner Republik zeigte A. BARING 1969, dass Adenauer die außenpolitischen Aktivitäten im Bundeskanzleramt monopolisierte und dort dank eines „Schottensystem(s)" streng voneinander geschiedener Dienststellen und eines verlässlichen Apparates die Fäden in der Hand behielt [212: Anfang, 41]. Wenngleich Adenauer aufgrund des Besatzungsstatuts „nicht einmal Herr im eigenen Haus" war [119: S. BIERLING, Außenpolitik, 69], vermittelte sein Regierungsstil den Eindruck einer „Kanzlerdemokratie", in der ihm der Vorrang vor der Kollegialentscheidung des Kabinetts eingeräumt wurde [249: J. KÜPPER, Kanzlerdemokratie].

Rolle des Bundeskanzlers bei der Formulierung der Außenpolitik

Adenauers Kanzlerdemokratie

Ob dieses Regierungssystem an seine Person geknüpft war oder nach dem Rücktritt Adenauers fortbestand, ist nicht hinreichend geklärt. Während W. JÄGER aufgrund der 1963 eintretenden Veränderungen im Bonner Machtgefüge von einer „Koordinierungsdemokratie" [Von der Kanzlerdemokratie zur Koordinierungsdemokratie, in: ZfP 25 (1988) 15–32] bzw. H.-P. SCHWARZ von „Koalitionsdemokratie" sprach [Adenauers Kanzlerdemokratie und Regierungstechnik, in: APuZ B 1–2 (1989) 15–27, 27], hielt K. NICLAUSS die Kanzlerdemokratie mit Ausnahme der Großen Koalition für ein generelles Charakteristikum des bundesdeutschen Regierungssystems [161: Kanzlerdemokratie]. Partiell bestätigt wurde er durch G. SCHMID, der für die Ost- und Deutschlandpolitik Brandts eine „Monopolisierung" der Entscheidungskompetenzen im Kanzleramt feststellte [304: Entscheidung, 327]. Über Brandts Nachfolger Helmut Schmidt, den C. HACKE wegen seiner Suche nach außenpolitischer Machtkonzentration im Kanzleramt als

Von der Kanzlerdemokratie zur Koordinierungsdemokratie?

„direkte(n) Nachfolger" Adenauer bezeichnet hat [133: Außenpolitik, 242], sind derartige Aussagen bisher noch nicht möglich. Wesentlich besser sieht die Forschungslage in Bezug auf die Regierungszeit Helmut Kohls aus, da S. FRÖHLICH in einer tiefschürfenden Studie nachgewiesen hat, dass das Kanzleramt in den 1980er Jahren als „zentrale Leitungs- und Koordinationsinstitution" in der Außenpolitik fungierte [309: „Kanzler", 17]. Gleichwohl hielt A. WIRSCHING die von W. KALTEFLEITER benutzte Formulierung von der „Kanzlerdemokratie des Helmut Kohl" [in: ZParl (1996) 27–37] für die Jahre vor 1989 für wenig plausibel [320: Abschied, 186].

Insgesamt kann kein Zweifel bestehen, dass das Kanzleramt innerhalb des Bonner Regierungssystems für die Festlegung der Außenpolitik zuständig war [vgl. 179: STIFTUNG HAUS DER GESCHICHTE DER BUNDESREPUBLIK DEUTSCHLAND/BUNDESKANZLERAMT (Hrsg.), Bundeskanzler], die Ausführung aber dem 1951 gegründeten Auswärtigen Amt oblag. Eine Gesamtdarstellung über die in der Bonner Adenauerallee beheimatete Behörde und deren Vorläufer, die „Dienststelle für auswärtige Angelegenheiten", liegt bisher nicht vor. Erste Beiträge zur Geschichte des Amts steuerten 1969 zwei ehemalige Mitarbeiter mit einer persönlichen [235: W. HAAS, Beitrag] bzw. organisatorischrechtlichen Konnotation bei [227: H. END, Erneuerung]. Fünfundzwanzig Jahre später untersuchte C. M. MÜLLER die „characteristics of a bureaucracy responsible for managing foreign relations" bis 1955 [256: Diplomacy, 1], wohingegen H.-J. DÖSCHER sich darum bemühte, „Seilschaften" unter den Amtsangehörigen im Sinne einer verschworenen Clique von Diplomaten der alten Berliner Wilhelmstraße aufzudecken [224], ohne die Frage zu beantworten, welche politische Bedeutung die personellen Kontinuitäten besessen haben. Wie T. W. MAULUCCI nach Auswertung einschlägiger Akten bestätigte, litt das Amt in der Frühphase an organisatorischen „Childhood Illnesses" [253: Creation, 180], konnte aber auf die Loyalität der meisten Beamten zählen.

Wer sich über die Geschichte des Amts nach 1955 informieren möchte, muss bislang auf die Studien zu den Ressortchefs Heinrich von Brentano [248: D. KOSTHORST, Brentano], Gerhard Schröder [163: T. OPPELLAND, Gerhard Schröder], Willy Brandt [156: P. MERSEBURGER, Willy Brandt] und Hans-Dietrich Genscher [154: H.-D. LUCAS (Hrsg.), Genscher] zurückgreifen. Sie verdeutlichen, dass der Anspruch des Auswärtigen Amts auf die praktische Steuerungskompetenz in der Außenpolitik nicht nur durch den Einfluss des Kanzleramts, sondern auch durch eine von H.-P. SCHWARZ konstatierte „*Verfilzung der Willensbil-*

Zur Geschichte des Auswärtigen Amts

Studien zu den Ressortchefs

dungs- und Entscheidungsgremien" durchlöchert wurde [174: Bundes-regierung, 51]. Die von ihm eingeforderte Einbeziehung des gesamten Regierungsapparates in die Analyse der Außenpolitik hat bisher nur beschränkte publizistische Resonanz hervorgerufen. B. LÖFFLER lieferte ein umfassendes und differenziertes Bild von der Arbeit des Bundeswirtschaftsministeriums unter Ludwig Erhard [251: Marktwirtschaft]; H. KNORR untersuchte den als „Zentrum des koalitionsinternen Kommunikationssystems" der Großen Koalition fungierenden extragouvernementalen „Kressbronner Kreis" [280: Entscheidungsprozeß, 225].

Wenngleich die außenpolitische Initiativ- und Gestaltungskompetenz eindeutig bei der Regierung lag, bewertet die Forschung die auswärtige Gewalt aufgrund der legislativen Einwirkungsmöglichkeiten grundsätzlich als eine „gemischte" [113: H. W. BAADE, Verhältnis, 7]. Während die direkte außenpolitische Einflussnahme des Parlaments bisher kaum wissenschaftlich untersucht worden ist, liegen zur Arbeit seines diesbezüglich wichtigsten Machtmittels, der Ausschüsse für auswärtige Angelegenheiten und Verteidigung, erste Studien bis in die 1970er Jahre hinein vor [164: G. PATZ, Kontrolle; 117: H.-J. BERG, Verteidigungsausschuß].

Ein außenpolitisches Mitwirkungsrecht stand auch dem Bundesrat als Vertretung der Länder etwa durch den Abschluss von Verträgen mit auswärtigen Staaten oder, was in der Forschung bisher „zu wenig Beachtung" fand [174: H.-P. SCHWARZ, Bundesregierung, 59], durch Aktivitäten auf kulturellem und entwicklungspolitischem Gebiet zu. Detaillierter untersucht wurde bislang nur die Neujustierung seiner Mitwirkungskompetenz im Zuge des europäischen Einigungsprozesses [310: D. FUHRMANN-MITTLMEIER, Länder].

Einen wichtigen Beitrag zur Ausdifferenzierung der von der Wissenschaft als „außengesteuert" bezeichneten Beteiligung des Bundesverfassungsgerichts am außenpolitischen Entscheidungsprozess [W. BILLING, Bundesverfassungsgericht und Außenpolitik, in: 175, 157-174, 159] leistete H. SCHWARZ mit einer Studie über das „Verfassungsrecht der auswärtigen Beziehungen" [342: Kontrolle, 5]. Kaum berücksichtigt ist von der Forschung hingegen die Rolle der Bundesbank in der deutschen Außenwirtschafts- und Europapolitik [bis 1958 221: M. DICKHAUS, Bundesbank].

Während das von Städtepartnerschaften, Jugend- und Kulturaustausch und grenzregionaler Gemeindezusammenarbeit bestimmte Feld der ‚kommunalen Außenpolitik' einer wissenschaftlichen Bearbeitung harrt, ist die unter dem Schutz der Bundesregierungen sich etablierende „private Außenpolitik" von M. HEINTZEN 1989 auf ihr Spannungsverhältnis zur staatlichen Außenpolitik durchleuchtet worden [139]. Zu den von ihm benannten Trägerinstitutionen gehören zuvörderst die politischen Parteien, über deren außenpolitische Aktivitäten neben einer älteren Gesamtschau [168: R. ROTH, Parteiensystem] zahlreiche Monographien mit chronologischem bzw. thematischem Schwerpunkt informieren [vgl. 159: R. MORSEY, Bundesrepublik, 192–198; 167: A. RÖDDER, Bundesrepublik, 164–170].

„Private Außenpolitik"

Intensiv untersucht worden ist der außenpolitische Einfluss von Industriellen und ökonomischen Interessenverbänden, denen K. P. TUDYKA in einer Pionierstudie 1978 zusprach, zu „Quasi-Staatsorganen aufgerückt" zu sein [270: Interessen, 727]. Besonderes Augenmerk richtete die Forschung auf die rüstungspolitischen Interessen der Wirtschaft in der Aufbauphase der Bundeswehr [209: W. ABELSHAUSER, Wirtschaft], ihre Haltung zur europäischen Einigung [189: W. BÜHRER, Ruhrstahl; 258: T. RHENISCH, Integration] sowie das Zusammenspiel zwischen Ökonomie und Ostpolitik. Über die Instrumentalisierung des Handels als „Fortsetzung der Politik mit anderen Mitteln" durch die Bundesregierungen berichtete A. STENT [358: Wandel, 18]. Die Wirksamkeit positiver bzw. negativer Wirtschaftssanktionen gegenüber der Sowjetunion analysierte R. NEWNHAM [353: Diplomacy]. K. RUDOLPH verdeutlichte in einer gelungenen Studie, dass die Unternehmen eine „beachtliche spannungsdämpfende Wirkung im Ost-West-Konflikt" ausübten [355: Wirtschaftsdiplomatie, 355] und maß dabei dem Ost-Ausschuss der Deutschen Wirtschaft als „Mischung aus Exportkartell und Osthandelsministerium" hohe Bedeutung zu [Ebd., 56].

Der außenpolitische Einfluss der Wirtschaft

Positive und negative Wirtschaftssanktionen

Eine gewisse Aufmerksamkeit fand in der Forschung die Verflechtung von Kirche und Außenpolitik, wobei der Schwerpunkt auf der Frage der Wiederbewaffnung in den 1950er Jahren liegt [223: A. DOERING-MANTEUFFEL, Katholizismus; 272: J. VOGEL, Kirche]. Auch die zwischen der Führungsgruppe und der Basis differierende Haltung der deutschen Gewerkschaften zur Außenpolitik wurde bisher vornehmlich für die frühe Bonner Republik ausgeleuchtet [246: E.-D. KÖPPER, Gewerkschaften].

Verflechtung von Kirche und Außenpolitik

Einflussnahme der Gewerkschaften auf die Außenpolitik

Als besonders schwierig erachtete die Wissenschaft den Nachweis des Einflusses der öffentlichen Meinung auf die Bonner Außenpolitik, was auch an der schillernden Begrifflichkeit lag. Dreißig Jahre nach der Pionierstudie von K. W. DEUTSCH und L. J. EDINGER über das Wechselspiel zwischen Massen- und Elitenmeinungen zur Außenpolitik [121: Germany] konstatierte W. DOBLER 1989 eine sich verbreiternde „außenpolitische Öffentlichkeit", die allerdings aufgrund der „kognitiv schwach verankerte(n) und instabile(n)" Einstellungen in

Öffentliche Meinung und Außenpolitik

hohem Maße der „Manipulation der Regierenden" ausgesetzt sei [122: Außenpolitik, 241].

Einfluss der Vertrie-
benenverbände

Als spezifische außenpolitische Interessengruppe hat die Forschung die Vertriebenenverbände und deren partei-politischen Arm, den Bund der Heimatvertriebenen und Entrechteten (BHE) identifiziert, die ganz auf die „Wiedervereinigung als erreichbares Nahziel durch eine Politik der Stärke im Rahmen des westlichen Bündnisses und Revision der Oder-Neiße-Linie" fixiert blieben [178: M. STICKLER, „Ostdeutsch", 347].

5. Die Grundlegung der westdeutschen Außenpolitik 1945 bis 1949

Frühe Untersuchungen zur alliierten Besatzungs- und Deutschlandpolitik

Wenn aus berufenem Munde geäußert worden ist, dass die Besatzungszeit „die mit Abstand am besten erforschte Nachkriegsperiode" sei [57: H. G. HOCKERTS, Zeitgeschichte, 119], so bedarf das einer zweifachen Einschränkung: Zum einen weisen die Früchte dieser Forschungen eine Konzentration auf die alliierte Besatzungs- und Deutschlandpolitik bzw. die Entwicklung der „deutschen Frage" im Gefolge des Ost-West-Konflikts auf, zum anderen blenden sie die Frage der deutschen Handlungsspielräume fast vollständig aus [204: C. SCHARF/H.-J. SCHRÖDER (Hrsg.), Stabilisierung; 186: W. BENZ, Gründung; 195: H. GRAML, Die Alliierten]. In seiner Pionierstudie von 1968 über die „amerikanische Besatzungspolitik" arbeitete J. GIMBEL die Absicht der USA heraus, Deutschland „nicht nur (zu) entnazifizieren, (zu) entmilitarisieren, (zu) entflechten, (zu) demokratisieren und (zu) reorientieren", sondern auch „Deutschland und Europa wieder wirtschaftlich gesunden zu lassen" [329, 13]. Wenngleich im Verlauf der weiteren Forschung nachgewiesen worden ist, dass die amerikanischen Besatzer nach einer anfänglich „punitive(n)" Konzeption [341: H.-J. RUPIEPER, Wurzeln, 10] seit 1946/47 eine weichere Politik verfolgten, kann nicht übersehen werden, dass sie ihre Ziele mit den Machtmitteln des Siegerstaates zu erreichen versuchten.

J. GIMBELs Studie über die amerikanische Besatzungspolitik

Amerikanische Verantwortung für die Teilung Deutschlands

Intensive Diskussionen löste die Frage nach der amerikanischen Verantwortung für die Teilung Deutschlands aus. Im Gegensatz zu J. H. BACKER, der 1981 entsprechende Pläne der amerikanischen Führung dezidiert in Abrede stellte [323: Entscheidung], erklärte C. WOODS EISENBERG die „American decision to divide Germany" 1996 aus dem Zwang heraus, für die Umsetzung des Marshall-Planes einen westdeutschen

Staat unter Einschluss der französischen Zone bilden zu müssen [346: Drawing the line]. Mit dieser Einschätzung einher ging eine Umwertung der These von der sowjetischen „Allein- bzw. Hauptschuld" an der Spaltung Deutschlands [159: R. MORSEY, Bundesrepublik, 147]. Nach Meinung A. HILLGRUBERs lag der Deutschlandpolitik des Kreml ein Stufenmodell zugrunde, das aus einem als nicht durchsetzbar geltenden sowjetischen Gesamtdeutschland, einem neutralen Deutschland unter sowjetischem Einfluss und einem in zwei Staaten geteilten Deutschland bestand [144: Deutsche Geschichte, 23]. W. LOTH vertrat gar die Auffassung, dass Stalin gar keinen ostdeutschen Separatstaat, sondern ein „demokratisches Nachkriegsdeutschland" angestrebt habe [352: Kind, 223]. Mit dieser revisionistischen Sicht stieß er jedoch namentlich bei G. WETTIG auf Widerspruch, der ihn daran erinnerte, dass Stalin in Westdeutschland von den Westmächten Mitbestimmung eingefordert, sie ihnen in der SBZ aber verwehrt habe [360: Bereitschaft, 317].

Revision von der sowjetischen Hauptschuld an der Spaltung Deutschlands

Dass die Anfänge der Besatzungszeit nicht ausschließlich aus der amerikanischen bzw. sowjetischen Perspektive gesehen werden dürfen, verdeutlichte 1979 ein von CLAUS SCHARF und H.-J. SCHRÖDER herausgegebener Tagungsband über die vom Willen zur Durchsetzung eigener Reformvorstellungen bestimmte „Deutschlandpolitik Großbritanniens" [400]. Galt zunächst die Aufrechterhaltung des Großmachtstatus als Leitmaxime der Briten, rückte mit der Zuspitzung der internationalen Lage Deutschland ins Zentrum ihrer Interessen [392: A. DEIGHTON, Peace]. Eine große Bedeutung als „Machtersatzpolitik" und Mittel zur „Selbstvergewisserung einer ‚declining power'" besaß für London die Kulturpolitik [391: G. CLEMENS, Kulturpolitik, 283 u. 288]. Seit dem Frühjahr 1946 zielte die britische Regierung auf die Umformung Deutschlands in eine westliche Demokratie und trug damit nicht unmaßgeblich zu einer Änderung der amerikanischen Marschroute bei. Bei dieser in die Errichtung der Bizone mündenden Politik war, wie M. KESSEL zeigte, eine Teilung Deutschlands einkalkuliert [395: Westeuropa, 52–60].

Deutschlandpolitik Großbritanniens

Die französische Besatzungs- und Deutschlandpolitik hat in der Forschung zunächst eine vergleichsweise geringe Beachtung gefunden, seit der Öffnung der Archive aber zu scharfen Kontroversen geführt, die einerseits um die von W. LOTH vorgenommene Differenzierung zwischen einem die Restauration der französischen Großmachtstellung anstrebenden „Dominanzkonzept" und einem auf Verständigung zielenden „Integrationskonzept" kreisten [Die Franzosen und die deutsche Frage 1945–1949, in: 382, 27–48, 31], andererseits um die Rolle Frankreichs beim Auseinanderdriften der Alliierten in der „deutschen Frage".

Französische Besatzungs- und Deutschlandpolitik

Bestimmend für die ältere Literatur war das Bild einer unbarmherzigen
Rachepolitik Frankreichs, die unter dem Druck der internationalen
Lage seit 1947/48 zum „Wurmfortsatz" der amerikanischen Deutschlandpolitik geworden sei [G. Kiersch, Die französische Deutschlandpolitik 1945–1949, in: 204, 61–76, 76]. Nach eingehenden Archivrecherchen kam R. Hudemann 1988 in einer Extrapolation von Erkennt-
nissen über die französische Sozialpolitik zu dem Ergebnis, die
„Wende" in der französischen Deutschlandpolitik „von der reinen Sicherheitspolitik hin zu einer Kooperation mit Deutschland" sei nicht

1947, sondern bereits 1945 erfolgt [371: Sozialpolitik, 550]. Wenngleich die konstruktiven Ansätze der französischen Politik nicht zuletzt
von seinen Schülern wie D. Hüser [373: „Doppelte Deutschlandpoli-
tik] recht genau beschrieben worden sind [vgl. die Forschungsüberbli-
cke 59: U. Lappenküper, Quellen; 66: E. Wolfrum, Besatzungspolitik]
und überdies die Bedeutung der Kultur als „dritter Säule" der Deutschlandpolitik neben der Sicherheit und der Wirtschaft herausgestellt
wurde [388: S. Zauner, Erziehung, 319], erscheint es angesichts der
Vielfalt der Stimmen verfrüht, von einer „grundlegende(n) (‚revisionis-
tische(n)') Wende" zu sprechen [159: R. Morsey, Bundesrepublik,
141]. Mit gutem Grund warnte R. Marcowitz vor der Gefahr, dass die
nach der Öffnung der Archive begonnene Differenzierung „zugunsten

einer letztlich doch wieder eindimensionalen, nämlich dieses Mal har-
monisierenden und verklärenden Darstellung aufgegeben" würde [60:
Aussöhnung, 27].

Kritisch wie die Besatzungspolitik wurde von der Forschung auch
die französische Deutschlandpolitik betrachtet, nachdem E. Deuerlein
der Pariser Führung die Hauptschuld an der Teilung Deutschlands mit
der Begründung zugewiesen hatte [191: Einheit, 121–135], sie habe die
auf der Potsdamer Konferenz vereinbarten deutschen Zentralverwaltungen torpediert. Tatsächlich gilt als gesichert, dass die „französische

Vetopolitik" das Engagement der Alliierten im Kontrollrat lahmlegte
[200: E. Kraus, Ministerien, 344]. Freilich blockierte auch die Sowjetunion die Errichtung von Zentralverwaltungen, so dass inzwischen beiden Staaten gemeinsam die Verantwortung für deren Nichtzustande-
kommen zugewiesen und davon ausgegangen wird, dass die Bildung
der Bizone die Teilung Deutschlands 1947 „präjudiziert(e)" [198: C.
Klessmann, Staatsgründung, 566] und das Scheitern des Kontrollrats
1948 die „Spaltung" einleitete [202: G. Mai, Kontrollrat, 500].

In diesem Kontext beschäftigte sich die Wissenschaft eingehend

mit der Entstehungs- und Wirkungsgeschichte des Marshall-Plans, den
J. Gimbel 1976 als vornehmlich an die Adresse Frankreichs gerichtetes

„crash program" interpretierte, „to dovetail German economic recovery with a general European recovery program in order to make German economic recovery politically acceptable" [330: Origins, 4]. Um einen sinnvollen Einsatz der ERP-Mittel zu gewährleisten, erfolgte 1948 in den drei Westzonen eine Währungsreform, auf die Stalin nur einen Tag später mit der Berlin-Blockade reagierte. In diametralem Widerspruch zu seiner Zielsetzung forcierte er implizit die Weststaatsgründung; denn die USA und Großbritannien widersetzten sich den sowjetischen Pressionen [328: G. GERHARDT, Krisenmanagement] und verwarfen nun auch die im State Department entwickelten Pläne zur Neutralisierung Deutschlands [326: A. FROHN, Neutralisierung]. Frankreich legte zwar während der Blockade dem Urteil C. BUFFETs nach „plus d'inertie que de dynamisme" an den Tag, akzeptierte aber am Ende ebenfalls, dass man Stabilität in Deutschland offenbar nur durch Teilung erreichen konnte [365: Mourir pour Berlin, 270].

Berlin-Blockade

    Mit dem Zusammenbruch 1945 hatte Deutschland seine außenpolitischen Organe verloren, nicht aber den Willen zur außenpolitischen Partizipation. Wie H.-P. SCHWARZ schon 1966 nachwies, artikulierte sich dieser Wille, institutionell gesehen, im Wesentlichen auf vier Ebenen: „auf der Ebene der politischen Parteien, im Entscheidungsbereich der Länderregierungen, in überregionalen politischen bzw. administrativen Einheiten und in der Presse" [206: Reich, 18]. Besonderes Interesse schenkte er den Grundauffassungen der Parteiführer Konrad Adenauer, Jakob Kaiser sowie Kurt Schumacher und gelangte dabei zu Erkenntnissen, die von der Forschung weitgehend übernommen wurden. Adenauers Konzeption der Westbindung, die seiner Meinung nach spätestens 1947 ebenso „unvermeidlich" wie „sinnvoll" war [Ebd., LXXVII], zielte auf die Integration eines westdeutschen Staates in Westeuropa ab und maß dabei einer ökonomischen Verflechtung mit Frankreich zentrale Bedeutung zu. Bestimmend für Kaisers Denken war demgegenüber eine dezidiert nationale Orientierung, die vom Primat der Wiedervereinigung ausging und in der Tradition eines „dritten Weges" zwischen Ost und West stand [Ebd., 297–344; vgl. 190: W. CONZE, Jakob Kaiser]. Nach der Absetzung als Vorsitzender der CDU in der SBZ wurde diese Konzeption „ad absurdum geführt" [206: H.-P. SCHWARZ, Reich, 343], was Kaiser nicht davon abhielt, Adenauers Kurs fortan zu bekämpfen.

Deutscher Wille zur außenpolitischen Partizipation

Adenauers Konzeption der Westbindung

Kaisers Konzeption des „dritten Weges"

    Im Grunde positiv stand dieser Politik hingegen Adenauers sozialdemokratischer Gegenspieler Kurt Schumacher gegenüber [Ebd., 481–564; vgl. 254: P. MERSEBURGER, Kurt Schumacher, 452–530], wobei sich ihre Auffassungen allerdings darin unterschieden, dass Ade-

Schumachers West-
staatskonzeption mit
„gesamtdeutschem
Vorbehalt"

nauer einen marktwirtschaftlich organisierten Weststaat mit „westeuro-
päischem Vorbehalt" anstrebte, Schumacher hingegen den Weststaat
mit „gesamtdeutschem Vorbehalt" wollte [118: W. BESSON, Außenpolitik, 67] und sich von der Idee eines sozialistischen Reiches in einem
sozialistischen Europa leiten ließ.

Ob Adenauer die deutschlandpolitischen Planungen der Westalli-
ierten beeinflussen konnte, ist von der Forschung noch nicht vollständig geklärt worden. Während W. BESSON dazu mahnte, die Rolle des
CDU-Politikers in der „Ausbildung des kalten Krieges" nicht zu unter-
schätzen [Prinzipienfragen der westdeutschen Außenpolitik, in: PVS 9
(1968) 28–44, 38], betonte H.-P. SCHWARZ, dass ihm nicht nur ein tiefe-
rer Einblick in die Interna der alliierten Politik, sondern auch ein „Apparat" gefehlt habe [173: Adenauer, Bd. 1, 567]. Bekannt ist allerdings,
dass Adenauer schon damals Kontakte ins Ausland pflegte, für die vor
allem seine Freundschaft zum Schweizer Generalkonsul Franz-Ru-
dolph von Weiss von Nutzen war [434: M. SCHMITZ, Westdeutschland].

Die Bemühungen
der Länderregierun-
gen um eine „deut-
sche Politik"

Wie die Länderregierungen als „Nahtstelle zwischen deutscher
Verwaltung und den Militärregierungen" sich um eine „deutsche Politik" bemühten, erörterte M. E. FOELZ-SCHROETER [193: Politik, 9]. Besondere Aufmerksamkeit wurde der Ministerpräsidenten-Konferenz
vom Juni 1947 zuteil, wobei die These von der vertanen Chance, „den
Zerfall Deutschlands in die Teilstaaten BRD und DDR zu verhindern"
[196: W. GRÜNEWALD, Ministerpräsidentenkonferenz, 497], relativiert
werden muss. Um einen „institutionellen Ausgangspunkt für eine deutsche Außenpolitik" zu finden, hatten die Länderchefs der Bizone schon
vor dem Scheitern der Konferenz damit begonnen, einen bürokratischen Apparat aufzubauen [203: H. PIONTKOWITZ, Anfänge, 9], der dann

Das „Deutsche Büro
für Friedensfragen"

als „Deutsches Büro für Friedensfragen" das Licht der Welt erblickte.
Als Grunddilemma dieses von „deutscher wie von alliierter Seite arg-
wöhnisch beobachteten" Versuchs [Ebd.], ergab sich das Problem, Ma-
terial zur Vorbereitung von Friedensverhandlungen in einer Zeit zu
sammeln, in der die Aussichten auf einen Vertrag schwanden.

Anbahnung auswär-
tiger Wirtschafts-
beziehungen

Eine erfolgreichere Form der Anfänge westdeutscher Außenpolitik
eröffnete sich durch die Anbahnung auswärtiger Wirtschaftsbeziehungen im Rahmen des ERP und der Währungsreform [vgl. 199: M. KNAPP
(Hrsg.), Bizonengründung]. Dass westdeutsche Experten an der Vorbereitung dieser Reform aktiv mitgewirkt haben, konnte M. BRACKMANN
nachweisen [188: Krieg]. W. LINK legte überdies plausibel dar, dass auch
der vom Marshall-Plan geleistete Beitrag für die westdeutsche Wirt-
schaftsordnung „nicht im entferntesten einem Zwang oder Oktroi"
gleichkam [Der Marshall-Plan und Deutschland, in: 205, 79–94, 94].

Welche Handlungsspielräume den Länderchefs nach den Beschlüssen der Londoner Sechsmächte-Konferenz im Vorfeld der Beratungen über das Grundgesetz zugestanden worden sind, untersuchte B. BLANK. Trotz der ihres Erachtens „unumgänglichen einseitigen Anlehnung an den Westen" kritisierten die Ministerpräsidenten die mit den „Frankfurter Dokumenten" vorgegebene Westoption [187: Länder, 340] und lösten dadurch eine ernste Krise im deutsch-alliierten Verhältnis aus. Ihre „Ablehnung eines Vollstaates" durchzuhalten [W. GIESSELMANN, Die Koblenzer Beschlüsse vom 10. Juli 1948 – eine Alternative zur Weststaatsgründung, in: GWU 38 (1987) 335–351, 348], gelang den Länderchefs zwar nicht, wohl aber eine Entschärfung des Zielkonflikts zwischen nationaler Einheit und Weststaatsgründung. Zu Recht bezeichnete H. WILMS daher das in engem Dialog mit den westlichen Militärgouverneuren vom Parlamentarischen Rat ausgearbeitete Grundgesetz als „gelungene Verarbeitung" deutscher und ausländischer historischer Erfahrungen „mit dem Ergebnis der endgültigen Integration in die Kultur des Westens" [207: Einwirkungen, 306].

Deutsch-alliierter Streit über die „Frankfurter Dokumente"

6. „Totalität" der Westbindung 1949 bis 1955

Das Interesse der Wissenschaft an der Außenpolitik der Bundesrepublik Deutschland begann nach dem Erscheinen der Memoiren des ersten Bundeskanzlers, Konrad Adenauer [61: R. MORSEY, Verlauf]. Den Auftakt machte A. BARING, der 1969 zu dem Urteil kam, mit dem Fehlschlag der EVG 1954 sei der von Adenauer verfolgte Fundamentalgedanke der Westbindung dauerhaft „gescheitert" [212: Anfang, 547]. Zwei Jahre später gelangte H.-P. SCHWARZ in einem wegweisenden Aufsatz zu einer positiveren Sicht [264: Konzept]. Nachdem W. WEIDENFELD 1976 die geistigen Grundlagen der Europapolitik Adenauers freigelegt hatte [275: Konrad Adenauer], präsentierte SCHWARZ zwischen 1981 und 1991 mit seiner zweibändigen Geschichte der „Ära Adenauer" [263] und der magistralen Biographie [173] sukzessive eine schlüssige Gesamtdarstellung, die die zentrale außenpolitische Leistung des Kanzlers in der Durchsetzung des Internationalismus als „alles durchdringenden Stil westdeutscher Außenpolitik" erkannte [263: Ära Adenauer 1949–1957, 454].

A. BARINGs Kritik an der Außenpolitik Adenauers

H.-P. SCHWARZ' schlüssige Gesamtdarstellung

Zur „Urform" außenpolitischer Betätigung [219: H. BUCHHEIM, Deutschlandpolitik, 10] wurden unter den Kautelen des Besatzungsstatuts die Konsultationen des Bundeskanzlers mit der Alliierten Hohen

Außenpolitik unter den Kautelen des Besatzungsstatuts

Kommission. Im Zentrum der Interaktionen mit den selbsternannten „Herrscher(n) über Deutschland" [373: H. Vogt, Wächter, 24] stand zunächst das Problem der Demontagen, das im November 1949 im Petersberger Abkommen gelöst wurde [17: H. Lademacher/W. Mühlhausen (Hrsg.), Sicherheit]. Indem die Westmächte die Bundesregierung als Verhandlungspartner anerkannten, markierten sie in den deutsch-alliierten Beziehungen einen ersten „Wendepunkt" [201: C. Lüders, Ruhrkontrollsystem, 331]. Dabei war ihre Konzessionsbereitschaft allerdings höchst unterschiedlich ausgeprägt; denn während die USA die Bundesrepublik als „besetzten Verbündeten" sahen [340: H.-J. Rupieper], stand Frankreich ihr mit großem Misstrauen gegenüber.

Petersberger Abkommen

Prospektiv wichtiger als die in Aussicht genommene Beendigung der Demontagen war für das Bonner Provisorium das Signal zur Revision des Besatzungsstatuts. In seiner grundlegenden Studie über die hoch komplexen Verhandlungen auf dem Weg zum Deutschlandvertrag von 1952 bestätigte H. Guldin [234: Bundesrepublik] die Diagnose M. Knapps, dass die Bundesrepublik wiederholt auf das Vehikel der Außenwirtschaftspolitik zurückgegriffen [199: (Hrsg.), Bizonengründung] und dabei die Tatsache genutzt habe, dass die Liberalisierung der Weltwirtschaft ohne „Wiedereingliederung Westdeutschlands" nicht möglich war [vgl. 218: C. Buchheim, Wiedereingliederung]. Als Spiritus rector fungierte nicht Adenauer, sondern Erhard, dem R. Neebe in apodiktischer Weise das Verdienst zusprach, „grundlegend falsche Weichenstellungen für die Zukunft der Handelsnation Bundesrepublik" abgewendet zu haben [257: Weichenstellung, 369].

Das Vehikel der Außenwirtschaftspolitik

Als die Bonner Republik die Fesseln des Besatzungsstatuts zu lockern begann, lancierte Frankreich den auf der Grundidee von „Sicherheit durch Supranationalismus" [98: D. Krüger, Sicherheit, 173] beruhenden Schuman-Plan, weil ihm die OEEC als Instrument der deutschen Westbindung [220: W. Bührer, Westdeutschland] nicht mehr ausreichte. Die überragende Bedeutung dieses „acte fondateur" der europäischen Einigung [A. Wilkens, Présentation, in: 112, 1] hat die Historiographie mehrfach dazu animiert, dem Gang der Verhandlungen nachzuspüren [108: K. Schwabe (Hrsg.), Anfänge]. Als strittig erwiesen sich das Spannungsfeld zwischen europäischem Idealismus und nationaler Interessenpolitik sowie die Frage, ob die Protagonisten in Paris und Bonn mit der EGKS eher ökonomische [94: M. Kipping, Kartellen] oder politische Ambitionen [375: U. Lappenküper, Beziehungen, 229–276] verfolgten.

Schuman-Plan

Ins Blickfeld der Forschung rückten implizit die deutsch-französischen Beziehungen, deren politikgeschichtliche Bearbeitung für die

Ära Adenauer „in gewisser Weise (...) einen Endpunkt" [60: R. MAR-
COWITZ, Aussöhnung, 21] mit der Studie U. LAPPENKÜPERs erreicht hat,
die die Dialektik zwischen dem Annäherungsprozess und der Entwicklung des Ost-West-Konflikts sowie die Rolle einzelner Handlungsträ-
ger herausstellte [375: Beziehungen]. Wenngleich die europäische Kooperation als „Katalysator und zugleich positive Nutzanwendung der
deutsch-französischen Aussöhnung" dienen mochte [389: G. ZIEBURA,
Beziehungen, 141], suchte Adenauer die Verständigung mit Frankreich   Verständigung mit
vor allem zur Durchsetzung seines Konzepts der Westpolitik. Von Sei-   Frankreich
ten der SPD-Opposition mit einer „nahezu manischen Fixierung auf
das deutsche Wiedervereinigungsziel" pauschal attackiert [244: K.
KLOTZBACH, Weg, 598] und auch vom Koalitionspartner FDP skeptisch
beäugt [274: D. WAGNER, FDP], betrieb er diese Politik stets im Bewusstsein, Souveränität nur in national integrierter Form gewinnen zu
können. Deutlich erkannt wurde in der Forschung, dass die „außenpolitische Revolution" der Westbindung [143: K. HILDEBRAND, Integration, 25] als „*Totalität* zu begreifen" ist [H.-P. SCHWARZ, Die Eingliederung der Bundesrepublik in die westliche Welt, in: 237, 593–612, 607]
und neben dem ökonomischen und politischen auch den militärischen
Bereich umfasste. Entsprechend gründlich widmete sich die Wissenschaft der Wiederbewaffnung der Bundesrepublik, die nach Frühstu-   Wiederbewaffnung
dien [276: G. WETTIG, Entmilitarisierung] seit der Öffnung der Archive
in allen Verästelungen untersucht worden ist. Adenauer trieb die in alliierten Zirkeln schon vor der Gründung der Bundesrepublik diskutierte
Remilitarisierung [194: R. G. FOERSTER/C. GREINER/G. MEYER/H.-J.
RAUTENBERG/N. WIGGERSHAUS, Kapitulation] zum einen aus machtpolitischen Erwägungen, zum anderen aus Sorge um die sowjetische Bedrohung an. Nach dem Ausbruch des Korea-Krieges, der als „Katalysator" der Wiederbewaffnung, nicht aber als dessen „Vater" gilt [252: G.
MAI, Sicherheitspolitik, 173], wurde die deutsch-alliierte Debatte von
„two overriding considerations" bestimmt: dem Willen der Angelsachsen zum Aufbau einer westdeutschen Armee und zur Grundlegung eines demokratischen Staates [250: D. C. LARGE, Germans, 265]. Während die Aktionen des Kanzlers von H.-P. SCHWARZ als Ausdruck der
Angst vor einer „unmittelbare(n) Sicherheitsbedrohung" gedeutet wurden [173: Adenauer, Bd. 1, 764], verband G. v. GERSDORFF sie mit dem
politischen Fundamentalziel, die Bundesrepublik als „gleichberechtig-
ten Akteur" am internationalen Geschehen teilnehmen zu lassen [231:
Außenpolitik, 77]. Nur bedingt nachvollziehbar erscheint vor diesem
Hintergrund die These K. HÖFNERs, Adenauer habe den Pleven-Plan   Pleven-Plan
vom Oktober 1950 als „Geschenk des Himmels" begriffen [197: Auf-

rüstung, 258]. De facto hielt der Kanzler in der „EVG-Phase" der Re-
militarisierungsdebatte [245: L. KÖLLNER/K. A. MAIER/W. MEIER-DÖRN-
BERG/H.-E. VOLKMANN, EVG-Phase] lange am Wunsch eines NATO-
Beitritts fest und wurde von der amerikanischen Entscheidung zugunsten des französischen Sicherheitskonzepts 1951 „völlig überrascht"
[375: U. LAPPENKÜPER, Beziehungen, 1869]. Dass es dem Kanzler seither gelang, die weithin negativ eingestimmte deutsche Öffentlichkeit
für seine Politik zu gewinnen, führte H.-E. VOLKMANN auf den wirtschaftlichen Aufschwung, die Attraktivität der Europaidee und die zunehmende Einsicht in die Notwendigkeit einer „Politik der Stärke" zurück [Die innenpolitische Dimension Adenauerscher Sicherheitspolitik
in der EVG-Phase, in: 245, 235–604]. Davon konnte jedoch bis zur

Stalin-Note   Veröffentlichung der Stalin-Note 1952 nur sehr bedingt die Rede sein.
Der sich um den „Torpedostoß" aus Moskau [37: W. G. GREWE,
Rückblenden, 149] rankende Forschungsstreit gilt von allen Kontroversen über die Außenpolitik der Bonner Republik als der „bedeutsamste"
[159: R. MORSEY, Bundesrepublik, 175]. Im Kern geht es dabei um die
Klärung zweier Fragen: die Ernsthaftigkeit des Angebots und den An-
teil der Bundesregierung am westlichen Entscheidungsprozess. In den
1960er Jahren beurteilte eine Reihe von Wissenschaftlern die Aktion
Stalins als Täuschungs- und Störmanöver, andere als Chance zur Wiedervereinigung [vgl. den Überblick bei 128: C. M. GLADIS, Wiedervereinigungsmodelle, 161–176]. Dagegen setzte H. GRAML 1981 die
„Alibi-These", derzufolge Stalin „hinter dem Schirm einer Schuldzuweisung an den Westen" die militärische Stabilisierung der DDR habe
erleichtern wollen [Die Legende von der verpaßten Gelegenheit. Zur
sowjetischen Notenkampagne des Jahres 1952, in: VfZ 29 (1981) 307–

„Alibi-These" vs.   341, 339]. G. WETTIG wiederum präsentierte die „Spaltungsthese", wo-
„Spaltungsthese"   nach es dem Diktator vornehmlich darum gegangen sei, „sich beide
Seiten zu verfeinden" [Die sowjetische Deutschland-Note vom
10. März 1952. Wiedervereinigungsangebot oder Propagandaaktion,
in: Deutschland-Archiv 15 (1982) 130–148, 147]. A. HILLGRUBER hob
mit Blick auf die Handlungsspielräume Adenauers hervor, dass die
negative Reaktion der USA „von vornherein" festgestanden habe [Ade-
nauer und die Stalin-Note vom 10. März 1952, in: 215, Bd. 2, 111–130,
126]. Desungeachtet kam R. STEININGER zu dem Urteil, die Bundesregierung habe durch die Ablehnung die „Chance zur Wiedervereini-
Vertane Chance zur   gung" vertan [357: Chance?, 73]. Trotz verbreiterter Archivbasis hat
Wiedervereinigung?   die Diskussion über die „Legende von den angeblich verpassten Gele-
genheiten" [37: W. G. GREWE, Rückblenden, 412] keine Annäherung
der widerstreitenden Positionen herbeigeführt [vgl. 362: J. ZARUSKY

(Hrsg.), Stalin-Note]. Mit Erkenntnisgewinn ist sie wohl nur dann fortzusetzen, wenn das Fundamentalproblem des Zugangs zu den sowjetischen Aktenbeständen behoben ist, ohne sicher sein zu können, dass
die Entscheidungsprozesse des Kreml aktenmäßig festgehalten worden
sind.

Als strittig gilt in diesem Kontext auch die Frage, ob es in der Außenpolitik Adenauers einen Zielkonflikt zwischen Westintegration und
deutscher Einheit gegeben habe. Während H.-P. SCHWARZ davon ausging, dass Adenauer bei seiner Westpolitik „immer zugleich auch die
Wiedervereinigung im Blick hatte" [Adenauer und Europa, in: VfZ 27
(1979) 471–523, 514], hielt J. FOSCHEPOTH dagegen, der Kanzler habe
die Vereinigung nur als „Bedrohung" empfunden [Westintegration statt
Wiedervereinigung: Adenauers Deutschlandpolitik 1949–1955, in:
229, 29–60, 39].

Gemessen an der politischen Bedeutung nahm sich das Ausmaß
der Forschungen über das „neurotische Verhältnis" zu Israel [419: Y. A.
JELINEK, Deutschland] lange Zeit bescheiden aus. J. DELIGDISCH unter-
schied 1974 eine bis Mitte der 1950er Jahre dauernde „Wiedergutma-
chungsperiode" [410: Einstellung, 12] von einer Phase, in der die Israelpolitik „in steigendem Maße mit den *Prinzipien der moralischen Verpflichtung* kollidiert(e)" [Ebd., 10]. Während der von einer „heftige(n)
emotionale(n) und ideologische(n) Kontroverse" begleiteten Wieder-
gutmachungsverhandlungen 1952 zwischen der Bundesregierung und
Israel bzw. der Jewish Claims Conference [433: N. SAGI, Wiedergutmachung, 208] agierte der Kanzler wie ein Staatsmann, der die moralische
Grundhaltung als „Fundament für eine aufrichtige Realpolitik" begriff
[Wortbeitrag von H. J. KÜSTERS, in: 423, 232]. Doch nach dem erfolg-
reichen Abschluss der Beratungen führten die „Realitäten der geteilten
Welt", so Y. A. JELINEK, die Verantwortlichen in Bonn und Tel Aviv
dazu, ihre „Tanzvorstellung" nicht mehr nach derselben „Musik" zu geben [419: Deutschland, 466 u. 467].

In engem Zusammenhang zum Luxemburger Wiedergutma-
chungsabkommen stand das Londoner Schuldenabkommen, dessen
Nutzen, die Wiederherstellung des deutschen Kredits, Adenauer un-
gleich höher veranschlagte als die Kosten [ausführlich 259: U. ROM-
BECK-JASCHINSKI, Schuldenabkommen]. Die Unterzeichnung wurde
überschattet durch den Volksaufstand in der DDR vom 17. Juni 1953
und die nach dem Tode Stalins aufkommende Debatte, ob man den Kalten Krieg durch ein militärisches „Disengagement" und eine Neutralisierung Deutschlands überwinden könne [126: A. GALLUS, Neutralis-
ten]. Als Lichtblick empfand Adenauer in dieser heiklen Lage das fran-

Zielkonflikt zwi-
schen Westintegra-
tion und deutscher
Einheit

Wiedergutmachung
für Israel

Londoner Schulden-
abkommen

zösisch-italienische Projekt einer Europäischen Politischen Gemein-

Europäische Politische Gemeinschaft
schaft, dem von der Forschung nur wenig Aufmerksamkeit geschenkt worden ist. In der bisher einzigen Monographie gelangte S.-R. KIM zu dem Befund, dass der Kanzler das Projekt „ohne weiteres" begrüßt habe [93: Fehlschlag, 52], wohingegen der Koalitionspartner FDP [232: S. J. GLATZEDER, Deutschlandpolitik] und die SPD-Opposition [239: R. HRBEK, SPD] dem Vorhaben aus Sorge um eine Vertiefung der Teilung Deutschlands skeptisch bis ablehnend gegenüberstanden. Als die EPG ihre „instrumentelle Doppelfunktion als Steigbügelhalter für die EVG und als zusätzlicher Rahmen der bundesdeutschen Westbindung" [375: U. LAPPENKÜPER, Beziehungen, 315] einbüßte, ging auch Adenauer auf Distanz und unternahm nichts, der EPG Leben einzuhauchen.

Intensiver als die EPG beschäftigte die Forschung das Schicksal der EVG nach der Unterzeichnung des Pariser Vertrages 1952, wobei feststeht, dass Adenauer schon früh enge Vertraute über „Ersatzlösungen" nachdenken ließ [37: W. G. GREWE, Rückblenden, 194], dann aber aufgrund einer „bedingungslose(n) Anerkennung" der amerikanischen Vorgaben an der EVG festhielt [173: H.-P. SCHWARZ, Adenauer, Bd. 2, 61]. Wenngleich nach dem Fiasko vom 30. August 1954 bei ihm von „souverän(er)" Überblickung der Lage [147: H. KÖHLER, Adenauer, 835] zunächst nicht die Rede sein konnte, nahm er die neue Lage erstaunlich schnell an und beteiligte sich aktiv an der Umsetzung der nun anvisierten „NATO-Option" [225: H. EHLERT/C. GREINER/G. MEYER/B.

NATO-Option
THOSS]. Einvernehmlich billigt die Forschung dem Kanzler zu, mit seinem Verzicht auf ABC-Waffen während der Londoner Außenministerkonferenz Anfang Oktober zum Durchbruch verholfen zu haben. ADENAUERS ex post betonter Vorbehalt „rebus sic stantibus" [28: Erinnerungen 1953–1955, 347] muss nach den Recherchen von H. J. KÜSTERS als nachträgliche Stilisierung gewertet werden [Souveränität und ABC-Waffen-Verzicht. Deutsche Diplomatie auf der Londoner Neunmächte-Konferenz 1954, in: VfZ 42 (1994) 499–536]. Nach dieser Wende billigten die Westmächte auf den Pariser Konferenzen die Aufnahme Westdeutschlands in die NATO und verknüpften die Übertragung souveräner Rechte auf die Bundesrepublik mit der Fixierung eigener Vorbehaltsrechte, ohne das Ziel der Einbindung „in eine atlantisch verklammerte, westeuropäische Sicherheitsgemeinschaft" aufzugeben [B.

Pariser Verträge
THOSS, Der Beitritt der Bundesrepublik Deutschland zur WEU und NATO im Spannungsfeld von Blockbildung und Entspannung (1954–1956), in: 225, 1–234, 232].

Mit besonderem Eifer untersuchte die Forschung die in Paris scheinbar beigelegte Saarfrage. Stand sie für Deutschland und Frankreich auch stets im Schatten der großen nationalen Probleme, schien eine Lösung doch jahrelang nicht erreichbar [383: R. SCHMIDT, Saarpolitik, 3 Bde.; gegen das Werk von A. HEINEN 369: Saarjahre, meldete H. ELZER den Vorwurf eines „reduktionistischen Geschichtsverständnisses" an: FRANCIA 25/3 (1998) 296]. Während B. THOSS überzeugend nachwies, wie eng des Kanzlers Handlungsspielräume im Poker um das Saarstatut waren [Die Lösung der Saarfrage 1954/55, in: VfZ 38 (1990)   Saarstatut 225–288], warf H. ELZER Adenauer vor, eine „zu defensiv konstruiert(e)" Position verfolgt zu haben [Adenauer und die Saarfrage. Die Pariser Gespräche vom 19. bis 23. Oktober 1954, in: VfZ 46 (1998) 667–708, 707]. Aus der Sicht U. LAPPENKÜPERs erklärt sich des Kanzlers Plazet zur „Europäisierung" aus dem übergeordneten Ziel, den Eintritt der Bundesrepublik in den „Areopag der ‚Großmächte'" zu sichern [375: Beziehungen, 1881].

Da Adenauer mit den Pariser Verträgen nur einen Teil seiner Ziele erreicht hatte, gestaltete sich die innerdeutsche Debatte über die Ratifizierung schwierig. Während die Koalition nolens volens auf den Kurs des Kanzlers einschwenkte, wollte die SPD-Opposition eine letzte Chance zur Wiedervereinigung ausgelotet wissen. Als Hoffnungssignal diente ihr der Abschluss des österreichischen Staatsvertrages 1955 [grundlegend G. STOURZH, Um Einheit und Freiheit. Staatsvertrag, Neutralität und das Ende der Ost-West-Besetzung Österreichs 1945–1955, 4., völlig überarb. u. wesentlich erw. Aufl., Wien/Köln/Graz 1998]. Ob der Kreml die „Österreich-Lösung" als Modell für die Bereinigung der „deutschen Frage" ansah, gilt in der Historiographie als umstritten [B.   „Österreich-Lö- THOSS, Modellfall Österreich? Der österreichische Staatsvertrag und   sung" als Modell für die deutsche Frage 1954/55, in: 269, 93–136]. Unstrittig ist hingegen,   die Wiedervereini- dass der Staatsvertrag zu erheblichen Spannungen zwischen der Bun-   gung Deutschlands? desrepublik und Österreich führte, weil er die Enteignung des deutschen Eigentums in Österreich mit der „Okkupation" durch Hitler-Deutschland 1938 rechtfertigte [vgl. 431: M. PAPE, Brüder].

Von derartigen Problemen war in den von der Forschung eingehend untersuchten Beziehungen zu Großbritannien nicht die Rede, al-   Beziehungen zu lenfalls von Konkurrenz und Kooperation auf dem ökonomischen Sek-   Großbritannien tor [399: A. RINGE, Konkurrenten] und von einem hohen Maß an Fehlperzeptionen auf der regierungsamtlichen Ebene [396: Y. KIPP, Eden]. Grundsätzlich stand das deutsch-britische Verhältnis in der Ära Adenauer im Schatten des deutsch-französischen, das im Zuge der Pariser Verträge nicht nur politisch-militärisch, sondern auch ökonomisch auf ein neues Fundament gestellt wurde [376: S. LEFÈVRE, Relations]. Folgt man dem Urteil der Forschung, pflegte die Bundesrepublik in der Ära

Adenauer nur noch zu einem weiteren europäischen Staat engere Be-

Deutsch-italienische Beziehungen

ziehungen, zu Italien. Ob dabei, wie C. VORDEMANN behauptete, von einem „besonderen Vertrauensverhältnis" zwischen den Kabinetten gesprochen werden kann [439: Deutschland-Italien, 194], erscheint nach den Recherchen von C. MASALA fraglich [427: Italia, 24]. Kontakte von einer eher „untergeordnete(n) Bedeutung" besaß die Bundesregierung zu Spanien [405: B. ASCHMANN, „Treue Freunde …?", 452], was insbesondere an der Hypothek der Vergangenheit und an amerikanischen Vorbehalten lag. Den langen Arm der USA, dies verdeutlichte die Pionierstudie von M. SCHÖNWALD, verspürte die Bundesrepublik auch in

Beziehungen zu Argentinien

ihren Beziehungen zu Argentinien, die wegen der Rücksichtnahme auf Amerika und wegen des „relative(n) Desinteresse(s)" von Adenauer nur schwach entwickelt blieben [435: Deutschland, 380].

7. Gleichrangigkeit im Westen und „Arkanpolitik" nach Osten 1955 bis 1963

Mit dem Inkrafttreten der Pariser Verträge 1955 wurde eine neue Tradition westdeutscher Außenpolitik begründet. Die Bundesrepublik war „auf praktisch allen Ebenen fest in die westlichen Gemeinschaften integriert" und so souverän, dass sie eine eigene Außenpolitik betreiben konnte [172: G. SCHÖLLGEN, Außenpolitik, 41]. Nachdem mit der Gründung des Warschauer Paktes der „Höhepunkt der Bipolarisierung" erreicht war [151: W. LINK, Außenpolitik, 576], wandte sich Adenauer in

„Zweiter Hauptabschnitt" Bonner Außenpolitik

dem nun beginnenden „zweite(n) Hauptabschnitt" [222: A. DOERING-MANTEUFFEL, Bundesrepublik, 85] seiner Außenpolitik vor allem zwei Aufgaben zu: der Stabilisierung der westdeutschen Position im transatlantischen Bündnissystem und dem Interessenausgleich mit der Sowjetunion. Heftig diskutiert wurde in der Forschung die Frage, welche Rolle für ihn in dieser Phase noch die Einheit Deutschlands gespielt habe. Während J. FOSCHEPOTH und andere Autoren die Auffassung vertraten, der Kanzler habe die Teilung hingenommen [229: (Hrsg.), Adenauer], bezeichnete H.-P. SCHWARZ die internationale Lage am Vorabend des Berliner Mauerfalls 1989 als „Adenauers langfristiges Kalkül seit 1952" [173: Adenauer, Bd. 2, 991].

Weniger aufgeladen, aber ebenfalls kontrovers bewertete die For-

Adenauers Staatsbesuch in Moskau

schung Adenauers Staatsbesuch in Moskau. Obwohl der Kanzler während seines Aufenthaltes gewiss auch die Bundestagswahlen 1957 im Blick hatte, muss die von J. FOSCHEPOTH aufgestellte Behauptung, die

Reise habe „ausschließlich innenpolitischen Zwecken" gedient [Adenauers Moskaureise 1955, in: APuZ B 22 (1986) 30–46, 46], als überzogen charakterisiert werden. Auch kann kaum von einem „Sieg für die Sowjets" die Rede sein [R. STEININGER, Zwischen Pariser Verträgen und Genfer Gipfelkonferenz: Großbritannien und die deutsche Frage 1955, in: 266, 177–211, 206], wenngleich der Kanzler sich bezüglich seiner Konferenzstrategie „völlig verschätzt(e)" [173: H.-P. SCHWARZ, Adenauer, Bd. 2, 216].

Prinzipiell sah er sich bei seinem politisch wie ökonomisch ausgerichteten Bemühen um eine Verbesserung der Beziehungen zur Sowjetunion [356: K.-H. SCHLARP, Konfrontation] einer „zweifache(n), aber grundverschiedene(n) Opposition" gegenüber: von Seiten der SPD, die ihn zu Wiedervereinigungsgesprächen mit Moskau drängte, und von Seiten seines Außenministers Brentano, der den Kreml aus dem „offiziellen deutschlandpolitischen Dogmengebäude" auszuklammern wünschte [236: K.-E. HAHN, Wiedervereinigungspolitik, 331]. Wie D. KOSTHORST nachgewiesen hat, wirkte der „Mahner im Dienste der auf der Westbindung basierenden Wiedervereinigungspolitik" [248: Brentano, 405] wiederholt als Korrektiv zum Kanzler, ohne aber die Deutschlandpolitik aktiv gestalten zu dürfen. Das Thema der deutschen Einheit blieb zwar auf der weltpolitischen Tagesordnung; in den Vordergrund traten aber Abrüstungsfragen, was Adenauer durchaus begrüßte, weil sie „die Großmächte beschäftigen und die nationalen Emotionen der Deutschen ablenken" konnten [Ebd., 96].

Brentano als Mahner der Wiedervereinigung

Um den Alleinvertretungsanspruch trotz der Aufnahme diplomatischer Beziehungen zur Sowjetunion zu wahren, erließ die Bundesregierung nach der Moskaureise die Hallstein-Doktrin, die nach dem überzeugenden Urteil von R. M. BOOZ eine defensive und eine offensive Aufgabe besaß. Während die defensive, die Verhinderung der Anerkennung der DDR durch Drittstaaten, weitgehend „erfolgreich" erledigt wurde, erwies sich die seit Beginn der 1960er Jahre umgesetzte offensive als „Illusion" [216: 173]. Mit Blick auf die erste Anwendung 1957 gegenüber Jugoslawien widerlegte M. ANIĆ DE OSONA die Behauptung W. BESSONS, die Doktrin habe als Teil eines Abwehrkampfes gegen den Osten gedient [118: Außenpolitik, 197–205]. Vielmehr lief der Abbruch der Beziehungen zu Belgrad Bonns Bemühungen „diametral entgegen", das Verhältnis zu Ostmitteleuropa zu normalisieren [403: Anerkennung, 322]. Adenauers „Aufbruch zur Entspannungspolitik" [265: P. SIEBENMORGEN, Gezeitenwechsel] erklärte sich zum einen aus Anzeichen einer „Osteuropapolitik" der SPD-Opposition [262: K. T. SCHMITZ, Einheit, 132], zum anderen aus dem Drängen Brentanos,

Hallstein-Doktrin

Anfänge einer westdeutschen Entspannungspolitik

die Wiedervereinigung schrittweise voranzubringen. Da dem Außenminister in seinem Amt entwickelte Pläne über eine aktive propolnische Politik zu weit gingen, fiel das Urteil der Wissenschaft über seine Öffnung nach Osten zwiespältig aus. Während W. E. GRIFFITH darin einen Vorläufer der Ostpolitik Schröders sah [131: Ostpolitik, 116], monierte K.-E. HAHN das Fehlen „griffige(r) Konturen" [236: Wiedervereinigungspolitik, 331].

Parallel zu den Avancen nach Osten intensivierte die Bundesregierung die Bindungen nach Westen. Den Forschungen H. J. KÜSTERS' zufolge konkurrierten auf dem Weg zur EWG innerhalb der Bundesregierung „drei Denkrichtungen" miteinander: das im Auswärtigen Amt propagierte „Konzept der institutionellen Integration", das im Bundeswirtschaftsministerium verfochtene „Konzept der Gesamtintegration" und Ludwig Erhards Ansatz einer „funktionelle(n) Integration" [99: Gründung, 79]. Anfang 1956 schlug der Richtungsstreit in einen innergouvernementalen „Krieg" um, den R. NEEBE [257: Weichenstellung, 299] allzu einseitig als Konflikt zwischen einem rückwärtsgewandten Nationalstaats- und einem zukunftsgerichteten Handelsstaatsparadigma deutete [Ebd., 293]. Weniger ausgiebig erforscht wurde die Rolle der Bundesregierung beim Aufbau von EURATOM, die laut P. WEILEMANN als „politisches Vorhaben" zur Stärkung des Einigungsgedankens verstanden werden muss [111: Anfänge, 190], zugleich aber der „Zähmung des deutschen Nuklearnationalismus" diente [M. ECKERT, Kernenergie und Westintegration: Die Zähmung des deutschen Nuklearnationalismus, in: 237, 313–334].

Entscheidend für das erfolgreiche Ende der Verhandlungen über EWG und EURATOM war der von drei externen Faktoren 1956 beförderte Schulterschluss zwischen der Bundesrepublik und Frankreich: der Saarfrage, der Suezkrise und der NATO-Krise. Wie U. LAPPENKÜPER hinsichtlich des Doppelspiels von Adenauer im Vorfeld des Saarreferendums 1955 erhellte, entsprach des Kanzlers spätere Behauptung, er habe auf die Ablehnung des Saarstatuts gesetzt, ebensowenig den Realitäten wie die Klage seiner Gegner, Adenauer sei zur Preisgabe der Saar bereit gewesen [375: Beziehungen, 1076–1097]. Auf „erhebliche Vorbehalte" [so H. ELZER in: FRANCIA 25/3 (1998) 295] ist die von A. HEINEN zur Erklärung angeführte These gestoßen [369: Saarjahre], die Saarbevölkerung habe ihr Heil in der Rückgliederung an Deutschland gesucht, weil die Saarregierung ihr Ziel eines vereinten Europa nicht erreicht habe. Dass die Bundesrepublik und Frankreich nach der Unterzeichnung des Luxemburger Saar-Abkommens 1956 auch die Blockade der EWG-Verhandlungen behoben, hing mit Adenauers Arg-

Innergouvernementaler „Krieg" um die Europapolitik

Schulterschluss mit Frankreich

Luxemburger Saarabkommen

wohn gegenüber den USA im Gefolge der „Radford"- und der Suez-krise zusammen. Aus Sorge um den Erhalt des amerikanischen Schutz-schildes setzte der Kanzler, wie H. J. Küsters verdeutlichte, mit seiner Reise nach Paris ein Zeichen „europäischer Solidarität" und bewog so Ministerpräsident Mollet zu Konzessionen [99: Gründung, 330], mit deren Hilfe der „entscheidende Schritt" zum Abschluss der Römischen Verträge gemacht werden konnte [Ebd., 328].

Abschluss der Römi-schen Verträge

Als Ausdruck eines neuen „außenpolitischen Konsenses" in Bonn [Ebd., 473] war dem Kanzler der Zuspruch der SPD sicher [vgl. 213: J. Bellers, Reformpolitik]. Allein die FDP verweigerte den Verträgen die Zustimmung, da ihr die deutschland- und agrarpolitischen Folgekosten zu hoch anmuteten [241: P. Jeutter, EWG].

Adenauer zahlte diesen Preis auch deshalb, weil er sich von Frankreich eine Gegenleistung auf anderen Gebieten, insbesondere dem nuklearpolitischen erhoffte. Sein Streben nach nuklearer Mitspra-che und die daraus erwachsende trilaterale Rüstungskooperation mit Frankreich und Italien gehören wohl zu den aufregendsten Themen der jüngsten Adenauer-Forschung. Wie U. Nerlich bereits 1965 dargelegt hat, stand die Bundesrepublik vor dem doppelten Dilemma, dass sie als Nichtnuklearmacht auf eine glaubwürdige Abschreckung angewiesen und zugleich von einem Kernwaffeneinsatz am meisten betroffen war [Die nuklearen Dilemmas der Bundesrepublik Deutschland, in: EA 20 (1965) 637–652]. Das Auseinanderklaffen zwischen den konventionell ausgerichteten operativen Vorstellungen der deutschen Militärführung und den die Nuklearrüstung betonenden Vorgaben der NATO führte im Herbst 1956 zu einer schweren „Aufbaukrise der Bundeswehr" [268: B. Thoss, Nato-Strategie, 65]. In ihrem Gefolge meldete Verteidigungs-minister Strauß mit Billigung des „Atomkanzler(s)" [H.-P. Schwarz, Adenauer und die Kernwaffen, in: VfZ 37 (1989) 567–593, 573] den Anspruch an, die Bundeswehr mit Nuklearwaffen auszustatten. Ohne ein „Atommonomane" zu sein [123: T. Enders, Franz Josef Strauß, 148], hoffte er, die Bundesrepublik auf diese Weise „wieder an die stra-tegische Abschreckung anzukoppeln" [F. Buchholz, Strategische und militärpolitische Diskussionen in der Gründungsphase der Bundeswehr 1949–1960, Frankfurt am Main u. a. 1991, 307]. Ungeachtet der damit entfachten innerdeutschen Kontroverse [260: H. K. Rupp, Opposition] entwickelte die Bundesregierung parallel dazu 1957 mit Frankreich das „concept d'un couple stratégique", das über ein nukleares Mitsprache-recht hinaus auf die Produktion atomarer Waffen abzielte [387: G.-H. Soutou, L'alliance incertaine, 46]. Sie hoffte damit einerseits auf Gleichrangigkeit im Westen, andererseits auf eine Verbesserung der

Trilaterale Rüs-tungskooperation mit Frankreich und Italien

„Aufbaukrise der Bundeswehr"

Streben nach nuklea-rem Mitspracherecht

Beziehungen zum Osten und überdies auf die Verhinderung einer Einigung der Supermächte über die „deutsche Frage" [222: A. DOERING-MANTEUFFEL, Bundesrepublik, 95].

Als besondere Gefahr nahm Adenauer in diesem Zusammenhang die sich intensivierende Debatte über ein Auseinanderrücken der Blöcke wahr. Irritiert ob der positiven Resonanz der Disengagement-Pläne in der Bundesrepublik, wartete der Kanzler mit einer Modifikation des Junktims zwischen Abrüstung und Wiedervereinigung auf, die sich im „Österreich-Plan" vom März 1958 niederschlug. Die damit begonnene

Adenauers „Arkanpolitik" „Arkanpolitik" [264: H.-P. SCHWARZ, Konzept, 99] hat die Forschung um so intensiver beschäftigt, als sie der bisherigen Regierungslinie diametral entgegen lief und nicht einmal den Verbündeten in ihrer Tragweite offengelegt wurde [228: V. ERHARD, Geheimkonzepte]. P. SIEBENMORGEN interpretierte den „Österreich-Plan" als erstes Anzeichen eines entspannungspolitischen „Gezeitenwechsel(s)" [265]. H.-P. SCHWARZ erkannte in ihm hingegen ein „hilflos(es)" Weiterbauen am einsturzgefährdeten deutschlandpolitischen „Kartenhaus" [173: Adenauer, Bd. 2, 439].

Berlin-Krise Wie baufällig dieses Haus war, verdeutlichte die Berlin-Krise, deren Ausbruch 1958 M. TRACHTENBERG mit der Sorge der Sowjetunion um die atomare Aufrüstung der Bundesrepublik zu erklären versuchte [89: History, 169–234]. Während die SPD auf die sowjetischen Pressionen mit einem „Deutschlandplan" reagierte, der dem Urteil K. KLOTZ-BACHs zufolge „mehr Verwirrung und Mißverständnisse als Klarheit" schuf [244: Weg, 491], drängte Brentano auf ernsthafte Vorschläge an die Adresse Moskaus [248: D. KOSTHORST, Brentano, 267]. Eher „unorthodoxe Lösungsmöglichkeiten" der Berlin-Krise regte demgegenüber der zur Beschönigung der sowjetischen Politik neigende Botschafter Hans Kroll an [K. KÜHLEM, Eine diplomatische Karriere im 20. Jahrhundert, Diss. Bonn 2006, 456]. Adenauer wiederum setzte, zwischen Verhandlungsbereitschaft und Unnachgiebigkeit schwankend, seine

Globke-Plan „Arkanpolitik" mit dem Globke-Plan fort, der in den Augen von H.-P. SCHWARZ eine „halbwegs durchdachte Sammlung von Bausteinen für eine Interimslösung" beinhaltete [173: Adenauer, Bd. 2, 488], nach Meinung von H. HAFTENDORN dagegen als „Spielmaterial im Vorfeld der Vierer-Konferenzen" von Genf und Paris dienen sollte [135: Außenpolitik, 53]. Indem die Westmächte dort den Versuch aufgaben, mit den Sowjets über die Wiedervereinigung zu diskutieren, trugen sie in der Bundesrepublik zu einem für die Außenpolitik geschichtsmächtigen Wandel bei: der mit dem Namen Herbert Wehner verbundenen „‚Bundesrepublikanisierung' der sozialdemokratischen Außen- und Sicherheitspolitik" [132: D. GROH/P. BRANDT, „Gesellen", 277]. Namens der SPD distanzierte sich Wehner von der Forderung nach baldiger Wiedervereinigung und propagierte ein Konzept, das vor allem auf dem Gedanken einer engen Partnerschaft zwischen Europa und den Vereinigten Staaten beruhte [277: B. W. BOUVIER, Godesberg].

Dass die nach dem Bau der Berliner Mauer 1961 auslaufende Krise um die ehemalige Reichshauptstadt für die Bundesrepublik insofern glimpflich verlief, als der Westteil Berlins nicht verlorenging, schrieb H.-P. SCHWARZ einer „Kombination von Halsstarrigkeit und vorerst nur angedeuteter Konzessionsbereitschaft" Adenauers zu [173: Adenauer, Bd. 2, 749], wohingegen W. STÜTZLE dem Kanzler beschied, sich in eine „selbstverschuldete Zwickmühle" manövriert zu haben [343: Kennedy, 132].

Bau der Berliner Mauer

In der Absicht, den Kalten Krieg zu entschärfen, hatten sowohl Kennedy als auch Macmillan im Verlauf der Berlin-Krise ihre Wiedervereinigungspolitik revidiert und damit in den amerikanisch- bzw. britisch-deutschen Beziehungen eine grundlegende Wende eingeleitet. Einen Wandel mit entgegengesetztem, positivem Vorzeichen erlebten die deutsch-französischen Beziehungen, obwohl die Zielvorstellungen Adenauers und de Gaulles keineswegs deckungsgleich waren. Während der General dem Urteil S. A. KOCS' zufolge darauf baute, „to bring Germany into France's orbit", strebte der Kanzler danach, Frankreich im westlichen Block zu binden [374: Autonomy, 246]. Wenn beide Staatsmänner dennoch eine keineswegs konfliktfreie, aber tragfähige Entente schmiedeten, lässt sich das nach Meinung U. LAPPENKÜPERs nur als Folge der Berlin-Krise verstehen, in deren Verlauf sie sich auf ein „Quid pro quo" [375: Beziehungen, 1894] zwischen französischem Beistand in der Deutschlandfrage und deutscher Unterstützung der französischen Nordafrika- [366: J.-P. CAHN/K.-J. MÜLLER, La République fédérale d'Allemagne] und Europapolitik verständigten. Adenauer nahm nicht nur den von Frankreich provozierten Abbruch der FHZ-Verhandlungen hin, sondern setzte sich in der EWG auch dafür ein, den von de Gaulle vorgelegten Plan zum Aufbau einer europäischen Union zu prüfen [90: T. CABALO, Union]. Stets ging es ihnen dabei aufgrund der schwindenden Hoffnung auf nukleare „Teilhabe und Mitsprache" [238: C. HOPPE] angesichts des amerikanischen Strategiewechsels von der „massive retaliation" zur „flexible response" auch um die Bildung einer europäischen verteidigungspolitischen Identität. Wenn Adenauer nach dem Scheitern der „Fouchet-Pläne" 1962 im Gegensatz zu Schröder und Erhard nicht auf Kennedys „Grand design" setzte, sondern eine „ziemlich ungeschützte Option für einen deutsch-französischen Zwei-

Entfremdung zwischen Adenauer und Kennedy

„Quid pro quo" zwischen Adenauer und de Gaulle

Adenauers „Option für einen deutsch-französischen Zwei-bund"

bund" einging [173: H.-P. Schwarz, Adenauer, Bd. 2, 710], so war das vornehmlich ein Produkt der „Angst" vor Schutzlosigkeit und Isolation [375: U. Lappenküper, Beziehungen, 1904]. Das innenpolitisch umstrittene deutsch-französische Freundschaftsabkommen sollte seiner Meinung nach der Versöhnung wie der europäischen Einigung, der Bindung präsumtiver Nachfolger wie der Rückversicherung gegenüber amerikanischen Entspannungstendenzen dienen. „Le but essentiel de la manœuvre" war aber, die USA in der Nuklearfrage zum Einlenken zu bewegen [G.-H. Soutou, Les problèmes de la sécurité dans les rapports franco-allemands de 1956 à 1963, in: Relations internationales (1989), H. 58, 227–251, 245]. Obwohl Adenauer seine profranzösische Option mit der Annahme des amerikanischen MLF-Angebots abgefedert hatte,

Streit um den Elysée-Vertrag

war der Bundestag nicht bereit, das Abkommen klaglos hinzunehmen. Am Ende des Ringens um die Ratifizierung triumphierten jene Kräfte, die die amerikanische Vorherrschaft einer französischen vorzogen [375: U. Lappenküper, Beziehungen, 1782–1822].

Atom-Teststopp-Vertrag

Dass die USA der Bundesrepublik kurz darauf den Beitritt zum Atom-Teststopp-Vertrag aufnötigten, konnte Adenauer mit Recht als Beleg dafür ausgeben, wie gut die Bundesrepublik daran tat, sich mit Hilfe Frankreichs vor hegemonialem Gebaren zu schützen. Dennoch stimmte die Bundesregierung der Unterzeichnung aus Sorge um Selbstisolierung und in dem Bewusstsein zu, dass es sich bei dem Abkommen, wie S. Schraftstetter und S. Twigge herausstrichen, nicht um ein „nondissemination agreement to guarantee West German nonnuclear status" handelte [86: Avoiding Armageddon, 120].

Bonner Entwicklungspolitik

Entsprechend ihrem Dasein als „Stiefkind" der deutschen Außenpolitik [R. Tetzlaff, Die entwicklungspolitische Bilanz der Ära Kohl, in: 319, 313–331, 313] hat sich die Forschung mit den Anfängen der Bonner Entwicklungspolitik nur wenig beschäftigt. Wurde sie in frühen Studien als Mittel zur Umsetzung des deutschlandpolitischen Alleinvertretungsanspruchs gesehen [411: U. Damm, Bundesrepublik], konnte neuerdings in archivgestützten Arbeiten belegt werden, dass für die Bundesregierung auch humanitäre bzw. ökonomische Überlegungen eine Rolle spielten [H.-I. Schmidt, Pushed to the Front. The Foreign Assistance Policy of the Federal Republic of Germany 1958–1971, in: Contemporary European History 12 (2003) 473–507]. Gleichwohl hat die ältere Sichtweise ihre Gültigkeit nicht völlig verloren, denn während das Auswärtige Amt Entwicklungspolitik „primär" als Außenpolitik begriff, verstand das 1961 gegründete Bundesministerium für wirtschaftliche Zusammenarbeit sie „auch" als Außenpolitik [420: C. Jetzlsperger, Emanzipation, 333]. Welche Erfolge die Bun-

desrepublik damit zeitweise erzielen konnte, verdeutlichte exempla- Adenauers Nahost-
risch der von S. O. BERGGÖTZ erbrachte Nachweis, dass die Bundesre- politik
publik Ende der 1950er Jahre zur „einflußreichsten westlichen Macht
im Nahen Osten" aufstieg [406: Nahostpolitik, 459].

In einer weniger überzeugenden Abhandlung über den zu dieser
Zeit einsetzenden Neubeginn der deutsch-griechischen Beziehungen   Deutsch-griechische
zeigte D. K. APOSTOLOPOULOS, dass es, abgesehen von der Frage der   Beziehungen
Wiedergutmachung für die während der NS-Zeit verursachten Schä-
den, „keine grundsätzlichen politischen Probleme" gab [404: Nachkriegsbeziehungen, 344]. Er riss damit ein Thema an, das damals nicht
nur das Verhältnis zu Griechenland, sondern auch zu anderen europäischen Staaten belastete. Denn obwohl das internationale Recht nicht-
deutschen Verfolgten des NS-Systems im Prinzip keine Wiedergutmachung zubilligte, drängten diverse westeuropäische Staaten auf Entschädigung. Nach langwierigen Verhandlungen schloss die Bundesre-   Wiedergutmachung
publik elf Globalabkommen, von denen die mit Griechenland, Norwe-   für ausländische
gen und Frankreich jüngst kursorisch erforscht worden sind [H. FLEI-   Verfolgte des NS-
SCHER, Deutsche „Wiedergutmachung" in Griechenland, in: GWU 56   Systems
(2005) 308–315; H.-O. FRØLAND, Wiedergutmachung und Normalisierung. Das bundesdeutsche Entschädigungs-Abkommen von 1959 zugunsten norwegischer Opfer von nationalsozialistischen Verfolgungs-
maßnahmen, in: Ebd., 299–307; U. LAPPENKÜPER, Die Bundesrepublik
Deutschland und die „Wiedergutmachung" für französische Opfer nationalsozialistischen Unrechts (1949–1960), in: FRANCIA 28/3 (2001)
75–101; C. MOISEL, „Opfer" und „Kämpfer", Die Entschädigung für
NS-Verfolgte in Frankreich nach dem Zweiten Weltkrieg, in: GWU 56
(2005) 316–322].

Erste Einblicke in die ebenfalls durch einen „tiefen Bruch mit der
Vergangenheit" geprägte auswärtige Kulturpolitik unter Adenauer   Auswärtige
[184: B. C. WITTE, Kulturpolitik, 374] bot die archivgestützte Biogra-   Kulturpolitik unter
phie U. STOLLs über den Leiter der Kulturabteilung im Auswärtigen   Adenauer
Amt, Dieter Sattler [267: Kulturpolitik]. Ob die von C. LEJEUNE in seiner Arbeit über die deutsch-belgischen Kulturbeziehungen formulierte
These, dass die Bundesrepublik die Kulturpolitik als „politisch wichtiges Element der Außenbeziehungen" verstanden habe [425: Kulturbeziehungen, 371], zutrifft, bleibt in zukünftigen Forschungen zu prüfen.

8. Option für die USA und „selektive" Entspannung zu Osteuropa 1963 bis 1966

Entgegen dem von D. KOERFER gezeichneten Bild darf der 1963 entschiedene „Kampf ums Kanzleramt" [247] nicht allein als eine persönliche Auseinandersetzung zwischen dem alten und dem neuen Amtsinhaber gesehen werden, sondern ist stets auf die außenpolitischen Kontinuitäten und Diskontinuitäten „Von Adenauer zu Erhard" in den Blick zu nehmen [214: R. A. BLASIUS (Hrsg.); eine voluminöse, aber von Aversion gegen Erhard durchwirkte Lebensbeschreibung bei 140: V. HENTSCHEL, Ludwig Erhard; über Gebühr wohlwollend 158: A. C. MIERZEJEWSKI, Ludwig Erhard]. In seiner maßgeblichen Darstellung zur Ära Erhard beschrieb K. HILDEBRAND den neuen Regierungschef als einen von der „Macht einer Botschaft" beseelten homo oeconomicus [276: Erhard, 231], dem die Außenpolitik „ganz und gar fremd" geblieben sei [143: DERS., Integration, 55] und der keine Antwort auf die beiden Dauerthemen seiner Regierungszeit gefunden habe: dem Spannungsverhältnis zwischen westlicher Integration und nationaler Einheit sowie der „Option zwischen Washington und Paris" [370: DERS., Willy Brandt, 399].

Zum Gutteil waren diese Fundamentalprobleme der Bonner Außenpolitik ein Resultat der sich seit Beginn der 1960er Jahre wandelnden Staatenwelt. Zukunftweisend wurde für die Bundesrepublik die von den USA angemahnte Öffnung nach Osten, auf die „die außenpolitisch in sich zerstrittene" Union im Gegensatz zur SPD nur bedingt einzugehen bereit war [143: DERS., Integration, 55]. Dies verdeutlicht nicht zuletzt die von der Forschung gründlich analysierte „Politik der Bewegung" von Außenminister Schröder, dem „maßgebende(n) außenpolitische(n) Kopf" dieser Jahre [263: H.-P. SCHWARZ, Ära Adenauer 1957–1963, 306]. F. EIBL stellte ihn als Protagonisten einer atlantisch ausgerichteten Politik dar, der mit Hilfe des ökonomischen Gewichts der Bundesrepublik die Beziehungen zu Osteuropa zu verbessern versucht und zugleich „Wiedervereinigungspolitik" betrieben habe [226: Politik, 445]. T. OPPELLAND wies Schröder in seiner umfassenden Biographie das Verdienst eines ostpolitischen „Paradigmenwechsel(s)" zu [163: Gerhard Schröder, 586], hielt ihm aber zugleich vor, in der Europa- und Deutschlandpolitik „gescheitert" zu sein [Ebd., 662]. Die von P. BENDER angemeldete Kritik einer Nichtberücksichtigung der Sowjetunion [113: „Neue Ostpolitik", 109] glaubte T. OPPELLAND indes unter Hinweis auf die „Adschubej-Mission" von 1964 [D. KOSTHORST, Sow-

Marginal notes:

„Von Adenauer zu Erhard"

Schröders „Politik der Bewegung"

„Adschubej-Mission"

jetische Geheimpolitik in Deutschland? Chruschtschow und die Adschubej-Mission 1964, in: VfZ 44 (1996) 257–293] insofern relativie-
ren zu können, als Schröder sehr wohl eine Intensivierung des Kontakts
zum Kreml gewünscht habe, aber nicht bereit gewesen sei, Chrusch-
tschows Forderung nach Anerkennung der DDR zu akzeptieren [163:
Gerhard Schröder, 583–592].

    Wie heikel das Unterfangen war, mit dem Mittel der Handelspoli-
tik „Bewegung in die erstarrte Deutschlandpolitik" zu bringen, hat E.
MAJONICA 1971 [426: Bonn-Peking, 12] anhand der 1964 geführten Ge-
heimgespräche mit chinesischen Diplomaten in Bern aufgedeckt. Seine
These, Bonns Instrumentalisierung der Ökonomie sei fehlgeschlagen,
weil für Peking politische Faktoren wichtiger als die wirtschaftlichen
gewesen seien, mochte A. TROCHE nicht gelten lassen. Nicht eine chine-
sische Kehrtwende, sondern ein Protest der Amerikaner war seines Erachtens für „das Scheitern der Berner Sondierungen" verantwortlich
[438: „Berlin", 476]. Auch in Bezug auf Vietnam beugte sich die Bundesregierung nach seinen Recherchen amerikanischem Druck, indem
sie im Verlauf des dortigen Krieges in eine „Institutionalisierung" von
Hilfsleistungen einwilligte [Ebd., 413].

> Berner Geheimge-
> spräche mit chinesi-
> schen Diplomaten

    Dezidiert ausgeklammert war in Schröders Politik der „selektiven
Entspannung" [243: C. KLESSMANN, Staaten, 96] die DDR. Der im Zeichen eines „Gezeitenwechsel(s) in der Deutschlandpolitik" [165: H.
POTTHOFF, Schatten, 31] einsetzende „Umdenkungs- und Umorientie-
rungsprozeß" gegenüber Ost-Berlin [Ebd., 339] ging nicht von Bonn,
sondern von West-Berlin aus. Als Spiritus rector wirkte Egon Bahr, der
mit seinem Konzept des „Wandels durch Annäherung" dem überzeugenden Urteil A. VOGTMEIERs zufolge das Ziel verfolgte, den Status quo
durch eine europäische Friedensordnung zu überwinden, in der auch
ein wiedervereinigtes Deutschland Platz finden konnte [181: Egon
Bahr]. Konkretisieren vermochte Bahr seine Überlegungen dank der
Rückendeckung durch Willy Brandt, der seit den späten 1940er Jahren
sukzessive die Überzeugung gewonnen hatte, dass der Ost-West-Konflikt in Richtung auf eine „Koexistenz" der Systeme transformiert werden müsse [261: W. SCHMIDT, Kalter Krieg, 196]. Ob tatsächlich, wie E.
KUPER 1974 behauptet hat, allein das „evolutionäre instrumentale Entspannungskonzept" von Brandt, nicht aber das „voluntaristische instrumentale Entspannungskonzept" Schröders dazu geeignet war, die westdeutschen mit den westlichen wie den östlichen Vorstellungen in Einklang zu bringen [282: Frieden, 405], sei dahingestellt. Klar ist jedoch,
dass Brandt trotz „partielle(r) Gemeinsamkeit (…) tiefes Mißtrauen"
gegenüber der Ost- und Deutschlandpolitik Schröders hegte und ihm

> Schröders „selektive
> Entspannung"

> Bahrs „Wandel
> durch Annäherung"

> Brandts Wunsch
> nach einer Transfor-
> mation der Systeme

eine Ignorierung der Lage in der DDR vorhielt [261: W. Schmidt, Kalter Krieg, 488]. Die Bundesregierung akzeptierte zwar das vom Berliner Senat 1963 ausgehandelte Passierscheinabkommen, verschärfte aber den deutsch-deutschen „war within the war" [233: W. G. Gray, Germany's Cold War, 226], indem sie seit 1964 nicht nur die „Anerkennung", sondern auch die „Aufwertung" der DDR zu verhindern suchte [242: W. Kilian, Hallstein-Doktrin, 335].

Nahost-Krise 1965   Wie gravierend diese von Karl Carstens durchgesetzte Umdeutung der ‚Hallstein-Doktrin' war, verdeutlicht die Nahost-Krise 1965. Gewissermaßen als Kompensation für die Ablehnung der Aufnahme diplomatischer Beziehungen zu Israel lieferte die Bundesrepublik seit 1957 Rüstungsmaterial, worin nur Adenauer und Strauß vollständig eingeweiht waren. Indem Erhard nach dem Besuch Ulbrichts in Kairo 1965 in einer „radikale(n) Wendung" der Bonner Israelpolitik die Einstellung des Waffenhandels und den Austausch von Botschaftern beschloss [410: J. Deligdisch, Einstellung, 11], durchschlug er nicht nur den gordischen Knoten des Beziehungswirrwarrs zwischen der Bundesrepublik, der DDR und Israel. Er unterstrich auch die Nachrangigkeit der ökonomischen „gegenüber den außenpolitischen Aspekten" des Nahost-Konflikts [Ebd., 156]. Die außenpolitisch „wichtigste" Entscheidung seiner Kanzlerschaft [so R. A. Blasius] darf allerdings nicht darüber hinwegtäuschen, dass Erhard sich letztlich „verrechnet(e)" [402: M. Abediseid, Beziehungen, 207]. Was ihm „als ein Diktat der Imperative der internationalen Politik erschien, galt in den Augen der Araber als ‚Verrat'" [Ebd., 209].

Erhebliche Nachwirkungen zeitigte das „Desaster" der Nahost-Krise [R. A. Blasius, „Völkerfreundschaft" am Nil: Ägypten und die DDR im Februar 1965, in: VfZ 46 (1998) 747–805, 775] in der Bonner Entwicklungspolitik, die von einem „Instrument im deutsch-deutschen Sonderkonflikt zu einem Mittel im größeren Ost-West-Konflikt" umgeformt wurde [420: C. Jetzlsperger, Emanzipation, 356f.], weil das Bundesministerium für wirtschaftliche Zusammenarbeit unter Walter

Kurswechsel in der Entwicklungspolitik   Scheel mit einem „entwicklungspolitischen Kurswechsel" [417: B. Hein, Die Westdeutschen, 116] auf eine Trennung von Entwicklungs- und Deutschlandpolitik hinarbeitete.

Im Mittelpunkt der historischen Forschung über das von der Regierung Erhard/Schröder als essenziell eingestufte Verhältnis zu den USA stand das Schicksal der MLF [vgl. 238: C. Hoppe, Teilhabe]. Als Ausweg aus dem Dilemma zwischen der deutschen Forderung nach Nuklearteilhabe und dem amerikanischen Wunsch nach Non-Proliferation gedacht, bot sie nach H. Haftendorn nur „scheinbar" das „Ei des

Kolumbus" [Das Projekt einer multilateralen NATO-Atomstreitmacht (MLF): Vademecum für die Glaubwürdigkeit der nuklearen Strategie?, in: MGM 54 (1995) 417–450, 420]. Trotz des „breiten Konsens(es)" der deutschen Militärs gegen eine Teilnahme [230: A. F. GABLIK, Planungen, 497] hielt die Bundesregierung an dem Projekt fest und erlitt mit ihrer amerikaorientierten Sicherheitspolitik schweren Schiffbruch. Vor die Wahl gestellt, auf die deutsche Position Rücksicht zu nehmen oder die Entspannungspolitik mit der Sowjetunion fortzusetzen, entschieden sich die USA nämlich für ihre globalen Interessen und ‚schläferten' die MLF ein.   Scheitern der MLF

Auch auf anderen Sektoren der bilateralen Beziehungen betrieben die USA eine harte Interessenpolitik, wie der eskalierende Streit über die Finanzierung der amerikanischen Truppenstationierung verdeutlichte. Unter dem Druck enormer Haushaltsprobleme drohten sie der Bundesrepublik mit einem Abzug der Soldaten und leiteten aus dem zuvor eher locker vereinbarten Devisenausgleich einen „Devisenausgleichsanspruch" ab [344: E. THIEL, Dollar-Dominanz, 179]. Wie H. ZIMMERMANN zu zeigen vermochte, führte die Institutionalisierung der „Offset-Abkommen" vor dem Hintergrund einer „slowly widening rift   Offset-Abkommen between the Atlantic security structure and the international monetary system" [347: Money, 239] zu schweren bilateralen Verwerfungen, die mit dem „disastrous Erhard visit" bei US-Präsident Johnson 1966 ihren Höhepunkt erreichten [Ebd., 243].

Nicht weniger desaströs als der Verlauf des Besuchs in den USA waren für Erhard die Folgen in der Bundesrepublik. Da seine enge Amerika-Bindung seit Beginn der Kanzlerschaft von einem Teil der Koalition missbilligt wurde, geriet der zeitgenössisch als Streit zwischen „‚Atlantikern' versus ‚Gaullisten'" benannte Kampf um die   „‚Atlantiker' versus Richtung der deutschen Außenpolitik in eine neue Runde [K. HILDE-   ‚Gaullisten'" BRAND, „‚Atlantiker' versus ‚Gaullisten'". Zur Außenpolitik der Bundesrepublik Deutschland während der sechziger Jahre, in: Revue d'Allemagne 22 (1990) 583–592]. Weitgehendes Einvernehmen herrscht in der Forschung darüber, dass die „als wenig hilfreich und der historischen Erkenntnis nicht zweckdienlich" beschriebenen Etiketten [378: R. MARCOWITZ, Option, 184] eine Lagerbildung suggerieren, die es so nicht gab. Denn die parteiübergreifend angesiedelten „Atlantiker" wollten die Verständigung mit Frankreich keineswegs suspendieren, und die parteipolitisch der Union angehörenden „Gaullisten" waren keineswegs blinde Gefolgsleute de Gaulles.

Als „Zäsur" in ihrem Streit wird das gescheiterte deutsch-französische Gipfeltreffen vom Juli 1964 angesehen [Ebd., 189], auf dem Erhard de Gaulles Plädoyer für eine Befruchtung des Elysée-Vertrages ungehört verhallen ließ. Während einer der entschiedensten „Gaullisten", H. OSTERHELD, in der von de Gaulle offerierten nuklearpolitischen Zusammenarbeit eine „*Sternstunde*" deutsch-französischer Verständigung glaubte erkennen zu können [43: Außenpolitik, 100], schloss sich die Wissenschaft dem Urteil von K. CARSTENS an, wonach die Bundesrepublik damals keine Chance verpasst habe [35: Erinnerungen, 272]. Wenn der General von einer Beteiligung an der Force de frappe gesprochen habe, betonte etwa G.-H. SOUTOU, sei damit „aucune participation allemande aux armes proprement dites" gemeint gewesen [387: L'alliance incertaine, 275]. Der Zweck der Aktion war dem überzeugenden Urteil F. EIBLs zufolge lediglich, die Bundesrepublik zu ködern, um die Realisierung der MLF zu verhindern [226: Politik, 352].

Verpasste Stern-
stunde deutsch-fran-
zösischer Verständi-
gung?

Neben der sicherheitspolitischen Ebene besaß der Konflikt zwischen den „Atlantikern" und den „Gaullisten", dessen großer Nutznießer die SPD war, weil sie sich als „Garant" einer multilateralen Außenpolitik in Szene setzen konnte [331: H.-J. GRABBE, Unionsparteien, 593], eine damit aufs engste verwobene europapolitische Dimension. In der Überzeugung, seine Gesinnung als guter Europäer unter Beweis stellen zu müssen, plante Erhard seit seinem Amtsantritt die Wiederbelebung der stagnierenden Einigungsdebatte. Unzweifelhaft zog er mit seinem Konzept des „Europa der Freien und der Gleichen" [U. LAPPEN-KÜPER, „Ein Europa der Freien und der Gleichen". La politique européenne de Ludwig Erhard (1963–1966), in: 101, 65–91] der deutschen Europapolitik „neue Grundlinien" ein [97: E. KRAMER, Europa, 140]. Dennoch wirkt der Versuch, Erhard zum Vordenker eines freien Europa zu stilisieren [T. GEIGER, Ludwig Erhard und die Anfänge der Europäischen Wirtschaftsgemeinschaft, in: 240, 50–64] wenig überzeugend.

Erhards „Europa
der Freien und der
Gleichen"

Mit seiner Europainitiative vom November 1964 hoffte der Kanzler, sich profilieren und die Macht der EWG-Kommission beschneiden zu können. Letztlich gewann er weder die Unterstützung des Bundeskabinetts noch die der EWG-Partner. Allein Italien äußerte sich wohl aus Interessenkonvergenz und dem Wunsch nach „Gegenmachtbildung zu Frankreich" positiv [427: C. MASALA, Italia, 348]. De Gaulle hingegen, den Erhard mit weitreichenden agrarpolitischen Konzessionen zu gewinnen versucht hatte, brach Mitte 1965 eine „Politik des leeren Stuhls" vom Zaun und konterkarierte damit den Versuch, der EWG mehr politisches Gewicht zu verleihen. Während Außenminister Schröder dieses Ergebnis durchaus recht war [163: T. OPPELLAND, Gerhard Schröder, 635–638], sah Erhard seine Hoffnung auf einen europapolitischen Neuanfang zerplatzt.

Erhards Europa-
initiative 1964

Frankreichs „Politik
des leeren Stuhls"

Gescheitert war implizit auch seine Frankreichpolitik, die mit de
Gaulles Austritt aus der militärischen Integration der NATO 1966 ihren
absoluten Tiefpunkt erreichte. Während die damit einhergehende Krise
der Atlantischen Allianz für die deutsch-britischen Beziehungen einen
„turning-point" in Richtung auf eine enge „co-operation in nuclear
policy" bedeutete [390: C. BLUTH, Britain, 7 u. 302], geriet das deutsch-
französische Verhältnis im Zuge der Debatte über die rechtliche Basis
für die Stationierung der französischen Truppen ungeachtet der intensiven „interkulturellen Wechselbeziehungen" [364: A. BAUMANN, Begegnung, 15] in schwerste Turbulenzen. Die Unfähigkeit der Regierung   Tiefpunkt der
Erhard, das Problem zu lösen, verdeutlicht den hohen Grad der Zerrüt-   deutsch-französi-
tung [vgl. A. SAUDER, Bündnisverteidigung und Deutschlandpolitik.   schen Beziehungen
Die Doppelfunktion der französischen Truppen in Deutschland, in:
137, 159–185]. Wie J. BAUER bereits 1980 ausgeführt hat, beschränkte
sich die Wirkung des Elysée-Vertrags darauf, dass der darin vereinbarte
Konsultationsmechanismus einen „heilsamen Zwang" ausübte, den
Kontakt nicht abreißen zu lassen [363: Beziehungen, 528].

Unter wachsenden Druck geriet der Kanzler auch auf dem ostpolitischen Terrain, nachdem die Evangelische Kirche 1965 mit ihrer Forderung nach einer Neubestimmung des deutsch-polnischen Verhältnisses sowohl beim Koalitionspartner FDP als auch in der SPD-Opposition ein positives Echo ausgelöst hatte. Obwohl die Bundesregierung
Polen schon ein Jahr zuvor hatte wissen lassen, dass bei zukünftigen
Friedensvertragsverhandlungen „die alten Grenzen" kaum bestätigt
würden [Zitiert nach 43: H. OSTERHELD, Außenpolitik, 93], hielt Erhard
in seiner „Friedensnote" vom März 1966 an den bekannten deutsch-   Erhards „Friedens-
landpolitischen Maximen fest [R. A. BLASIUS, Erwin Wickert und die   note" 1966
Friedensnote der Bundesregierung vom 25. März 1966. Dokumentation, in: VfZ 43 (1995) 539–553]. Der Erfolg des intern als „Meisterstück deutscher Diplomatie" gerühmten Dokuments [35: K. CARSTENS,
Erinnerungen, 759] fiel entsprechend bescheiden aus. Folgt man dem
Urteil W. G. GRAYs, trug die „sterility" der deutschlandpolitischen Positionen Erhards [233: Germany's Cold War, 231], die sich notabene
auch im Verhältnis zu Indien und Pakistan widerspiegelte [vgl. 412: A.
DAS GUPTA, Handel], wesentlich zu seinem Sturz bei. Freilich sollte darüber nicht vergessen werden, dass neben innenpolitischen Themen
auch die „kompromißlose Gangart" Johnsons bei den Devisenaus-
gleichsverhandlungen ihren Part zum unrühmlichen Ende der Kanzlerschaft Erhards beigesteuert hat [257: R. NEEBE, Weichenstellung, 498].   Sturz Erhards

9. Umgehung des Optionsproblems und Öffnung nach Osten 1966 bis 1969

K. Hildebrands
Würdigung der
Großen Koalition

Als Reflex auf die zeitgenössisch umstrittene Bildung einer Großen Koalition geriet die erste publizistische Auseinandersetzung mit der Außenpolitik der Regierung Kiesinger/Brandt zu einem scharfen Verriss. Davon ausgehend, dass die damals „faktisch betriebene Außenpolitik im wesentlichen die der SPD war", vertrat C. v. Braunmühl 1973 die These, Brandt habe sich zwar darum bemüht, die „Ideologisierung durch Kalten Krieg und Antikommunismus" aufzubrechen [278: Krieg, 56], doch letztlich nur den „aufgeklärten Interessen" des Kapitals gedient [Ebd., 80]. In dezidiertem Gegensatz zu dieser harschen Kritik zeichnete K. Hildebrand in seinem Standardwerk über die Geschichte der 1960er Jahre ein weitaus günstigeres Bild [276: Erhard]. In einer Zeit, in der die Bundesrepublik von der für sie „so vorteilhaften" Phase des Kalten Krieges habe „Abschied nehmen" müssen [143: Ders., Integration, 68], in der europäische Hoffnungen zerstoben und die Beziehungen zu den wichtigsten westlichen Partnern zerrüttet gewesen seien, habe die Große Koalition eine Vielzahl „nicht mehr länger aufschiebbarer Entscheidungen" getroffen [Ders., Die erste Große Koalition 1966 bis 1969. Gefährdung oder Bewährung der parlamentarischen Demokratie in der Bundesrepublik?, in: ZParl 37 (2006) 611–625, 618]. Als wesentlich würdigte er die Aufgabe der „lange schon überfälligen (...) Formel ‚Wiedervereinigung vor Entspannung'", die Verbesserung des „ramponierte(n) Verhältnis(ses)" zu den USA und die Gestaltung zumindest „leidlich(er)" Beziehungen zu Frankreich [143: Ders., Integration, 66, 63 u. 64].

Die Sicht
R. Schmoeckels und
B. Kaisers

Geprägt von ihrer Arbeit im Dienste Kiesingers, hoben R. Schmoeckel und B. Kaiser als besonderes Verdienst ihres einstigen Chefs heraus, den der deutschen Politik innewohnenden „Widerspruch" beseitigt zu haben, wonach Fortschritte bei der Lösung der „deutschen Frage" der Entspannung vorausgehen müssten [284: Regierung, 143]. Allerdings war es dem Kanzler, wie P. Gassert in seiner scharfsinnigen Biographie Kiesingers einwandte, weder gelungen, die strukturellen Konfliktpotenziale mit den USA zu beheben, noch zu verhindern, dass seine Partei nach dem Einmarsch der Warschauer-Pakt-Staaten in die ČSSR 1968 zur „Rhetorik des Kalten Krieges" zurückkehrte [127: Kurt Georg Kiesinger, 755]. Als eine bemerkenswert ertragreiche politische Ehe auf Zeit mit einer allerdings zu schmalen Basis außenpolitischer Gemeinsamkeiten schilderte K. Schönhoven die

Große Koalition in seiner bestechenden Darstellung über die Rolle der
SPD in diesen „Wendejahre(n)" [285].

K. Schönhovens
Standardwerk über
die SPD in der
Großen Koalition

Wenngleich in der Forschung Einvernehmen darüber besteht, dass
die Große Koalition erstmals in der Geschichte der Bundesrepublik die
Ostpolitik in den Mittelpunkt ihrer außenpolitischen Aktivitäten stellte,
ist dieses Themenfeld bisher nicht monographisch beackert worden.
Nicht einmal die Frage der geistigen Führerschaft scheint geklärt. Während A. Vogtmeier die Bedeutung Bahrs herauskehrte, die „Stagnation
des Denkens" aufgebrochen zu haben [181: Egon Bahr, 103], vertrat
H. G. Lehmann die These, Helmut Schmidt habe das ostpolitische Konzept der SPD „entworfen" [283: Öffnung, 201]. C. Hacke wiederum
rühmte Kiesinger, als erster Kanzler erkannt zu haben, dass ostpolitisch
„schonungslose Neueinschätzung nottat" [133: Außenpolitik, 143].

Geistige Führer-
schaft der Ostpolitik

Die „neue Ostpolitik" des „Außenpolitiker(s) aus Leidenschaft"
[Ebd., 125] war nach der Einschätzung K. Hildebrands darauf ange-
legt, „eine Isolierung der Bundesrepublik Deutschland zu verhüten, der
Sicherheit des Landes zu dienen und für das nationale Anliegen der
Deutschen weltweit moralische Unterstützung zu finden" [276: Erhard,
326]. Dem auf multiarchivalischer Basis abgestützten Urteil O. Banges
zufolge deckte sich Kiesingers Ansatz mit dem Brandts in Fragen des
machtpolitischen Kalküls; der in der „Aufweichungsstrategie seines
Außenministers angelegten ideologischen und womöglich destabilisie-
renden Komponente" stand der Kanzler aber „deutlich skeptischer" gegenüber [Kiesingers Ost- und Deutschlandpolitik von 1966–1969, in:
120, 455–498, 485]. Wie R. Schmoeckel und B. Kaiser unterstrichen,
glaubte die Bundesregierung mit einem Umweg über die sowjetischen
Satelliten den Schlüssel für das „Öffnen des Zugangs zu Moskau" zu
finden [284: Regierung, 167]. Nach anfänglicher Dynamik geriet die
„neue Ostpolitik" seit 1967 in heftige Turbulenzen und kam 1968 zum
Erliegen. Als tiefe Zäsur und zugleich „Katalysator für die künftige
Ostpolitik" wirkte dem Urteil von H.-P. Schwarz zufolge die Niederschlagung des Prager Frühlings. Zwar zogen die Bonner Verantwortlichen aus den Vorgängen in der ČSSR einvernehmlich die Lehre, „künf-
tig auch den leisesten Anschein zu vermeiden, differenzierte Entspannungspolitik an der Sowjetunion vorbei betreiben zu wollen" [Die Regierung Kiesinger und die Krise in der ČSSR 1968, in: VfZ 47 (1999)
159–186, 159 u. 182]. Ansonsten aber gingen ihre ostpolitischen Wege
auseinander. Während P. Merseburger schon seit dem Frühjahr 1968
„zwei deutlich unterscheidbare ‚Ostpolitiken'" der Regierungsparteien
glaubte von einander trennen zu können [156: Willy Brandt, 548],
setzte laut C. Hacke erst im Herbst eine von wachsendem Widerstand

Ostpolitische Diffe-
renzen zwischen
Kiesinger und
Brandt

Die Krise in der
ČSSR als Zäsur und
Katalysator Bonner
Ostpolitik

der Unionsfraktion gekennzeichnete „zweite Etappe" ein [133: Außenpolitik, 141]. Mit W. Link darf der Großen Koalition dennoch das Verdienst zugewiesen werden, den Boden für die Ostpolitik der Nachfolgeregierung geebnet zu haben [351: Entstehung, 299].

Wenngleich die Kontakte der Großen Koalition zu den osteuropäischen Staaten stets dem deutschlandpolitischen Paradigma zu dienen hatten, war ihr Wunsch, im Verhältnis zur DDR „einen Anfang (zu) finden", dem Streben nach Entspannung eindeutig nachgeordnet [281:

Deutschlandpolitische Differenzen in der Großen Koalition D. Kroegel]. Im Gegensatz zu Kiesinger neigte Brandt gar zur Anerkennung der DDR [261: W. Schmidt, Kalter Krieg, 544] und begab sich damit auf den Weg einer „allmähliche(n) Abkehr vom Ziel eines deutschen Nationalstaates" [183: H. A. Winkler, Westen, 247]. Wie K. Hildebrand herausgearbeitet hat, machte sich im Kabinett deutschlandpolitisch noch eine weitere Differenz bemerkbar, die Kiesinger und Wehner betraf: Setzte der Kanzler auf eine Verbesserung des Verhältnisses zu Moskau, um langfristig eine Lösung der „deutschen Frage" zu erreichen, gab der Minister für Gesamtdeutsche Fragen der Annäherung an die DDR den Vorrang [276: Erhard, 331 f.].

Analog zur Ostpolitik geriet auch die Deutschlandpolitik der Großen Koalition seit 1968 in einen lähmenden „Stillstand" [285: K. Schönhoven, Wendejahre, 390]. Nach der nur mit Mühe erreichten Bereinigung der Kambodscha-Krise, in der sich in den Augen W. G.

Kambodscha-Krise Grays Brandts Lösungsansatz durchsetzte, weil er „the advantage of novelty" besaß [233: Germany's Cold War, 232], rauften sich die Koalitionspartner bis zu den Bundestagswahlen 1969 „notdürftig" zusammen, betrieben aber „keine gestaltende, sondern nur noch eine verwaltende Politik" [286: D. Taschler, Herausforderungen, 380].

Vor dem Hintergrund dieser Entfremdung hat die Forschung eingehend die parallel ablaufende Annäherung zwischen SPD und FDP

Annäherung zwischen SPD und FDP beleuchtet. Von Reformvorschlägen Wolfgang Schollwers befördert, hatte die FDP seit Mitte der 1960er Jahre eine von C. Brauers erörterte Umorientierung von einer „betont nationalen" zu einer „realistischen Wiedervereinigungspolitik" eingeleitet, die der 1968 gekürte Parteichef Walter Scheel konsequent fortsetzte, um seine Partei für eine Koalition mit der SPD vorzubereiten [217: Deutschlandpolitik, 174 u. 177].

Sicherheitspolitisch stand die Arbeit der Großen Koalition zunächst ganz im Zeichen der Suche nach einem Ausweg aus dem 1966 ausgebrochenen Konflikt in der Atlantischen Allianz. Wie H. Haften-

Krise in der NATO dorn nach intensiven Archivrecherchen nachwies, gelang es der NATO, ihre Krise dadurch zu bewältigen, dass sie mit der Strategie der „flexible response" das militärisch Erforderliche an das finanziell

Machbare anpasste und im „Harmel-Bericht" das Streben nach militärischer Sicherheit mit dem Ziel der politischen Entspannung verknüpfte [72: Kernwaffen].

Überschattet wurde das Ringen in der Allianz durch eine scharfe deutsch-amerikanische Auseinandersetzung über den Atomwaffensperrvertrag. Um die „militärische Aufwuchsfähigkeit" der Bundesrepublik im nuklearen Bereich einzudämmen [H. RIECKE, Die Bundesrepublik Deutschland als Nichtkernwaffenstaat. Der Einfluss der Alliierten Vorbehaltsrechte auf den Bonner Kernwaffenverzicht, in: 137, 187–226, 187], drängten die USA sie auf eine Billigung des Non-Proliferation-Treaty noch vor der Unterzeichnung. Zwar hatte sich die Große Koalition nach dem Scheitern der MLF „mit der zweitbesten Lösung", einem Beitritt zur Nuklearen Planungsgruppe der NATO, zufrieden gegeben [271: C. TUSCHHOFF, Deutschland, 368], versuchte aber ihren Platz in der „Front der Nicht-Nuklearen" [149: M. KÜNTZEL, Bonn, 150] weiter auszubauen. Zu einer Einigung gelangten beide Regierungen erst nach dem Koalitionswechsel in Bonn 1969, wobei S. SCHRAF-STETTER und S. TWIGGE diesen Schritt als Beleg für die Fähigkeit der Regierung Brandt/Scheel bewerteten, „to marry Germany's past with its future" [86: Avoiding Armageddon, 194], wohingegen M. KÜNTZEL der sozial-liberalen Koalition vorwarf, durch ihre freizügige Nuklearexportpolitik „maßgebliche Verantwortung" für eine schleichende Proliferation übernommen zu haben [149: Bonn, 273].

Keineswegs unproblematischer als die Beziehungen zu den USA gestaltete sich das Verhältnis der Großen Koalition zu ihrem zweiten Hauptverbündeten, Frankreich. Zwar bemühte sich Kiesinger gemeinsam mit Brandt erfolgreich um neues Vertrauen bei de Gaulle. Dessen „kühner Entwurf von einem gemeinsam zu beschreitenden deutsch-französischen Sonderweg" war mit der „Politik zurückhaltender Nüchternheit" des Bundeskanzlers aber nicht zu vereinbaren [K. HILDE-BRAND, Der provisorische Staat und das Ewige Frankreich – Die deutsch-französischen Beziehungen 1963 bis 1969, in: 385, 62–81, 80 u. 81]. Und auch der Außenminister verweigerte sich bei allem, was er von seinem „französischen Lehrmeister" zu übernehmen bereit war, dessen Werben um eine Emanzipation von Amerika [370: DERS., Willy Brandt, 400]. De Gaulle gab sich mit dieser Position des Sowohl-als-auch nicht nur nicht zufrieden, er spitzte das „Dreiecks-Dilemma" [389: G. ZIEBURA, Beziehungen, 254] noch zu, indem er der Bundesregierung nach der Niederschlagung des Prager Frühlings androhte, dass sie sich „Frankreich zuzuwenden und von Amerika abzukehren" hatte, wenn er das elementare Anliegen der Wiedervereinigung weiter unter-

Auseinandersetzungen mit den USA über den Atomwaffensperrvertrag

Beitritt zur Nuklearen Planungsgruppe der NATO

Anfänge des deutschen Rüstungsexports

Kein deutsch-französischer Sonderweg

stützen sollte [K. HILDEBRAND, Die tschechoslowakische Krise vom August 1968. Frankreichs Haltung gegenüber der Bonner Republik im Spiegel der „Akten zur Auswärtigen Politik der Bundesrepublik Deutschland", in: 69, 449–458, 457].

　　Einen zentralen Konfliktpunkt im deutsch-französischen Verhältnis dieser Jahre bildete die Frage nach der Weiterentwicklung der europäischen Integration. Dass die Große Koalition in ihrer Europapolitik trotz genereller Kontinuität gewisse „Korrekturen" vornahm [145: M. KARAMA, Struktur, 102], die sich in einer „Schwächung der politischen Einigung" und einer „Weitung des außenpolitischen Blicks" nach Osteuropa niederschlugen [Ebd., 106], durfte bei de Gaulle durchaus auf Zustimmung stoßen. Ihr Wunsch nach einem Brückenschlag zu Großbritannien kollidierte hingegen mit der fortbestehenden Absicht Frankreichs, den Briten den Zutritt zur EWG zu verwehren. In dem dadurch ausgelösten Meinungsstreit äußerte Kiesinger der Ansicht R. SCHMOE-CKELs und B. KAISERs nach „mehr Verständnis für die französische Konzeption", während Brandt „mehr Elan" für den EWG-Beitritt Großbritanniens zeigte [284: Regierung, 206]. Folgt man dem Befund der von H. TÜRK vorgelegten ersten monographischen Studie über die Europapolitik der Großen Koalition, spiegelte diese Differenz eine tiefe Kluft in ihren europapolitischen Konzeptionen wider. Propagierten das Kanzleramt und weite Teilen der Union eine „seltsam rückwärtsgewandt anmutende ‚Politik der Stärke' Westeuropas", verfolgten Brandt und die SPD eine „Politik der ‚Verständigung durch Erweiterung'" in Richtung auf einen großen westeuropäischen Markt [287: Europapolitik, 239]. Wie A. WILKENS nachwies, übte aber auch der Außenminister in der Beitrittsfrage keinen Druck auf de Gaulle aus und nahm es daher hin, dass das britische Gesuch abermals scheiterte [L'Europe en suspens. Willy Brandt et l'orientation de la politique européenne de l'Allemagne fédérale 1966–1969, in: 101, 323–343].

　　Während die Bundesrepublik in der Europa- wie in der Sicherheitspolitik der traditionellen Linie multilateraler Rücksichtnahme folgte, fuhr sie in der Außenhandelspolitik einen bemerkenswert selbstbewussten Kurs nationaler Interessenpolitik, den J. BELLERS im Kontext des 1968 eskalierenden Streits um eine Aufwertung der D-Mark nachgezeichnet hat. Ganz im Sinne von Finanzminister Strauß, der die „wirt-schaftspolitische (sic!) Potenz der Bundesrepublik außenpolitisch offensiv einsetzen" wollte [112: Außenwirtschaftspolitik, 278], widersetzte sich die Bundesregierung dem Drängen der wichtigsten Industrieländer und gewann so im internationalen Währungssystem „in bestimmten Fragen ein Veto-, wenn nicht gar eine Dominanzposition"

Marginalien:

Weiterentwicklung der europäischen Integration

Dissens über den EWG-Beitritt Großbritanniens

„Politik der Stärke" vs. „Politik der Verständigung"?

Selbstbewusste Außenwirtschaftspolitik

[Ebd., 223]. Ihre „symmetrische Dependenz" auf dem Gebiet der Sicherheitspolitik blieb von dieser „asymmetrischen Interdependenz" in der ökonomischen Sphäre jedoch unberührt [119: S. BIERLING, Außenpolitik, 156].

„Dominanzposition" im internationalen Währungssystem

10. „Westbindung plus Ostverbindungen" 1969 bis 1974

Bei der Regierungsübernahme der ersten sozial-liberalen Koalition unter Brandt im September 1969 trafen drei Faktoren zusammen, die seinen außenpolitischen Kurs günstig beeinflussten: die Bereitschaft der Bevölkerung zur Entspannung, die „Dynamisierung der Ost- und Deutschlandpolitik" sowie die amerikanisch-sowjetische Détente [133: C. HACKE, Außenpolitik, 152]. Wissenschaftlich untersucht wurde diese Außenpolitik erstmals 1982 von A. BARING, der nach privilegiertem Aktenzugang in einer Gesamtdarstellung als zentrale Leistung der Regierung Brandt die als „Hauptaufgabe" betriebene Ostpolitik würdigte, wohingegen die „demonstrative Betonung ihrer Westbindung" unterbelichtet blieb [288: Machtwechsel, 186]. Zwei Jahre später stellte W. LINK in einer überzeugenden Deutung als Großtat des Kanzlers heraus, den „Wandel der Weltpolitik vom Kalten Krieg zur Détente erkannt, ernstgenommen und genutzt" zu haben [298: Ära Brandt, 277]. Mit Hilfe dieser Politik ergänzte Brandt, so P. MERSEBURGER, den von Adenauer gesetzten Stützpfeiler der Westbindung durch die Öffnung nach Osten und machte die Bundesrepublik zu einem „nach allen Seiten voll handlungsfähig(en)" Partner [156: Willy Brandt, 8].

A. BARINGS „Machtwechsel"

W. LINKs Deutungswurf

Entsprechend ihrer historischen Bedeutung wurde Brandts Ost- und Deutschlandpolitik zu einem der meistbehandelten Themen zeitgeschichtlicher Forschung. Nachdem bereits 1974 ein Sammelband über die „Triebkräfte, Widerstände, Konsequenzen" dieser Politik erschienen war [295: E. JAHN/V. RITTBERGER (Hrsg.), Ostpolitik], untersuchte G. SCHMID 1979 die gouvernementalen Entscheidungsprozesse [304: Entscheidung]. P. BENDER stellte 1986 auf knappem Raum die Entwicklung der „Neue(n) Ostpolitik" bis zum Moskauer Vertrag dar [113], während T. GARTON ASH 1993 den intellektuell höchst anregenden Versuch einer systematischen Analyse im gesamteuropäischen Kontext unternahm [292: Namen].

Die Ost- und Deutschlandpolitik der Regierung Brandt/Scheel

Der Neuansatz der Brandtschen Ostpolitik, darüber herrscht weitgehend Konsens, „lag im aktiven politischen Willen und konkreter (sic!) Konzessionsbereitschaft im Hinblick auf die vertragliche Anerkennung des Status quo in Europa, unter Einschluss der Führungsrolle der Sowjetunion in ihrem Herrschaftsbereich, der Grenzen und der DDR als Staat" [167: A. Rödder, Bundesrepublik, 135]. Folgt man dem pointierten Urteil von D. Groh und P. Brandt ging es Brandt und Scheel überdies, ja vor allem „um die Mündigkeit und die weltpolitische Handlungsfähigkeit der Wirtschaftsgroßmacht Bundesrepublik" [132: „Gesellen", 296].

Vertragliche Anerkennung des Status quo

Als „Kopf *und* Herz" der „Neuen Ostpolitik" gilt Egon Bahr [288: A. Baring, Machtwechsel, 266], dessen „Masterplan" von der Prämisse ausging, dass der Schlüssel zur „deutschen Frage" in Moskau liege [156: P. Merseburger, Willy Brandt, 591]. Seit der Publikation des „Bahr-Papiers" im Frühjahr 1970 war klar, dass die sozial-liberale Koalition nicht weniger als die „Liquidierung des zwanzigjährigen deutschen Sonderkonflikts plante [152: R. Löwenthal, Kalter Krieg, 683]. Da sie den Status quo als gegeben hinnahm, erschienen der CDU/CSU-Opposition unveräußerliche Rechtspositionen bedroht. Wie W. Link in einer intensiven Analyse der Konsultationen Bahrs mit der sowjetischen Regierung darlegte, war die Gesprächsführung des Staatssekretärs in der Tat „recht gewagt und unkonventionell" [351: Entstehung, 312]. Die konsequente Umsetzung seiner Pläne hätte, so lautet der Befund von S. Bierling, zu einem „Deutschland zwischen Ost und West" geführt [119: Außenpolitik, 176].

„Liquidierung des Sonderkonflikts" mit dem Ostblock

Deutlich weniger Interesse als die Verhandlungen über den Moskauer Vertrag, den „Dreh- und Angelpunkt der Neuen Ostpolitik" [351: W. Link, Entstehung, 295], erweckten in der Forschung die Verhandlungen über das Pendant mit Warschau. Da der Bundesrepublik zwar die Herbeiführung eines „territorialen ‚Modus vivendi‘", nicht aber die Klärung des Problems der Familienzusammenführung und der Ausreise deutschstämmiger Polen gelang [428: K. Miszczak, Deklarationen, 463], wurde dem Vertrag ein „Übermaß an politischer Entspannungsbereitschaft" zugemessen [133: C. Hacke, Außenpolitik, 167]. Dass die Bundesregierung ihn unterzeichnete, erklärte P. Bender mit Brandts moralischem Impetus [113: „Neue Ostpolitik", 169], der sich sowohl im Kniefall vor dem Denkmal für die Opfer des Warschauer Ghettos widerspiegelte als auch in seiner Bereitschaft, polnischen NS-Geschädigten eine „indirekte Wiedergutmachung" zuteil werden zu lassen [K. Ruchniewicz, Doppelt betrogen? Der Streit um die polnischen Entschädigungsansprüche an die Bundesrepublik Deutschland, in: GWU 56 (2005) 323–332, 331].

Moskauer Vertrag als „Dreh- und Angelpunkt der Ostpolitik"

Brandts moralischer Impetus beim Warschauer Vertrag

Auch wegen der allenthalben konstatierten „Unausgewogenheit" der Ostverträge [mit Blick auf den Moskauer Vertrag B. MEISSNER, Einleitung, in: 19, Bd. 2, 743–825, 786; über den ansonsten weitgehend unbeachteten Prager Vertrag ähnlich urteilend 133: C. HACKE, Außenpolitik, 186] fiel die wissenschaftliche Bilanz der Ostpolitik Brandts gemischt aus. Einerseits wurde der Bundesregierung zugute gehalten, **Gemischte Bilanz** dass sie „relative Selbständigkeit und ‚Selbstanerkennung' als *ein* Staat **der Ostpolitik** in Deutschland und als ‚Staat unter Staaten'" gewann [298: W. LINK, Ära Brandt, 275]. Andererseits hielt man ihr vor, die „Macht der Machtlosen" in Osteuropa übersehen [292: T. GARTON ASH, Namen, 546] und die Kraft des „Wandels durch Annäherung" überschätzt zu haben. Von „*begrenzte(r) Annäherung*" und „*Grenzen des Wandels*" sprach G. NIEDHART [Revisionistische Elemente und die Initiierung friedlichen Wandels in der neuen Ostpolitik 1967–1974, in: GG 28 (2002) 233–266, 261].

Als die Regierung Brandt/Scheel ihre Ostpolitik startete, darauf hat W. LINK hingewiesen, erhielt sie von den Westmächten „grünes Licht", aber „nicht völlig freie Hand" [298: Ära Brandt, 180]. Wenngleich allen voran die USA nachdrückliches Interesse an der Entspannung hatten, beobachteten sie das Vorgehen der westdeutschen Regierung mit erheblichem Argwohn. Nixons Sicherheitsberater H. A. KIS- **Argwohn der USA** SINGER machte keinen Hehl daraus, dass die westliche Vormacht das Ausmaß von Détente allein zu bestimmen wünschte. Im Fokus seines Misstrauens stand Bahr, dem er „ein nationalistisches und neutralistisches Programm" unterstellte [75: Vernunft, 811]. In seiner Studie über die „Dreiecksverhältnisse" Bahrs bzw. Kissingers zur Sowjetunion stellte S. FUCHS die wenig überzeugende These auf, die Bonner Ostpolitik sei mit Washington so genau abgestimmt gewesen, dass „der größere Teil der Anstrengungen in der Westpolitik lag" [327, 24]. Dass Bahr ferner eine „stets pro-amerikanische Haltung über die gesamte Länge seiner Karriere" zugebilligt werden könne [Ebd., 175], ist von A. GALLUS nachdrücklich in Frage gestellt worden [126: Neutralisten, 307].

Auch Frankreich reagierte auf die deutsche Ostpolitik mit unter- **Unterschwellige Re-** schwelligen Reserven, wobei abermals Bahr als „schwarzes Schaf" **serven Frankreichs** galt. G. ZIEBURA machte für diese Bedenken neben dem „Rapallo-Syndrom" und der Furcht vor einem deutschen „Drang nach Osten" das Fehlen einer gemeinsamen Sicherheitskonzeption verantwortlich [389: Beziehungen, 241 u. 243]. G.-H. SOUTOU hingegen erklärte Frankreichs Sorgen mit den „dérives et arrière-pensées d'une *Ostpolitik* qui, pour certains dirigeants allemands, pouvait aller jusqu'à établir un système de sécurité en Europe" [387: L'alliance incertaine, 313]. Um den Fortgang der Bonner Ostpolitik „im Zaum" zu halten, bedienten sich die Westmächte zum einen der „Bonner Vierer-Gruppe" [H. HAFTENDORN, Das institutionelle Instrumentarium der Alliierten Vorbehaltsrechte. Politikkoordinierung zwischen den Drei Mächten und die Bundesrepublik Deutschland, in: 137, 37–80, 65] und zum anderen der Verhandlungen über das Vier-Mächte-Abkommen über Berlin, die im äußersten Fall als Notleine gezogen werden konnten, um die Bundesregierung zur Räson zu rufen.

Nach dem Abschluss des Moskauer Vertrags im August 1970 nutzte die Bundesregierung den ihr eingeräumten „zeitlichen und inhaltlichen Verhandlungsspielraum" [298: W. LINK, Ära Brandt, 215], um das Verhältnis zur DDR, das „Kernstück" der Ostpolitik Brandts [135: H. HAFTENDORN, Außenpolitik, 200], zu normalisieren. Wer in den Beratungen zwischen den Unterhändlern Bahr und Kohl 1972 größere Zugeständnisse gemacht hat, ist umstritten. In den Augen von H. POTT-HOFF schwenkte die DDR auf eine Kompromisslinie ein [23: Bonn, 30 f.], wohingegen W. G. GRAY die Bundesregierung als den konzilianteren Part sah [233: Germany's Cold War, 5]. Da der „Komplex der menschlichen Erleichterungen" im Grundlagenvertrag wie schon zuvor in den Ostverträgen nur „unzureichend geregelt" wurde [133: C. HACKE, Außenpolitik, 178], warf M. ROTH der sozial-liberalen Koalition noch 1993 einen Ausverkauf deutscher Interessen vor [81: Konzessionsverhalten].

Ähnlich umstritten wie die Einschätzung des Vertragstextes ist in der Forschung die Frage nach seiner Wirkung. Während W. E. GRIFFITH seit 1973 Anzeichen einer „Normalisierung" der deutsch-deutschen Beziehungen glaubte erkennen zu können [131: Ostpolitik, 291], wies T. GARTON ASH darauf hin, dass der neue Staatsratsvorsitzende Honecker die Hoffnungen Brandts auf „Wandel durch Annäherung" durch eine „Eskalation der Abgrenzung" torpediert [292: Namen, 280] und sich zugleich um eine möglichst vorteilhafte Selbstdarstellung im Ausland bemüht habe. Neue Möglichkeiten eröffneten sich der DDR als auch der Bundesrepublik seit 1973 durch die Mitgliedschaft in der UNO, die W. BRUNS als ein „Gemisch aus Kompetition und Konfrontation" beschrieben hat [410: Uneinige, 148].

Brandts Ost- und Deutschlandpolitik stand nicht nur bei den Westmächten, sondern auch im eigenen Land unter argwöhnischer Beobachtung, wobei die Frontlinie zwischen Befürwortern und Gegnern zunächst quer durch die Parteien verlief. Erst als das Bemühen der Union um einen gemeinsamen Kurs von der SPD blockiert wurde, gingen CDU und CSU zum Angriff über. Wie C. HACKE bereits 1975 mit

---

Marginal notes:

Vier-Mächte-Abkommen über Berlin

Grundlagenvertrag mit der DDR

Ausverkauf deutscher Interessen?

Beitritt zur UNO

Innenpolitischer Kampf um die Ostverträge

Blick auf den Grundlagenvertrag zeigen konnte, fanden die Schwesterparteien allerdings nie zu innerer Geschlossenheit [294: Ost- und Deutschlandpolitik], was auch daran lag, dass die vom Oppositionsführer Barzel gepflegte „kompetitive" Zusammenarbeit mit der Koalition [298: W. LINK, Ära Brandt, 207] beim CSU-Vorsitzenden Strauß auf scharfe Ablehnung stieß. Dabei richtete sich die Kritik der Union im Prinzip nicht gegen die von der SPD beabsichtigte Aussöhnung mit den ehemaligen Kriegsgegnern, sondern gegen die konkreten Vertragswerke. Trotz der Winkelzüge Barzels und der mangelnden Konsequenz von Strauß wies A. GRAU der Union als „Verdienst" zu, mit ihrer Klage gegen den Grundlagenvertrag vor dem Bundesverfassungsgericht einen Richterspruch erreicht zu haben, der für den weiteren Verlauf der Bonner Deutschlandpolitik „richtungsweisend" gewesen sei [293: Strom, 528].

„Verdienst" der Union

Nach dem Abschluss der Ostverträge verlagerte die Bundesregierung ihre entspannungspolitischen Ambitionen auf die Konferenz für Sicherheit und Zusammenarbeit in Europa (KSZE) [ausführlich 289: P. BECKER, KSZE-Politik] und auf die Verhandlungen über Truppenreduzierungen in Europa (MBFR). Trotz des hohen Stellenwertes, den Brandt dem Truppenabbau beimaß, konnte er den Recherchen von W. LINK zufolge nur „drängen", aber „nicht entscheiden" [298: Ära Brandt, 227]. M. MÜLLER glaubte aus nicht allgemein zugänglichen Quellen die These ableiten zu können, dass die Bundesregierung die MBFR-Politik weitgehend der Ministerialbürokratie überlassen und dadurch zum späteren „Scheitern" der Verhandlungen indirekt beigetragen habe [301: Politik, 309].

Bonns Haltung zu KSZE und MBFR

Aufgrund der politisch wie historisch überragenden Bedeutung der Ostpolitik fristete die Europapolitik der sozial-liberalen Koalition in der wissenschaftlichen Wahrnehmung lange Zeit ein Schattendasein. Diese Geringschätzung hing wohl auch mit der von C. HACKE diagnostizierten Ambivalenz der sozialdemokratischen Westpolitik zusammen, die für manches SPD-Mitglied nur dazu diente, „die Zustimmung der westeuropäischen Regierungen zur Ostpolitik" zu erkaufen [133: Außenpolitik, 155]. Hinzu kam die Tatsache, dass der auf dem Den Haager EWG-Gipfel 1969 in Aussicht genommene Beitritt Großbritanniens integrationspolitisch eine „grundsätzliche Absage an die Idee eines supranationalen Europa" bedeutete [298: W. LINK, Ära Brandt, 242].

Wissenschaftliches Schattendasein der Europapolitik Brandts

In jüngeren, archivalisch unterfütterten Abhandlungen wurden diese Einschätzungen kritisch hinterfragt, ohne bisher zu einem schlüssigen Gesamtbild gelangt zu sein. Wie H. J. KÜSTERS zeigte, basierte die

**Prinzipien der Euro-
papolitik Brandts**

Europapolitik der sozial-liberalen Koalition auf vier Prinzipien: der Verstärkung der europäischen Einigung, der Vertiefung und Erweiterung der EWG, dem Brückenschlag zwischen westeuropäischer Einigung und transatlantischer Partnerschaft sowie der Normalisierung der Beziehungen zu Osteuropa [Die Entstehung und Entwicklung der Europäischen Politischen Zusammenarbeit aus deutscher Perspektive, in: 96, 131–149]. Ungeachtet einer insgesamt mageren Erfolgsbilanz stellte C. HIEPEL die Behauptung auf, die Brandtsche Europapolitik habe nicht nur den „gleichen Stellenwert" wie die Ostpolitik besessen, sondern auch „substantielle Fortschritte in der ‚construction européenne'" verzeichnen können [Willy Brandt, Georges Pompidou und

**Magere Bilanz der
Europapolitik
Brandts**

Europa, in: 96, 28–46, 32 u. 30]. Angesichts der von ihr zugestandenen Tatsache, dass das „wichtigste Projekt" – die Wirtschafts- und Währungsunion – scheiterte, „alle weiteren europapolitischen Initiativen kraft- und konzeptlos" blieben [Ebd., 45] und Brandt „kein wirklich überzeugter Anhänger der Supranationalität" gewesen sei [Ebd., 44], wirkte ihre Argumentationsführung wenig überzeugend.

Plausibel erscheint hingegen die von ihr für die Bonner Europapolitik herausgestellte zentrale Rolle der deutsch-französischen Zusammenarbeit, wenngleich sich der Bilateralismus zu einem um Großbritannien erweiterten Trilateralismus entwickelte und das persönliche Verhältnis zwischen Brandt und Präsident Pompidou als schwierig bezeichnet werden muss. Wie H. SIMONIAN ausführlich darlegte, geriet die „privileged partnership" nach dem hoffnungsvollen Anfang von Den

**„Privileged partner-
ship" mit Frankreich**

Haag schnell in Turbulenzen. In gewisser Weise den Höhepunkt des „dissimilar range of political options" zwischen Bonn und Paris [386, 364] markierte seines Erachtens die Ölkrise 1973, die die Bundesregierung zwang, das Staatsschiff zwischen der „Scylla USA" und der „Charybdis Frankreich" auf Kurs zu halten. Wenngleich die „Entente Élémentaire" mit Frankreich [33: W. BRANDT, Berliner Ausgabe, Bd. 6, 448] für die sozial-liberale Koalition gewiss auch der „Gegenmachtbildung zu den USA" diente [151: W. LINK, Außenpolitik, 582], wurde sie von ihr doch nie als Alternative zur Partnerschaft mit Amerika eingestuft.

Nicht nur im deutsch-französischen, auch im deutsch-arabischen Verhältnis führte die Ölkrise zu einer schweren „Trübung" [402: M. ABEDISEID, Beziehungen, 246], obwohl die Bundesrepublik seit Anfang der 1970er Jahre eine von „unterschwellige(r) Distanzierung von dem historisch-moralischen Schuldkomplex" gegenüber Israel gekennzeichnete „maßvolle Akzentverschiebung" in der Nahostpolitik durchführte [415: K. JAEGER, Bedeutung, 226]. Erhebliche Auswirkungen, dies zeigte die aktengestützte Studie von B. HEIN, besaß die Krise außerdem auf die Bonner Entwicklungspolitik, da eine Art „informelle Große Koalition" von „Konterreformer(n)" dem von Erhard Eppler 1968 eingeleiteten Aufbruch in Richtung auf eine „Weltinnenpolitik" ein Ende setzte [417: Die Westdeutschen, 308 u. 193].

(Marginalie: Ende des Aufbruchs in der Entwicklungspolitik*)*

Weitgehend ohne wissenschaftlichen Niederschlag ist bisher die unter der maßgeblichen Federführung des Parlamentarischen Staatssekretärs im Auswärtigen Amt Ralf Dahrendorf 1970 angestoßene „Reformphase" [412: O. GRIESE, Kulturpolitik, 25] der auswärtigen Kulturpolitik geblieben.

(Marginalie: Auswärtige Kulturpolitik*)*

11. „Rettung gefährdeter Bestände" 1974 bis 1982

Die Außenpolitik der zweiten sozial-liberalen Koalition unter Schmidt befindet sich, historiographisch gesehen, noch in den Kinderschuhen. Archivalisch gründlich bearbeitet wurde sie bisher nur von W. LINK, der sie als die „durchweg interessenbetonte" Politik einer „potente(n) Mittelmacht" beschrieb [299: Ära Schmidt, 424 u. 423]. Der neue Regierungschef neigte dazu, die auswärtigen Beziehungen nicht mehr allein „historisch-demütig oder moralisch" zu begründen, sondern „pragmatisch und wirtschaftspolitisch" [133: C. HACKE, Außenpolitik, 266; vgl. die maßgebende, allerdings bisher nur bis 1969 reichende Biographie von 177: H. SOELL, Helmut Schmidt]. Herausgefordert von der dreifachen Krise in der Weltwirtschaft, der Entspannungspolitik und der inneren Sicherheit, zielte der Kanzler im Zeichen einer „Schlechtwetterphase" der internationalen Politik [299: W. LINK, Ära Schmidt, 424] darauf ab, die vorherrschende Geisteshaltung der „Sehnsucht nach internationaler Harmonie" mit Nüchternheit auszubalancieren [Ebd., 423]. In der Erkenntnis, dass sich die von Brandt anvisierte gesamteuropäische Perspektive auf das „Zwischenziel" verengt hatte, Ost- und Westeuropa in ein neues Verhältnis zueinander zu bringen [298: DERS., Ära Brandt, 178], entwickelte H. SCHMIDT eine „Strategie des Gleichgewichts" [46], die ganz auf die Sicherung des Status quo durch Rüstungskontrolle, Wirtschaftsaustausch und Gipfeldiplomatie ausgerichtet war. Nach der durch „große Tat(en)" charakterisierten Kanzlerschaft seines Vorgängers vollbrachte er mit der Rettung „gefährdete(r) Bestände", so K. HILDEBRAND, „eine kaum hoch genug zu veranschlagende Leistung" [143: Integration, 81].

(Marginalie: Interessenbetonte Politik einer „potenten Mittelmacht"*)*

(Marginalie: „Schlechtwetterphase" der internationalen Politik*)*

(Marginalie: H. SCHMIDTs „Strategie des Gleichgewichts"*)*

Schmidts Kanzlerschaft begann zu einer Zeit, als die „Ökonomisierung der internationalen Politik" [138: W. F. HANRIEDER, Deutschland, 22], die der Bundesrepublik in den Vorjahren schrittweise mehr Handlungsspielraum gegeben hatte, sich im Gefolge der Erdölkrise höchst negativ bemerkbar machte. Die ökonomische Leistungskraft zur „Leitidee seiner Staatsräson" erhebend [133: C. HACKE, Außenpolitik, 222; vgl. 169: M. RUPPS, Helmut Schmidt], kämpfte Schmidt mit Verve gegen die weltwirtschaftlichen Verwerfungen und initiierte dazu in engem Schulterschluss mit dem französischen Präsidenten Giscard d'Estaing die Institutionalisierung von Gipfeltreffen der wichtigsten Industriestaaten. Sein Versuch einer ökonomischen „Globalsteuerung durch Gipfeldiplomatie" spiegelte dem Urteil D. REBENTISCHs zufolge den Wandel der Außenpolitik zur „Weltinnenpolitik" wider [Gipfeldiplomatie und Weltökonomie. Weltwirtschaftliches Krisenmanagement während der Kanzlerschaft Helmut Schmidts 1974–1982, in: AfS 28 (1988) 307–332, 309 u. 325]. Wichtiger als die Geburtsstunde einer neuen Form des kollektiven Krisenmanagements erscheint jedoch die „Entfesselung der Dynamik eines globalen Marktes" [74: H. JAMES, Rambouillet, 14], dem die Weltwirtschaftsgipfel seit der zweiten Erdölkrise 1979 beinahe ohnmächtig gegenüberstanden.

Als weiterer wesentlicher Teil der „kooperativen Gleichgewichtspolitik" Schmidts fungierte die Fortsetzung der Zusammenarbeit mit den Staaten Ost- und Mitteleuropas [299: W. LINK, Ära Schmidt, 428]. Um ein „Versanden der Ostpolitik zu verhindern" [119: S. BIERLING, Außenpolitik, 199], wandte die sozial-liberale Koalition vor allem gegenüber Moskau eine Politik der „Positive Economic Sanctions" an [353: R. NEWNHAM, Diplomacy], mit der sie das bilaterale Verhältnis trotz der sich verschlechternden Rahmenbedingungen konsolidieren, ja festigen konnte. Ein „besonders nachhaltiges (...) Engagement" legte Schmidt Polen gegenüber an den Tag [408: D. BINGEN, Polenpolitik, 325], ohne aber „endgültige oder ewige Lösungen von grundlegenden Problemen" zu erreichen [428: K. MISZCZAK, Deklarationen, 464].

Eine von der Forschung noch nicht vollständig ausgeleuchtete Verbindung besaß die Ostpolitik zur Deutschlandpolitik, ging es der Regierung Schmidt/Genscher dem Urteil D. BINGENs folgend doch bei ihren Kontakten nach Osteuropa stets auch darum, die deutsch-deutschen Beziehungen von Störungen freizuhalten [Realistische Entspannungspolitik: Der mühsame Dialog mit dem Osten – die Bundesrepublik Deutschland und ihre östlichen Nachbarn (1974–1982), in: 154, 155–184]. Um den Preis erheblicher Finanzleistungen zielte die sozial-liberale Koalition in der von H. POTTHOFF so genannten „zweiten Etappe der neuen Deutschlandpolitik" gegenüber der DDR vornehm-

(Marginalien:)

Ökonomie als „Leitidee der Staatsräson"

„Globalsteuerung durch Gipfeldiplomatie"

Fortsetzung der Zusammenarbeit mit den Staaten Ost- und Mitteleuropas

Verbindung zwischen Ostpolitik und Deutschlandpolitik

lich auf „menschliche Erleichterungen und mehr innerdeutsche Kommunikation" [23: Bonn, 125]. Als „Motor und Mittler" agierte dabei Herbert Wehner [Ebd., 38], wohingegen Schmidt erst Anfang der 1980er Jahre engere Kontakte zur SED-Führung knüpfte. Gleichwohl bescheinigte H. POTTHOFF dem Kanzler, „ohne jede Aufgabe westlicher Positionen (...) Verbesserungen erreicht" und mit „Zähigkeit und Einfühlungsvermögen" für die Menschen das Mögliche getan zu haben [165: Schatten, 200 f.]. In den Augen von T. GARTON ASH verkam die sozial-liberale Deutschlandpolitik der Stabilität und Stabilisierung demgegenüber geradezu zum „Zweck" [292: Namen, 271]. „Indem die Détente (...) von einer neuen Konfrontation abgelöst wurde", so bilanzierte W. LINK, „blieb die sozial-liberale Politik auf dem Wege zu einer neuen gesamteuropäischen Friedensordnung stecken" [299: Ära Schmidt, 432].

„Zweite Etappe der neuen Deutschlandpolitik"

Als Spiegelbild der enttäuschten Hoffnungen Bonner Ost- und Deutschlandpolitik darf die Entwicklung der KSZE nach der Unterzeichnung der Schlussakte in Helsinki 1975 gelten. Ob bzw. wie die Bundesregierung, die ihre Vorstellungen in den Verhandlungen hatte „weitgehend" verwirklichen können [289: P. BECKER, KSZE-Politik, 247], nach diesem Scheitelpunkt der Entspannungspolitik versuchte, den KSZE-Prozess in der Nach-Helsinki-Phase [vgl. 77: W. LOTH, Helsinki] aktiv mitzugestalten, ist bisher noch nicht eingehend untersucht worden. Mehr Aufmerksamkeit hat die Forschung der deutschen Haltung in den MBFR-Verhandlungen geschenkt, wobei R. MUTZENS Schuldzuweisung an die Adresse der Bundesregierung, sie habe durch ihren Kurswechsel vom Gleichgewichts- zum Paritätskonzept nicht unmaßgeblich zum Scheitern beigetragen, überzogen wirkt [302: Abrüstung]. Plausibler ist die Rolle der Bundesregierung bei der Entstehung des NATO-Doppelbeschlusses untersucht worden. Wie H. HAFTENDORN 1985 herausgearbeitet hat, kam es unter den vier Westmächten nach der Dislozierung der sowjetischen SS-20-Raketen zu einem „doppelte(n) Mißverständnis": Zum einen wurde Schmidts Londoner Rede vom Oktober 1977 in den USA als Forderung nach rüstungspolitischen Maßnahmen ausgelegt; zum anderen war die spätere Stationierungsentscheidung zunächst nur als „Beruhigungspille für die Europäer" gedacht, erlangte dann aber „eine zwingend erscheinende militärische Rationalität" [Das doppelte Mißverständnis. Zur Vorgeschichte des NATO-Doppelbeschlusses von 1979, in: VfZ 33 (1985) 244–287, 286].

KSZE als Scheitelpunkt der Entspannungspolitik

Schmidts Rolle beim NATO-Doppelbeschluss

Dank eines privilegierten Aktenzugangs konnte L. RÜHL nachweisen, dass die Bundesregierung bereits 1976 eine Modernisierung der westlichen Mittelstreckenwaffen vorgeschlagen hatte, einer Lösung des Disparitätenproblems durch Rüstungskontrolle aber den „Vorrang" einräumte [82: Mittelstreckenwaffen, 225]. S. LAYRITZ verdeutlichte, dass Schmidt von der Position des Verteidigungsministeriums „nicht oder nur am Rande informiert" war, dann aber das Problem mit seiner Londoner Rede in Bonn selbst auf die politische Entscheidungsebene hob [297: NATO-Doppelbeschluß, 378]. Seine Absicht, die nukleare Abschreckung durch die Einbindung des amerikanischen Potenzials in die europäische Verteidigung zu sichern und gleichzeitig den Entspannungsdialog mit der Sowjetunion fortzusetzen, löste in den deutsch-amerikanischen Sicherheitsbeziehungen nach der Regierungsübernahme Carters 1977 massive Spannungen aus [336: E.-C. MEIER, Sicherheitsbeziehungen], die im Streit um die Neutronenwaffe ihren Höhepunkt erreichten und wohl kaum nur als Beginn eines Normalisierungsprozesses nach einem „goldenen Zeitalter" gedeutet werden können [345: K. WIEGREFE, Zerwürfnis, 393].

Als bedeutende Wegmarke auf dem Kurs zum NATO-Doppelbeschluss kennzeichnete die Forschung das Treffen der vier Westmächte auf Guadeloupe Anfang 1979. Denn zum einen stieg die Bundesrepublik durch die Mitwirkung an dieser „Art westliche(m) Direktorium" [299: W. LINK, Ära Schmidt, 428] „in den Kreis der westlichen Großmächte" auf [325: H. DITTGEN, Sicherheitsbeziehungen, 256]. Zum anderen erzielten die dort versammelten Regierungen eine „Übereinstimmung im Grundsatz" einer bedingten Nachrüstung [297: S. LAYRITZ, NATO-Doppelbeschluß, 69]. Die Zurückhaltung des Bundeskanzlers gegenüber dieser Vereinbarung führte B. D. HEEP darauf zurück, dass Schmidt die Verhandlungslösung der Stationierung westlicher Mittelstreckenraketen vorgezogen habe [332: Helmut Schmidt, 132 f.]. Wenn T. RISSE-KAPPEN mit Blick auf den im Dezember endgültig formulierten NATO-Doppelbeschluss eine mangelnde Kompatibilität hinsichtlich der Ziele einer Modernisierung der westlichen Raketen, der „Ankopplung" der europäischen an die transatlantische Nuklearabsicherung und der Rüstungskontrolle [80: Null-Lösung, 77] monierte, übersah er, dass sich die NATO nicht von der Vorstellung eines numerischen Gleichgewichts leiten ließ, sondern von einer Konzeption, „die ein ausreichendes Gegengewicht in Verbindung mit zweckmäßigen flexiblen Optionen zur Ausführung der eigenen Strategie zum Inhalt hatte" [82: L. RÜHL, Mittelstreckenwaffen, 320].

Da der NATO-Doppelbeschluss zwar eine adäquate Antwort auf die sowjetische Aufrüstung lieferte, das deutsch-amerikanische „Sicherheitsdilemma" aber nicht beseitigte [325: H. DITTGEN, Sicherheitsbeziehungen, 257], nahmen die Friktionen in den bilateralen Beziehungen seit dem Regierungsantritt Reagans noch zu. Als „Lordsiegelbewahrer" der Verständigung betätigte sich nun Außenminister Genscher [299: W. LINK, Ära Schmidt, 429], doch konnte auch dieser gewiefte Taktiker der Macht mit seinem Hang zur „Public Diplomacy" [R. KIESSLER, Außenpolitik als „Public Diplomacy" – Hans-Dietrich Genscher, in: 154, 371–386] nicht verhindern, dass sich in der Bundesrepublik eine Friedensbewegung mit latent anti-amerikanischen Zügen entwickelte, ja sogar aus den Regierungsparteien Zulauf bekam. In der SPD führte ein „idealistische(r), Machtpolitik verabscheuende(r) Grundzug" dem Urteil von T. ENDERS dazu [290: SPD, 284 f.], dass sie nun „zu einer Partei von Militärstrategen und Moraltheologen" mutierte [Ebd., 157; widersprechend 300: M. LONGERICH, SPD, 8]. In Übereinstimmung mit jenem Teil der FDP, der Sicherheitspolitik als „außenpolitische Friedensdiktion mit den Hauptkomponenten Ost-, Entspannungs- und Friedenspolitik" begriff [296: A. KRAMER, FDP, 276], deuteten die Sozialdemokraten die Politik des Westens als Gefährdung der Détente, gingen zum Kanzler auf Distanz und untergruben seine innenpolitische Machtbasis.

Im Kontrast zur Ost- und Verteidigungspolitik des Kabinetts Schmidt/Genscher blieb die Europapolitik bislang weitgehend ohne wissenschaftliche Bearbeitung. Dabei gilt es als ausgemacht, dass mit dem Kanzlerwechsel 1974 europapolitisch eine „Zäsur" stattfand, weil die neue Regierung „Kosten-Nutzen-Gesichtspunkte" in den Mittelpunkt ihrer Entscheidungen stellte [145: M. KARAMA, Struktur, 170 u. 167]. In einer quellengestützten Spezialstudie konnte M. SCHULZ den Nachweis erbringen, dass Schmidt seit Beginn seiner Amtszeit die politische Zusammenarbeit Europas als unverzichtbar angesehen, sich aber erst im Zuge des „Wegbrechen(s) der amerikanischen Führung" enger mit dem Einigungsgedanken identifiziert habe. Damit einher ging seines Erachtens die Ablösung der „traditionelle(n) Vorliebe für die Angelsachsen" durch die Präferenz für Frankreich [Vom ‚Atlantiker' zum ‚Europäer'? Helmut Schmidt, deutsche Interessen und die europäische Einigung, in: 148, 185–220, 218].

Einen gewissen Ersatz für die fehlende Gesamtdarstellung zur Europapolitik Schmidts bieten Untersuchungen über sein „Tandem" mit Giscard d'Estaing, dem Urteil H. MIARD-DELACROIXs nach „une des variables déterminant l'intensité de la coopération franco-allemande" [379: Partenaires, 344]. Nicht aus Frankophilie, sondern aus Pragmatismus festigte Schmidt die Entente mit Frankreich, um die „capacité d'action de la RFA" zu vergrößern [Ebd., 340] und die europäischen

Deutsch-amerikanisches „Sicherheitsdilemma"

Aufstieg der Friedensbewegung

Wissenschaftliches Schattendasein der Europapolitik Schmidts

Schmidts „Tandem" mit Giscard d'Estaing

Nationalökonomien gegenüber den weltwirtschaftlichen Turbulenzen zu stärken.

Als größte gemeinsame Leistung darf zweifellos die Schaffung des Europäischen Währungssystems 1978 gelten, das, wie P. LUDLOW akribisch belegt hat, ohne die „crucial role" Schmidts und ohne die „closeness and effectiveness" seiner Kooperation mit Giscard kaum zustande gekommen wäre [102: Making, 290]. Doch abgesehen vom EWS, das nach Meinung von W. LINK vornehmlich als Mittel zur „europäische(n) Gegenmachtbildung zu Amerika" fungierte [299: Ära Schmidt, 425], zugleich aber auch neuen Optimismus in der lahmenden Debatte über die Währungsunion verbreiten sollte [91: K. DYSON/K. FEATHERSTONE, Road, 304], fiel die Bilanz der Europapolitik Schmidts eher bescheiden aus. Der von Genscher 1981 angeregten Initiative zur Wiederbelebung der politischen Einigung stand der Kanzler aufgrund seiner „institutionellen Enthaltsamkeit" distanziert gegenüber [W. LOTH, Deutsche Europapolitik von Helmut Schmidt bis Helmut Kohl, in: 96, 474–488, 480]. Während der Außenminister mit einer Reform des EWG-Vertragssystems die „Euro-Sklerose" zu bekämpfen versuchte, konzentrierte sich der Kanzler bis zur Abwahl Giscard d'Estaings auf eine „allumfassende deutsch-französische Verbindung als Kern eines selbständigeren Europa", deren Wert nach dem Urteil W. LINKs allerdings nicht überbewertet werden darf, da Frankreich, „realistisch betrachtet, nicht an die Stelle der USA treten" konnte [299: Ära Schmidt, 426 u. 427].

Wie die Europapolitik hatte auch die Entwicklungspolitik seit dem Amtsantritt der Regierung Schmidt/Genscher eine von der Forschung bisher vernachlässigte neue Ausrichtung erlebt. Politisch erwachsen und ökonomisch prosperierend, erweiterte die Bundesrepublik ihre Handlungskreise hin zu einer „Dritte-Welt-Politik" [Ebd., 383] und hoffte so, ihr Ansehen zu mehren. Empirische Studien über diese ‚Globalisierung' der Bonner Außenpolitik liegen bisher nicht vor.

12. „Selbstbehauptung durch Selbstbeschränkung" 1982 bis 1989

Da die 1980er Jahre „historiographisch noch kaum Kontur" gewonnen haben [167: A. RÖDDER, Bundesrepublik, 118], nimmt es nicht wunder, dass auch über die Außenpolitik des Kabinetts Kohl/Genscher bislang nur wenig gearbeitet worden ist. Nachdem das Urteil der Forschung zeitweilig vom Verdikt der „Machtvergessenheit" bestimmt war [314: H.-P. Schwarz, Die gezähmten Deutschen], stellte sich mit zunehmender Historisierung ein ausgewogeneres Meinungsbild ein. Es entspricht in etwa dem von W. Link 1989 gezeichneten, der das prägende Element der Kohlschen Außenpolitik in der „aktive(n) Anpassung an die Haupttendenzen der internationalen Politik und Einflußsteigerung mittels internationaler Zusammenarbeit" sah [151: Außenpolitik, 584]. Nur G. Ziebura mochte sich diesem Credo nicht anschließen und warf der Regierung Kohl vor, „eine virtuos praktizierte Form von Außenpolitik-Vermeidung" betrieben zu haben [Eine außenpolitische Bilanz, in: 319, 267–282, 273].

„Machtvergessenheit" der Bundesrepublik?

„Aktive Anpassung an die Haupttendenzen der internationalen Politik"

Als bisher einzige Gesamtdarstellung liegt das große Werk von A. Wirsching vor, der die letzten Jahre der alten Bundesrepublik wohlwollend-kritisch als fundamentalen Epochenwechsel beschrieb [320: Abschied]. Einen von W. Cornides geprägten Begriff aufnehmend [Deutschland im „Regelkreis" der Konferenzdiplomatie. Zum Stand der Genfer Verhandlungen, in: EA 13 (1959) 405–409], wies er der Bundesregierung das „oberste Ziel" zu, aus den drei für sie zentralen „‚Kreisen' ihrer Politik" – der Atlantischen Allianz, der Europäischen Gemeinschaft und der Beziehungen zur Sowjetunion – „einen Regelkreis zu machen" [320: Abschied, 513]. Dabei habe das Kabinett, so ergänzte H. Haftendorn, die von Adenauer geprägte „Methode" des Souveränitätsgewinns durch Souveränitätsverzicht in die neue Strategie der „Selbstbehauptung durch Selbstbeschränkung" umgewandelt [135: Außenpolitik, 442].

A. Wirschings Standardwerk

„Selbstbehauptung durch Selbstbeschränkung"

Die „Wende" des Jahres 1982 lag außenpolitisch „in einem diffusen politischen Licht" [133: C. Hacke, Außenpolitik, 279], markierte sie doch einen „Kurswechsel zum Zweck der Bewahrung von Kontinuität" [146: P. Graf Kielmansegg, Katastrophe, 233 f.]. Mit der Betonung der deutsch-amerikanischen Partnerschaft hoffte Kohl, das „erhebliche wechselseitige Mißtrauen" [320: A. Wirsching, Abschied, 500], das er als Erbe von Schmidt übernommen hatte, beseitigen zu können; von bilateralen Dissonanzen verschont blieb er aber nicht. Ein erster Konflikt ergab sich im Zuge des Erdgas-Röhren-Geschäfts mit der Sowjetunion, den die Bundesregierung am Ende siegreich bestand, weil sie, wie H.-D. Jacobsen darlegte, sich „in ein ökonomisch und politisch begründetes Konzept mehrerer westeuropäischer Länder" einband [333: Ost-West-Wirtschaftsbeziehungen, 297]. Zur Dämpfung des Streits trug wohl auch das klare Bekenntnis der Regierung Kohl/Genscher zum NATO-Doppelbeschluss bei. Gestärkt durch den Sieg bei den Bundestagswahlen 1983, billigte sie nach dem Abbruch der

Erdgas-Röhren-Geschäft mit der Sowjetunion

Bekenntnis zum NATO-Doppelbeschluss

Abrüstungsverhandlungen zwischen den Supermächten die Stationierung der Mittelstreckenwaffen, wobei Kohl hart um den Erhalt der zerfasernden Zustimmung seiner Partei zu ringen hatte [305: T. M. WEBER, Nachrüstung], während Genscher in der FDP geradezu einen „fundamentalen Paradigmenwechsel" durchsetzen musste [296: A. KRAMER, FDP, 270]. Dass es in der Gesellschaft dennoch zu einer „Legitimationskrise nuklearer Abschreckung" kam [303: T. RISSE-KAPPEN, Krise, 218], lag an der „Wende" der SPD [Ebd., 345] und der Entstehung der neuen Partei Die Grünen. Den mitunter erhobenen Vorwurf, die von ihnen unterstützte Friedensbewegung sei von Ost-Berlin und Moskau ferngesteuert worden, wies A. WIRSCHING zurück [320: Abschied, 87], testierte ihr gar als langfristigen Erfolg die nachhaltige Erschütterung der „Rationalität des atomaren Gleichgewichts" [Ebd., 106].

„Legitimationskrise nuklearer Abschreckung"

Dass der Beweis der Bündnistreue die Bundesregierung nicht vor neuen Spannungen zu den USA schützte, belegten die „Konferenz über Vertrauens- und Sicherheitsbildende Maßnahmen in Europa" (KVAE), in der sie als „Schrittmacher" agierte [338: I. PETERS, Konsens, 236], und insbesondere die Strategic Defense Initiative (SDI) von US-Präsident Reagan. Da die Bonner Koalition zwischen rückhaltloser Unterstützung durch die CSU und starker Kritik von Seiten der FDP schwankte, trug sie nur jene Teile von SDI mit, die technologischen und ökonomischen Profit versprachen. Wie T. BENIEN schilderte, wurde der innergouvernementale Zwist nicht unmaßgeblich durch die von Frankreich angeregte European Research Coordination Agency verschärft; während Kohl von einem „komplementären Charakter der beiden Programme" ausging, besaß EUREKA für Genscher „eher eine substitutive Funktion gegenüber SDI" [306: SDI-Entscheidungsprozeß, 101].

„Schrittmacher" der KVAE-Verhandlungen

Innergouvernementaler Zwist über SDI

Ungeachtet des sich in der SDI-Debatte offenbarenden Dissenses standen der Kanzler und der Außenminister einvernehmlich zur transatlantischen Partnerschaft und zielten auch gemeinsam darauf ab, die Bundesrepublik „in einem partnerschaftlich integrierten Europa aufgehen" zu lassen [H.-P. SCHWARZ]. Vor dem Hintergrund wachsenden öffentlichen Unmuts über die Rolle der Bundesrepublik als „Zahlmeister" der EWG hatte Genscher schon vor dem Regierungswechsel 1982 mit der von ihm angestoßenen „Genscher-Colombo-Initiative" dafür plädiert, den Brüsseler „acquis communautaire" vertraglich zusammenzufassen und neue Felder der Kooperation auszukundschaften. Dass die Zündschnur zu der ersten Stufe der von ihm so genannten „Dreistufenrakete" [36: Erinnerungen, 368] nicht verglimmte, lag an der positiven Haltung Kohls, über dessen europapolitische Konfession

„Genscher-Colombo-Initiative"

tiefschürfende Aussagen nur begrenzt möglich sind [vgl. H. J. KÜSTERS, Helmut Kohl: Architekt der europäischen Einigung? Betrachtungen zur Erforschung seiner Europapolitik: 148, 221–237]. Als Hüter der Europapolitik Adenauers schwebte dem Kanzler eine politische Union vor, die er stets im größeren Kontext der atlantischen Allianz sah. Folgt man der These von A. WIRSCHING, waren für den Erfolg der europäischen Einigung indes weniger die persönlichen Überzeugungen der maßgeblichen Akteure denn „ein wirkungsmächtiges historisches *Deutungsmuster*" fundamental, in dessen Zentrum der Mythos von der Selbstrettung Europas nach der Katastrophe des Zweiten Weltkriegs stand [320: Abschied, 541].

> Mythos von der Selbstrettung Europas

In der bisher besten Studie zur Europapolitik Kohls wies E. GADDUM nach, dass die Koalition über kein geschlossenes europapolitisches „Programm" verfügte [311: Europapolitik, 277]. Während die europäische Agrarpolitik „in nationalen Denkstrukturen" verharrte [Ebd., 359], fiel die Währungspolitik „in eine restriktive ökonomistische Position" zurück [Ebd., 360]. Nur in der institutionellen Reformdebatte trat die Bundesregierung als Vorreiter auf.

Gleichwohl kann kein Zweifel bestehen, dass die Bonner Europapolitik dank der 1984 begonnenen „Politik des ausgeprägten Bilateralismus" mit Paris [U. LAPPENKÜPER, Die deutsche Europapolitik zwischen der „Genscher-Colombo-Initiative" und der Verabschiedung der Einheitlichen Europäischen Akte (1981–1986), in: HPM 10 (2003) 275–294, 284] auf dem Weg zur Einheitlichen Europäischen Akte (EEA) eine Schlüsselrolle spielte. Ging es dem Befund T. PEDERSENS nach beiden Regierungen vornehmlich um ein „external balancing" und um „intra-hegemonic rivalry" [380: Germany, 114 u. 115], stand aus der Sicht von A. MORAVCSIK das Streben nach wirtschaftlichem Eigennutz im Vordergrund [105: Choice, 332]. Deshalb besaß die Bundesregierung auch kein ernsthaftes Interesse an einer Vergemeinschaftung der Außenpolitik. Die von Genscher angeregte Reaktivierung der WEU zielte dem Urteil P. SCHELLs nach auf den Aufbau einer den USA ebenbürtigen Allianz ohne „provokative Gegenmachtbildung" [107: Bündnis, 171], beschränkte sich im Ergebnis aber auf eine Reform des prozedural-institutionellen Entscheidungsprozesses.

> Politik des deutsch-französischen Bilateralismus

> Reaktivierung der WEU

Zu den am besten untersuchten Feldern der Außenpolitik der Regierung Kohl gehört ihre Deutschlandpolitik. Aus der Sicht M. ZIMMERs war das deutsch-deutsche Sonderverhältnis von einer „kooperative(n) Symmetrie" bestimmt [322: Interesse, 231], wobei der Kanzler in deutlicher Kontinuität zu Schmidt „auf Wandel durch Annäherung, nicht aber auf die Wiedervereinigung beider deutscher Staaten" hinarbeitete

„Kooperative Symmetrie" im deutsch-deutschen-Sonder-verhältnis?

[Ebd., 234]. In einem mit privilegiertem Aktenzugang verfassten Werk über die internen Entscheidungsprozesse bestätigte K.-R. KORTE diese These, hob aber zugleich hervor, dass Kohl den „normativen Abstand" zur DDR stärker als sein Vorgänger betont und ferner die Einbettung in die europäische Integration nie aus den Augen verloren habe [312: Deutschlandpolitik, 479]. Die implizit herausgestellte Kombination eines „normativen, auf Wiedervereinigung verpflichteten Anspruch(s)

Normativer Anspruch und pragmatische Zusammenarbeit

mit pragmatischer Zusammenarbeit" [320: A. WIRSCHING, Abschied, 599] wurde von P. BENDER [113: „Neue Ostpolitik", 221] in Frage gestellt. Trotz der „greifbaren Erfolge" im Bereich der menschlichen Erleichterungen [133: C. HACKE, Außenpolitik, 309] und des Bewahrens des Zusammengehörigkeitsgefühls der Deutschen merkte H. POTTHOFF außerdem kritisch an, dass die Bundesregierung das Herrschaftssystem der DDR „mittelbar noch stärkte" [22: „Koalition", 23].

Als „dominanter Akteur", aber „nicht als monolithischer Block" trat die Bundesregierung in den vom Wunsch nach „Verständigung und Versöhnung" bestimmten Beziehungen zu Polen auf [421: D. KORGER,

„Verständigung und Versöhnung" in den Beziehungen zu Polen

Polenpolitik, 31 u. 51]. Dass ihr konkrete Fortschritte verwehrt blieben, führte K. MISZCZAK einerseits auf die Einflüsterungen der Vertriebenenverbände und andererseits auf eine „groteske Revanchismus-Kampagne" Polens zurück [428: Deklarationen, 467]. Massiven Anstoß an dem von Bonn in Osteuropa verfolgten Kurs der „Liberalisierung durch Stabilisierung" nahm T. GARTON ASH [292: Namen, 261], dem mehr noch als die Position der CDU/CSU-FDP-Koalition die Haltung der SPD-Opposition ein Dorn im Auge war. Unterstützung erhielt er von F. FISCHER, der nach intensiven Recherchen zu dem Schluss kam, die von Bahr und Brandt verfolgte Konzeption der „Gemeinsamen Sicherheit" sei „ähnlich ruhmlos (…) in sich zusammen(gebrochen) wie diejenigen, denen sie in erster Linie gegolten hatte: den Staatsparteien des Ostblocks" [291: „Interesse", 375].

Höchste Aufmerksamkeit rief in allen Bonner Parteien die abrüstungspolitische Annäherung der Supermächte hervor, die 1987 in das Abkommen über „Intermediate Range Nuclear Forces" (INF) münden

Fallstricke der Abrüstung

sollte. Nachdem die Bundesregierung vergeblich versucht hatte, die Regelungen auf Kurzstreckenwaffen auszudehnen, stellte sich Genscher in der Debatte der NATO über eine „doppelte Null-Lösung" hinter die USA, während Kohl erst zustimmte, als eine „internationale Isolierung" drohte [324: M. BROER, Kurzstreckenwaffen, 152]. Damit bestätigte sich nach Meinung von S. FRÖHLICH einmal mehr, dass der Minister dem Kanzler in der Rüstungskontrollpolitik „eine Nasenlänge voraus" war [309: „Kanzler", 287].

Auch bei der Weigerung der Bundesregierung zur Einführung eines Nachfolgesystems für die Lance-Raketen stand Kohl „unter Genschers Einfluß", was nicht nur einen der „größten Koalitionskräche" dieser Jahre [320: A. WIRSCHING, Abschied, 569], sondern auch eine der ernsthaftesten Krisen in der Geschichte der NATO auslöste. Zur Verschärfung der Dissonanzen führten noch „severe tensions" zwischen den USA und der Bundesrepublik in der Währungspolitik, die dann aber ebenso wie der Streit über die Kurzstreckenwaffen von den weltpolitischen Umbrüchen 1989/90 überlagert wurden [J. C. SPERLING, West German Foreign Economic Policy during the Reagan Administration, in: GSR 13 (1990) 85–109, 89].

Deutsch-amerikanischer Streit über Abrüstungs- und Währungspolitik

Besonderes Gewicht maß die Bundesregierung Ende der 1980er Jahre in der von R. ROLOFF so genannten „II. Détente" der KSZE-Politik zu, die, als „multilaterale Verantwortungspolitik" konzipiert [313: Weg, 9 u. 432], vor allem an die Sowjetunion adressiert war. Mit der Visite Gorbatschows in Bonn 1989 begann in den deutsch-sowjetischen Beziehungen eine neue Lage, die aus der Sicht Moskaus „das Ende der Nachkriegszeit", nicht aber eine Veränderung des Nachkriegsstatus quo bedeutete [359: T. WAGENSOHN, Gorbatschow, 309].

Neue Lage in den deutsch-sowjetischen Beziehungen

Kontinuierlich stabilisiert hatte sich derweil die deutsch-deutsche „Koalition der Vernunft" [22: H. POTTHOFF]. Mit der „faktische(n) Anerkennung der DDR" durch den Besuch Honeckers in Bonn 1987 vollzog die Bundesregierung eine „Zäsur", konnte das Treffen aber zugleich als „großen parteipolitischen Erfolg" verbuchen [133: C. HACKE, Außenpolitik, 308], da es ganz der Strategie Kohls entsprach, „die Teilung erträglicher zu machen und Erleichterungen für die Menschen zu erwirken" [22: H. POTTHOFF, „Koalition", 32].

Honeckers Besuch in Bonn

Als komplementär zur Intensivierung der deutsch-deutschen Beziehungen hatte Kohl seit Beginn seiner Kanzlerschaft die Einigung Europas betrieben. Dass die EG sich nach dem Abschluss der EEA 1986 der Vollendung des Binnenmarkts und der Bildung einer Wirtschafts- und Währungsunion zuwandte, stieß in Bonn jedoch nur bedingt auf Wohlwollen. Während die Vollendung des Binnenmarktes von Kohl entschieden befürwortet wurde, behandelte er das WWU-Thema höchst reserviert. Als „driving force at work" trat Genscher auf den Plan [91: K. DYSON/K. FEATHERSTONE, Road, 368], der dafür sorgte, dass „das integrationspolitische gegenüber dem interessenpolitischen Motiv die Oberhand" gewann [320: A. WIRSCHING, Abschied, 536]. Von einer Aufgabe der nationalen Interessen konnte allerdings nicht die Rede sein [vgl. 316: H. STARK, Helmut Kohl, 430].

Kohls Reserven gegenüber der Wirtschafts- und Währungsunion

Wenngleich die Forschung klar herausgestellt hat, dass die Fortschritte der europäischen Einigung in der Ära Kohl nicht ohne das Wirken der „,Achse' Paris – Bonn" verstanden werden können [320: A.

„,Achse' Paris – Bonn"

WIRSCHING, Abschied, 515], fehlt eine gründliche Studie, wohingegen zu den deutsch-französischen Sicherheitsbeziehungen eine umfangreiche, meist politikwissenschaftliche Literatur erschienen ist, die plausibel erörtert, wieso die verschiedenen Anläufe zu einer bilateralen Sicherheitsgemeinschaft nur begrenzte Erfolge zeitigten [vgl. 377: U. LEIMBACHER, Allianz].

„Nebenaußen-
politik" von Strauß

Zu den außereuropäischen Beziehungen der Regierung Kohl/ Genscher liegt bislang eine Untersuchung über die Südafrikapolitik vor, in der C. WENZEL schildert, wie die „Nebenaußenpolitik" von Strauß den Koalitionsfrieden massiv beeinträchtigte [441: Südafrika-Politik, 218]. Von ähnlichen Motiven getragen, entwickelte sich auch die Entwicklungspolitik zu einem koalitionsinternen Dauerstreit. Denn ungeachtet des parteiübergreifenden Konsenses über die Ziele der „,globale(n) Friedenspolitik'" [R. TETZLAFF, Die entwicklungspolitische Bilanz der Ära Kohl, in: 319, 313–331, 318] versuchte Strauß auch auf diesem Feld, eine „,,bayerische' (…) ,Außenpolitik'" durchzusetzen [320: A. WIRSCHING, Abschied, 575]. Das implizit betonte Spannungsverhältnis von „pragmatische(r) Außenpolitik und normativem Beharren auf menschenrechtlichen Fragen" ist von der Forschung bisher nur rudimentär beleuchtet worden [Ebd., 587].

13. „Sternstunde der Diplomatie": Der Gewinn der deutschen Einheit 1989/90

Mit der Liberalisierung der politisch-gesellschaftlichen Lage in Ost-Mitteleuropa und dem Erstarken einer Opposition in der DDR richtete sich der Fokus der Bonner Außenpolitik seit Herbst 1989 ganz auf die „deutsche Frage". Dank der gezielten Freigabe von Regierungsakten [8: DzD. Deutsche Einheit] und der Veröffentlichung von Selbstzeugnissen maßgeblicher Akteure [vgl. 50: E. BRUCK/P. M. WAGNER, „Zweiplus-Vier"-intern; 63: A. RÖDDER, Staatskunst] kann die Historiographie nur gut fünfzehn Jahre nach der „Revolution der Staatenwelt" [142: K. HILDEBRAND, Außenpolitik, 625] auf eine stattliche Anzahl von weiterführenden Untersuchungen zurückgreifen. Dabei haben sich in der Zeitgeschichtsforschung dem Urteil A. RÖDDERs zufolge zwei komplementäre Lesarten entwickelt, die er als „Bürgerbewegungs-Legende" von der geglückten demokratischen Revolution von unten und

,Bürgerbewegungs-
Legende' versus
,Kaukasus-Legende'

als „Kaukasus-Legende" von der geglückten großen Politik in Deutschland bezeichnete [62: „Durchbruch", 129 u. 128].

Wie sich der revolutionäre Prozess „von unten" und die Durchführung „von oben" zueinander verhielten, bedarf ebenso weiterer Erörterungen wie die kontrovers diskutierte Frage, wem in Bonn nach dem Fall der Berliner Mauer die deutschlandpolitische Führung oblag. Während H. J. KÜSTERS [Entscheidung für die deutsche Einheit. Einführung in die Edition, in: 8, 21–236] oder S. FRÖHLICH [309: „Kanzler", 262–285] in Übereinstimmung mit den Erinnerungen H. KOHLs [40: „Einheit"] bzw. den Tagebuchaufzeichnungen H. TELTSCHIKs [49: 329 Tage] den Bundeskanzler ins Zentrum des Geschehens rückten, betonte K. KAISER [16: Vereinigung] die herausragende Rolle H.-D. GENSCHERs und folgte damit dessen eigenem Rückblick [36] wie auch der Darstellung F. ELBEs und R. KIESSLERs [39: Weg].

Deutschlandpolitische Führung in der Bundesregierung

Dabei kann kein Zweifel darüber bestehen, dass der Kanzler Ende November 1989 mit dem „Meisterstück" des „Zehn-Punkte-Programms" [133: C. HACKE, Außenpolitik, 364] das Gesetz des Handelns an sich riss und nach dem „Schlüsselerlebnis" der Großkundgebung in Dresden [40: H. KOHL, „Einheit", 213] Mitte Dezember den „Abschied von der alten Deutschlandpolitik" vollzog [22: H. POTTHOFF, „Koalition", 40]. Während die Koalition diesen Kurs solidarisch mittrug, setzte in der SPD-Opposition eine Zerreißprobe zwischen der Kooperationsstrategie Willy Brandts und dem Konfrontationskurs Oskar Lafontaines ein, die der Partei ein erhebliches deutschlandpolitisches Glaubwürdigkeits- und Kompetenzproblem bescherte [vgl. 317: D. F. STURM, Uneinig].

Kohls „Zehn-Punkte-Programm"

Als entscheidend für den Erfolg der Marschroute Kohls gilt gemeinhin die enge Abstimmung mit US-Präsident Bush, dem es vor allem darauf ankam, die Wünsche der Deutschen mit den Bedenken der Nachbarn und den Sicherheitsinteressen der Sowjetunion auszutarieren [321: P. ZELIKOW/C. RICE, Sternstunden]. Demgegenüber besaß der Kreml keine kohärente Strategie und war weitgehend dazu verdammt, auf äußere Vorgaben zu reagieren [348: H. ADOMEIT, Overstretch, 574]. Indem Gorbatschow eine von innenpolitischen Zwängen geprägte „Politik der Obstruktion" betrieb und dann zu zaudern begann, beraubte er sich nach Meinung von R. BIERMANN seiner Einflussmöglichkeiten [349: Kreml, 783].

Enge Abstimmung mit Bush

Gorbatschows „Politik der Obstruktion"

Zu einem ähnlichen Urteil gelangte N. HIMMLER mit Blick auf die Haltung von Margaret Thatcher. Fixiert auf die „Bewahrung des Status quo der Nachkriegszeit" [393: Macht, 263], begab sich die Premierministerin seines Erachtens der Chance, im Einigungsprozess eine füh-

Thatcher als Gegne- rin der Einheit

rende Rolle zu spielen. Das pauschale Verdikt, Großbritannien sei der „wahre große Gegner der Einheit" gewesen, erschien K.-R. JACKISCH jedoch als ungerechtfertigt, da Außenminister Douglas Hurd den Kurs Thatchers abgelehnt habe [494: Einheit, 10].

Dem Vorwurf, die Wiedervereinigung nicht gewollt zu haben, sah sich auch Frankreichs Staatspräsident François Mitterrand ausgesetzt, seitdem seine Reisen nach Kiew und Ost-Berlin den Eindruck vermittelt hatten, er wünsche die Teilung aufrechtzuerhalten „ou du moins faire en sorte qu'elle ressemblât davantage à une confédération, permettant à la RDA de conserver son ‚identité'" [87: G.-H. SOUTOU, La

Mitterrands zwielichtige Rolle im Einigungsprozess

guerre, 712]. Gegen diese angebliche „Legende" stellte T. SCHABERT nach Einsicht in ausgewählte Geheimakten des Elysée-Palastes die nicht überzeugende These auf, Mitterrand habe „ein klares und konstruktives Konzept" verfolgt und die Einheit unter bestimmten Rahmenbedingungen gebilligt [381: Weltgeschichte, 11 u. 345].

Wie A. WIRSCHING herausstrich, lag der „Schlüssel" zur Wiedervereinigung Deutschlands freilich weder in Paris noch in London, sondern „anfangs allein in Moskau, später dann auch in Washington" [320: Abschied, 697]. Dementsprechend fielen die zentralen Entscheidungen nicht an der Seine oder der Themse, sondern „im Dreieck Bonn-Washington-Moskau" [167: A. RÖDDER, Bundesrepublik, 100]. Folgt man dem Urteil T. WAGENSOHNS, sah die sowjetische Führung die Vereinigung Deutschlands seit Januar 1990 als „unvermeidlich" an, ohne aber aktiv darauf hinzusteuern [359: Gorbatschow, 310]. Als „entscheidender Durchbruch" darf nach Meinung von A. v. PLATO Gorbatschows Anerkennung des Selbstbestimmungsrechts der Deutschen gegenüber US-Außenminister James Baker Mitte Februar gelten [354: Vereinigung, 275]. Von da an wurde dem „ungeregelten und orientierungslos vagabundierenden Reform- und Einigungsbegehren" der Deutschen durch drei Prozesse „Richtung und Ziel, am Ende auch Form und Gestalt" gegeben [320: A. WIRSCHING, Abschied, 673]: durch die Bildung einer Wirtschafts- und Währungsunion, den Abschluss eines Einigungsvertrags und die „Zwei-plus-Vier"-Gespräche. Auf der letzteren, der internationalen Ebene waren zwei Kardinalprobleme zu bewältigen [318: W. WEIDENFELD, Außenpolitik, 425–615]: die Zugehörigkeit des geeinten Deutschland zur NATO und die Anerkennung der Oder-Neiße-Linie als polnische Westgrenze [436: M. TOMALA, Polen]. Ob die dabei innerhalb der Bundesregierung auftretenden Meinungsunterschiede als Ausdruck einer „Komplementärdiplomatie" einzustufen sind [P. M. WAGNER, Erfolg der Bonner Komplementärdiplomatie. Westdeutsche Vereinigungspolitik im Beziehungsgeflecht mit Washington, Moskau und Paris, in: 308, 25–39], gilt ebenso als umstritten wie die Frage, ob der amerikanisch-sowjetische Gipfel Ende Mai 1990 [321: P. ZELIKOW/C. RICE, Sternstunden, 375] oder das Treffen zwischen Kohl und Gorbatschow im Juli den Wendepunkt im Vereinigungsprozess markierte [318: W. WEIDENFELD, Außenpolitik, 558]. Ob Gorbatschows Nachgiebigkeit als Ergebnis eines deutsch-sowjetischen Tauschhandels „Kredit gegen NATO-Mitgliedschaft" verstanden werden muss, harrt ebenfalls noch der Klärung [354: A. v. PLATO, Vereinigung, 338].

Wenngleich nicht alle alliierten Vorbehaltsrechte aufgehoben wurden, gewann Deutschland mit der Unterzeichnung des „Zwei-Plus-Vier"-Vertrages und dem Inkrafttreten der „Abschließenden Regelung" [vgl. 307: C.-M. BRAND, Souveränität] nach 45 Jahren der Teilung seine nationale Einheit und Souveränität zurück. Allein mit Staatskunst, ohne Instrumentalisierung militärischer Macht, war es in einer „Sternstunde der Diplomatie" [321: P. ZELIKOW/C. RICE] gelungen, den „Eisernen Vorhang" in Deutschland und Europa hochzuziehen. Möglich geworden war dies nur, weil kein Beteiligter als Verlierer vom Verhandlungstisch ging und die Bundesregierung glaubhaft versicherte, „nicht ein deutsches Europa", sondern ein „europäisches Deutschland" anzustreben [36: H.-J. GENSCHER, Erinnerungen, 725].

Mit der Wiedervereinigung 1990 begann für Deutschland und seine Außenpolitik eine neue Zeit. Beim Nachdenken über den von Berlin aus geleiteten auswärtigen Kurs der neuen „Zentralmacht" Europas [315: H.-P. SCHWARZ] sollte die Forschung nicht vergessen, dass die nun abgeschlossene Geschichte der Bonner Außenpolitik keineswegs hinreichend, geschweige denn vollständig bekannt ist. Im Zuge der Erschließung neuer Quellen müssen ihre Kapitel vielmehr kontinuierlich fortgeschrieben und dabei thematisch wie geographisch in Bereiche ausgedehnt werden, die bisher unterbelichtet geblieben sind. Großer **Desiderate der** Anstrengungen bedarf die Beseitigung des generellen Defizits diploma- **Forschung** tiegeschichtlicher Untersuchungen. Ungenügend sind unsere Kenntnisse über die Bonner Afrika-, Asien- und Lateinamerikapolitik. Ferner mangelt es an empirischen Studien über außenpolitische Denkschulen oder über die Rolle der Bundesrepublik in den internationalen Organisationen. Als weitere Forschungsdesiderate gelten historiographische Verhältnisbestimmungen von Außenwirtschafts- bzw. auswärtiger Kulturpolitik und Außenpolitik oder deren Verwebung mit der Dekolonisierung. Für längere Zeit nicht erfüllbar, gleichwohl zentral bleibt der Wunsch nach einer Gesamtdarstellung der Bonner Außenpolitik auf breiter archivalischer Basis.

III. Quellen und Literatur

Wenn nicht anders angegeben, entsprechen die Abkürzungen den Siglen der Historischen Zeitschrift.

ABC-Waffen	atomare, biologische, chemische Waffen
AHK	Alliierte Hohe Kommission/Alliierte Hohe Kommissare
AKP-Staaten	Afrika, Karibik, Pazifik
APuZ	Aus Politik und Zeitgeschichte. Beilage zur Wochenzeitung Das Parlament
BENELUX	Belgien Luxemburg Niederlande
BHE	Bund der Heimatvertriebenen und Entrechteten
CDU	Christlich-Demokratische Union Deutschlands
ČSSR	Československá socialistická republika
CSU	Christlich-Soziale Union
DA	Deutschland Archiv
DDR	Deutsche Demokratische Republik
DP	Deutsche Partei
DzD	Dokumente zur Deutschlandpolitik
EA	Europa-Archiv
EEA	Einheitliche Europäische Akte
EG	Europäische Gemeinschaft
EGKS	Europäische Gemeinschaft für Kohle und Stahl
EPG	Europäische Politische Gemeinschaft
EPZ	Europäische Politische Zusammenarbeit
ERP	European Recovery Program
EU	Europäische Union
EURATOM	Europäische Atomgemeinschaft
EUREKA	European Research Coordination Agency
EVG	Europäische Verteidigungsgemeinschaft
EWG	Europäische Wirtschaftsgemeinschaft
EWS	Europäisches Währungssystem
FDP	Freie Demokratische Partei Deutschlands
FHZ	Europäische Freihandelszone
GATT	General Agreement on Tariffs and Trade
GSR	German Studies Review

HPM	Historisch-Politische Mitteilungen
HZ	Historische Zeitschrift
INF	Intermediate Range Nuclear Forces
JCS	Joint Chiefs of Staff
KSZE	Konferenz für Sicherheit und Zusammenarbeit in Europa
MBFR	Mutual Balanced Force Reduction
MLF	Multilateral Force
NATO	North Atlantic Treaty Organization
ND	Nachdruck
NPG	Nukleare Planungsgruppe der NATO
OEEC	Organization for European Economic Cooperation
RFA	s. DDR
SBZ	Sowjetische Besatzungszone
SDI	Strategic Defense Initiative
SED	Sozialistische Einheitspartei Deutschlands
SNF	Short-range Nuclear Forces
UdSSR	Union der Sozialistischen Sowjetrepubliken
UNO	United Nations Organization
USA	United States of America
WEU	Westeuropäische Union
WWU	Wirtschafts- und Währungsunion
ZParl	Zeitschrift für Parlamentsfragen

A. Gedruckte Quellen

1. Akteneditionen und Dokumentationen

1. Akten zur Auswärtigen Politik der Bundesrepublik Deutschland,
    Bd. 1: Adenauer und die Hohen Kommissare 1949–1951; Bd. 2:
    Adenauer und die Hohen Kommissare 1952, hrsg. im Auftrag des
    Auswärtigen Amts v. H.-P. SCHWARZ in Verbindung mit R. POMME-
    RIN, München/Wien 1989.
2. Akten zur Auswärtigen Politik der Bundesrepublik Deutschland.
    1949/50–1953 und 1963–1976, hrsg. im Auftrag des Auswärtigen
    Amts v. INSTITUT FÜR ZEITGESCHICHTE, München 1994–2007.
3. Außenpolitik der Bundesrepublik Deutschland. Dokumente von
    1949 bis 1994, hrsg. v. R. BETTZUEGE, Köln 1995.

4. Der Auswärtige Ausschuß im Deutschen Bundestag. Sitzungsprotokolle 1949–1953, 2 Halbbde.; Sitzungsprotokolle 1953–1957, 2 Halbbde.; Sitzungsprotokolle 1957–1961, 2 Halbbde.; Sitzungsprotokolle 1961–1965, 2 Halbbde.; Sitzungsprotokolle 1965–1969, 2 Halbbde., hrsg. im Auftrag der Kommission für Geschichte des Parlamentarismus und der politischen Parteien v. K. D. BRACHER/K. HILDEBRAND/R. MORSEY/H.-P. SCHWARZ, Düsseldorf 1998–2006.

5. Die Protokolle des CDU-Bundesvorstands 1950–1953: Adenauer: „Es mußte alles neu gemacht werden, Stuttgart 1986; 1953–1957: Adenauer: „Wir haben wirklich etwas geschaffen"; 1957–1961: Adenauer: „... um den Frieden zu gewinnen"; 1961–1965: Adenauer: „Stetigkeit in der Politik"; 1965–1969: Kiesinger: „Wir leben in einer veränderten Welt", bearb. v. G. BUCHSTAB, Düsseldorf 1990–2005.

6. Die CDU/CSU-Fraktion im Deutschen Bundestag. Sitzungsprotokolle 1949–1953; Sitzungsprotokolle 1953–1957, 2 Halbbde.; Sitzungsprotokolle 1957–1961, 2 Teilbde.; Sitzungsprotokolle 1961–1966, 4 Teilbde., hrsg. im Auftrag der Kommission für Geschichte des Parlamentarismus und der politischen Parteien v. K. D. BRACHER/K. HILDEBRAND/R. MORSEY/H.-P. SCHWARZ, Düsseldorf 1998–2004.

7. Dokumente zur Deutschlandpolitik, II. Reihe: 9. 5. 1945 bis 4. 5. 1955, hrsg. v. BUNDESMINISTERIUM DES INNERN/BUNDESARCHIV, bisher 4 Bde., München 1992–2003; III. Reihe: 5. 5. 1955 bis 9. 11. 1958, hrsg. v. BUNDESMINISTERIUM FÜR GESAMTDEUTSCHE FRAGEN, 4 Bde., Frankfurt am Main/Berlin 1961–1969; IV. Reihe: 10. 11. 1958 bis 30. 11. 1966, hrsg. v. BUNDESMINISTERIUM FÜR INNERDEUTSCHE BEZIEHUNGEN, 12 Bde., Frankfurt am Main/Berlin 1971–1981; V. Reihe: 1. 12. 1966 bis 20. 10. 1969, 2 Bde., Frankfurt am Main 1984–1987; VI. Reihe: 21. 10. 1969 bis 30. 9. 1982, hrsg. v. BUNDESMINISTERIUM DES INNERN/BUNDESARCHIV, bisher 3 Bde., München 2002–2005.

8. Dokumente zur Deutschlandpolitik. Deutsche Einheit, Sonderedition aus den Akten des Bundeskanzleramtes 1989/90, hrsg. v. BUNDESMINISTERIUM DES INNERN unter Mitwirkung des BUNDESARCHIVS, München 1998.

9. Europa. Dokumente zur Frage der europäischen Einigung, hrsg. v. FORSCHUNGSINSTITUT DER DEUTSCHEN GESELLSCHAFT FÜR AUSWÄRTIGE POLITIK, 3 Teilbde., München 1962.

10. FDP-Bundesvorstand: Die Liberalen unter dem Vorsitz von Theo-

dor Heuss und Franz Blücher. Sitzungsprotokolle 1949–1954, 2 Halbbde.; Die Liberalen unter dem Vorsitz von Thomas Dehler und Reinhold Maier. Sitzungsprotokolle 1954–1960; Die Liberalen unter dem Vorsitz von Erich Mende. Sitzungsprotokolle 1960–1967, hrsg. im Auftrag der Kommission für Geschichte des Parlamentarismus und der politischen Parteien v. K. D. BRACHER/ R. MORSEY/H.-P. SCHWARZ, Düsseldorf 1990–1993.

11. C. GASTEYGER, Europa zwischen Spaltung und Einigung. Darstellung und Dokumentation 1945–2005, überarb. Neuaufl., Bonn 2005.

12. Der Gesamtdeutsche Ausschuß. Sitzungsprotokolle des Ausschusses für gesamtdeutsche Fragen des Deutschen Bundestages 1949–1953, hrsg. im Auftrag der Kommission für Geschichte des Parlamentarismus und der politischen Parteien v. K. D. BRACHER/ R. MORSEY/H.-P. SCHWARZ, Düsseldorf 1998.

13. H.-A. JACOBSEN/M. TOMALA (Hrsg.), Bonn – Warschau 1945– 1991. Die deutsch-polnischen Beziehungen. Analyse und Dokumentation, Köln 1992.

14. Y. A. JELINEK (Hrsg.), Zwischen Moral und Realpolitik. Deutsch-israelische Beziehungen 1945–1965. Eine Dokumentensammlung, Gerlingen 1997.

15. Die Kabinettsprotokolle der Bundesregierung, Bd. 1–6: 1949, 1950, 1950/II, 1951, 1952, 1953, hrsg. v. H. BOOMS, Boppard am Rhein 1982–1989; Bd. 7–9: 1954, 1955, 1956, hrsg. v. F. P. KAHLENBERG, Boppard am Rhein 1993–1998; Bd. 10–16: 1957, 1958, 1959, 1960, 1961, 1962, 1963, hrsg. v. H. WEBER, München 2000– 2006.

16. K. KAISER, Deutschlands Vereinigung. Die internationalen Aspekte. Mit den wichtigsten Dokumenten, Bergisch-Gladbach 1991.

17. H. LADEMACHER/W. MÜHLHAUSEN (Hrsg.), Sicherheit, Kontrolle, Souveränität. Das Petersberger Abkommen vom 22. November 1949. Eine Dokumentation, Melsungen 1985.

18. M. LEUTNER (Hrsg.), Bundesrepublik Deutschland und China 1949 bis 1995. Politik – Wirtschaft – Wissenschaft – Kultur. Eine Quellensammlung, Berlin 1995.

19. B. MEISSNER (Hrsg.), Moskau Bonn. Die Beziehungen zwischen der Sowjetunion und der Bundesrepublik Deutschland 1955– 1973. Dokumentation, 2 Bde., Köln 1975.

20. DERS. (Hrsg.), Die deutsche Ostpolitik 1961–1970. Kontinuität und Wandel. Dokumentation, Köln 1970.

21. H. Möller/K. Hildebrand (Hrsg.), Die Bundesrepublik Deutschland und Frankreich: Dokumente 1949–1963, Bd. 1 Außenpolitik und Diplomatie; Bd. 2 Wirtschaft; Bd. 3 Parteien, Öffentlichkeit, Kultur; Bd. 4 Materialien, Register, Bibliographien (Erschließungsband), München 1997–1999.

22. H. Potthoff, Die „Koalition der Vernunft". Deutschlandpolitik in den 80er Jahren, München 1995.

23. Ders., Bonn und Ost-Berlin 1969–1982 – Dialog auf höchster Ebene und vertrauliche Kanäle. Darstellung und Dokumente, Bonn 1997.

24. K. v. Schubert (Hrsg.), Sicherheitspolitik der Bundesrepublik Deutschland. Dokumentation 1945–1977, 2 Bde., Bonn 1978–1979.

25. Die SPD-Fraktion im Deutschen Bundestag. Sitzungsprotokolle 1949–1957, 2 Halbbde.; Sitzungsprotokolle 1957–1961; Sitzungsprotokolle 1961–1966, 2 Halbbde., hrsg. im Auftrag der Kommission für Geschichte des Parlamentarismus und der politischen Parteien v. K. D. Bracher/R. Morsey/H.-P. Schwarz, Düsseldorf 1993.

26. R. Vogel (Hrsg.), Der deutsch-israelische Dialog. Dokumentation eines erregenden Kapitels deutscher Außenpolitik, 8 Bde., München u. a. 1987–1990.

2. Persönliche Quellen

27. K. Adenauer, Briefe 1945–1947, 1947–1949, 1949–1951, 1951–1953, 1953–1955, 1955–1957, 1957–1959, Berlin 1983–2000; 1959–1961, 1961–1963, bearb. v. H. P. Mensing, Paderborn u. a. 2004 u. 2006.

28. Ders., Erinnerungen 1945–1953, 1953–1955, 1955–1959, 1959–1963. Fragmente, Stuttgart 1965–1968.

29. Ders., Teegespräche 1950–1954, 1955–1958, 1959–1961, bearb. v. H. J. Küsters; 1961–1963, bearb. v. H. P. Mensing, Berlin 1984–1992.

30. E. Bahr, Zu meiner Zeit, 2. Aufl. München 1996.

31. A. Baring (Hrsg.), Sehr verehrter Herr Bundeskanzler! Heinrich von Brentano im Briefwechsel mit Konrad Adenauer 1949–1964, Hamburg 1974.

32. H. Blankenhorn, Verständnis und Verständigung. Blätter eines

politischen Tagebuchs 1949 bis 1979, Frankfurt am Main/Berlin/ Wien 1980.

33. W. BRANDT, Berliner Ausgabe, Bd. 3: Berlin bleibt frei. Politik in und für Berlin 1947–1966; Bd. 6: Ein Volk der guten Nachbarn. Außen- und Deutschlandpolitik 1966–1974; Bd. 8: Über Europa hinaus. Dritte Welt und Sozialistische Internationale; Bd. 9: Die Entspannung unzerstörbar machen. Internationale Beziehungen und deutsche Frage 1974–1982, hrsg. im Auftrag der Willy-Brandt-Stiftung v. H. GREBING/G. SCHÖLLGEN/H. A. WINKLER, Bonn 2003–2006.

34. DERS., Erinnerungen. Mit den „Notizen zum Fall G". Erweiterte Ausgabe, Berlin/Frankfurt am Main 1994.

35. K. CARSTENS, Erinnerungen und Erfahrungen, hrsg. v. K. v. JENA/ R. SCHMOECKEL, Boppard am Rhein 1993.

36. H.-D. GENSCHER, Erinnerungen, Berlin 1995.

37. W. G. GREWE, Rückblenden 1976–1951. Aufzeichnungen eines Augenzeugen deutscher Außenpolitik von Adenauer bis Schmidt, Frankfurt am Main/Berlin/Wien 1979.

38. J. KAISER, Wir haben Brücke zu sein. Reden. Äußerungen und Aufsätze zur Deutschlandpolitik, hrsg. v. C. HACKE, Köln 1988.

39. R. KIESSLER/F. ELBE, Der diplomatische Weg zur deutschen Einheit, Taschenbuchausgabe, Frankfurt am Main 1996.

40. H. KOHL, „Ich wollte Deutschlands Einheit". Dargestellt v. K. DIEKMANN/R. G. REUTH, Berlin 1996.

41. DERS., Erinnerungen 1930–1982, 1982–1990, München 2004/ 2005.

42. H. KRONE, Tagebücher. Bd. 1: 1945–1961; Bd. 2: 1961–1966, bearb. v. H.-O. KLEINMANN, Düsseldorf 1995/2003.

43. H. OSTERHELD, Außenpolitik unter Bundeskanzler Ludwig Erhard 1963–1966. Ein dokumentarischer Bericht aus dem Kanzleramt, Düsseldorf 1993.

44. DERS., „Ich gehe nicht leichten Herzens …". Adenauers letzte Kanzlerjahre – ein dokumentarischer Bericht, Mainz 1986.

45. H. SCHMIDT, Menschen und Mächte; Die Deutschen und ihre Nachbarn. Menschen und Mächte II, Berlin 1987/1990.

46. DERS., Strategie des Gleichgewichts. Deutsche Friedenspolitik und die Weltmächte, Stuttgart 1969.

47. DERS., Weggefährten. Erinnerungen und Reflexionen, Berlin 1996.

48. K. SCHUMACHER, Reden – Schriften – Korrespondenzen 1945–1952, hrsg. v. W. ALBRECHT, Berlin/Bonn 1985.

49. H. TELTSCHIK, 329 Tage. Innenansichten der Einigung, Berlin 1991.

B. Literatur

1. Forschungs- und Literaturberichte

50. E. Bruck/P. M. Wagner, „Zwei-plus-Vier"-intern. Die internationalen Aspekte des Vereinigungsprozesses aus der Sicht der Akteure – ein Literaturbericht, in: 308, 153–181.

51. E. Conze, „Moderne Politikgeschichte". Aporien einer Kontroverse, in: 79, 19–30.

52. A. Doering-Manteuffel (Hrsg.), Adenauerzeit. Stand, Perspektiven und methodische Aufgaben der Zeitgeschichtsforschung (1945–1967), Bonn 1993.

53. Ders., Entwicklungslinien und Fragehorizonte in der Erforschung der Nachkriegszeit, in: 52, 6–30.

54. Ders., Deutsche Zeitgeschichte nach 1945. Entwicklungen und Problemlagen der historischen Forschung zur Nachkriegsgezeit, in: VfZ 41 (1993) 1–29.

55. H. Grieser, Literaturbericht Deutsche Geschichte seit 1945, in: GWU 32 (1981) 372–390, 437–453, 506–520; 34 (1983) 785–804; 35 (1984) 38–64, 97–120, 159–188, 240–262; 40 (1989) 36–64, 96–125, 171–190.

56. K. Hildebrand, Geschichte oder „Gesellschaftsgeschichte"? Die Notwendigkeit einer politischen Geschichtsschreibung von den internationalen Beziehungen, in: HZ 223 (1976) 328–357.

57. H. G. Hockerts, Zeitgeschichte in Deutschland. Begriff, Methoden, Themenfelder, in: HJb 113 (1993) 98–127.

58. K. Kellmann, Literaturbericht Deutsche Geschichte seit 1945, in: GWU 36 (1985) 582–598, 662–668; 37 (1986) 49–63, 120–130; 40 (1989) 353–381; 44 (1993) 243–269.

59. U. Lappenküper, Neue Quellen und Forschungen zu den deutschfranzösischen Beziehungen zwischen „Erbfeindschaft" und „Entente élémentaire" (1944–1963) und ihren internationalen Rahmenbedingungen, in: FRANCIA 24/3 (1997) 133–151.

60. R. Marcowitz, Idealistische Aussöhnung oder realistisches Machtkalkül? Eine (Forschungs-)Bilanz der Frankreichpolitik Konrad Adenauers 1949–1963, in: 384, 14–39.

61. R. Morsey, Zum Verlauf und Stand der Adenauer-Forschung, in: H. Kohl (Hrsg.), Konrad Adenauer 1876/1976, Stuttgart/Zürich 1976, 121–128.

62. A. Rödder, „Durchbruch im Kaukasus"? Die deutsche Wiedervereinigung und die Zeitgeschichtsschreibung, in: Jahrbuch des Historischen Kollegs 2002, 113–140.

63. Ders., Staatskunst statt Kriegshandwerk. Probleme der deutschen Vereinigung von 1990 in internationaler Perspektive, in: HJb 118 (1998) 223–260.

64. H.-P. Schwarz, Wo steht die Geschichtsschreibung über die Bundesrepublik? Ist ein Paradigmenwechsel angezeigt?, in: HPM 13 (2006) 1–23.

65. U. Wengst, Literaturbericht Deutsche Geschichte nach 1945, in: GWU 47 (1996) 559–569, 620–639; 50 (1999) 482–497, 563–569, 634–644; 54 (2003) 355–376; 58 (2007) 60–66, 123–137, 195–210, 271–282, 345–364.

66. E. Wolfrum, Französische Besatzungspolitik in Deutschland nach 1945. Neuere Forschungen über die „vergessene Zone", in: NPL 35 (1990) 50–62.

2. Zur Geschichte der internationalen Beziehungen und des Ost-West-Konflikts

67. E. Conze/U. Lappenküper/G. Müller (Hrsg.), Geschichte der internationalen Beziehungen. Erneuerung und Erweiterung einer historischen Disziplin, Köln/Weimar/Wien 2004.

68. J. Dülffer, Europa im Ost-West-Konflikt 1945–1991, München 2004.

69. W. Elz/S. Neitzel (Hrsg.), Internationale Beziehungen im 19. und 20. Jahrhundert. Festschrift für Winfried Baumgart zum 65. Geburtstag, Paderborn u. a. 2003.

70. J. L. Gaddis, We Now Know. Rethinking Cold War History, Oxford 1998.

71. Ders., The Long Peace. Inquiries Into the History of the Cold War, New York/Oxford 1987.

72. H. Haftendorn, Kernwaffen und die Glaubwürdigkeit der Allianz. Die NATO-Krise von 1966/67, Baden-Baden 1994.

73. F. Halliday, The Making of the Second Cold War, 4. Aufl. London/New York 1993.

74. H. James, Rambouillet, 15. November 1975. Die Globalisierung der Wirtschaft, München 1997.

75. H. A. Kissinger, Die Vernunft der Nationen. Über das Wesen der Außenpolitik, Berlin 1994.

76. W. Link, Der Ost-West-Konflikt. Die Organisation der internationalen Beziehungen im 20. Jahrhundert, 2., überarb. u. erw. Aufl. Stuttgart 1988.

77. W. Loth, Helsinki, 1. August 1975. Entspannung und Abrüstung, München 1998.

78. Ders./J. Osterhammel (Hrsg.), Internationale Geschichte. Themen – Ergebnisse – Aussichten, München 2000.

79. G. Müller (Hrsg.), Deutschland und der Westen. Internationale Beziehungen im 20. Jahrhundert, Festschrift für Klaus Schwabe zum 65. Geburtstag, Stuttgart 1998.

80. T. Risse-Kappen, Null-Lösung. Entscheidungsprozesse zu den Mittelstreckenwaffen 1970–1987, Frankfurt am Main/New York 1988.

81. M. Roth, Westliches Konzessionsverhalten in der Ost-West-Auseinandersetzung. Berlin-Frage, Deutschland-Frage, Europäische Sicherheit, Frankfurt am Main u. a. 1993.

82. L. Rühl, Mittelstreckenraketen in Europa. Ihre Bedeutung in Strategie, Rüstungskontrolle und Bündnispolitik, Baden-Baden 1987.

83. G. Schmidt (Hrsg.), A History of NATO – The First Fifty Years, 3 Bde., Basingstoke/New York 2001.

84. Ders. (Hrsg.), Ost-West-Beziehungen. Konfrontation und Détente 1945–1989, 3 Bde., Bochum 1993/1995.

85. Ders., Strukturen des „Kalten Krieges" im Wandel, in: V. Mastny/Ders., Konfrontationsmuster des Kalten Krieges 1946 bis 1956, München 2003, 1–380.

86. S. Schrafstetter/S. Twigge, Avoiding Armageddon. Europe, the United States, and the Struggle for Nuclear Nonproliferation, 1945–1970, Westport/London 2004.

87. G.-H. Soutou, La guerre de Cinquante ans. Les relations Est – Ouest 1943–1990, Paris 2001.

88. M. Trachtenberg (Hrsg.), Between Empire and Alliance. America and Europe During the Cold War, Lanham u. a. 2003.

89. Ders., History and Strategy, Princeton 1991.

3. Zur Geschichte Europas und der europäischen Einigung

90. T. Cabalo, Politische Union Europas 1956–1963, Köln 1999.
91. K. Dyson/K. Featherstone, The Road to Maastricht. Negotiating Economic and Monetary Union, Oxford 1999.
92. H. v. der Groeben, Aufbaujahre der Europäischen Gemeinschaft. Das Ringen um den Gemeinsamen Markt und die Politische Union (1958–1966), Baden-Baden 1982.
93. S.-R. Kim, Der Fehlschlag des ersten Versuchs zu einer politischen Integration Westeuropas von 1951 bis 1954, Frankfurt am Main u. a. 2000.
94. M. Kipping, Zwischen Kartellen und Konkurrenz. Der Schuman-Plan und die Ursprünge der europäischen Einigung 1944–1952, Berlin 1996.
95. F. Knipping, Rom, 25. März 1957. Die Einigung Europas, München 2004.
96. Ders./M. Schönwald (Hrsg.), Aufbruch zum Europa der zweiten Generation. Die europäische Einigung 1969–1984, Trier 2004.
97. E. Kramer, Europäisches oder atlantisches Europa? Kontinuität und Wandel in den Verhandlungen über eine politische Union 1958–1970, Baden-Baden 2003.
98. D. Krüger, Sicherheit durch Integration? Die wirtschaftliche und politische Integration Westeuropas 1947 bis 1957/58, München 2003.
99. H. J. Küsters, Die Gründung der Europäischen Wirtschaftsgemeinschaft, Baden-Baden 1982.
100. W. Lipgens, Die Anfänge der europäischen Einigungspolitik 1945–1950, Erster Teil: 1945–1947, Stuttgart 1977.
101. W. Loth (Hrsg.), Crises and Compromises: The European Project 1963–1969, Baden-Baden/Brüssel 2001.
102. P. Ludlow, The Making of the European Monetary System. A case study of the politics of the European Community, London u. a. 1982.
103. G. Lundestad, The United States and Western Europe since 1945. From „Empire“ by Invitation to Transatlantic Drift, Oxford 2003.
104. A. S. Milward, The European Rescue of the Nation-State, London 1992.
105. A. Moravcsik, The Choice for Europe. Social Purpose and State Power from Messina to Maastricht, London 1999.

106. R. POIDEVIN (Hrsg.), Histoire des débuts de la construction européenne (Mars 1948-Mai 1950), Origins of the European integration (March 1948-May 1950). Actes du colloque de Strasbourg
28–30 novembre 1984, Brüssel u. a. 1986.

107. P. SCHELL, Bündnis im Schatten. Die Westeuropäische Union in
den 80er Jahren, Bonn/Berlin 1991.

108. K. SCHWABE (Hrsg.), Die Anfänge des Schuman-Plans 1950/51,
The Beginnings of the Schuman-Plan. Beiträge des Kolloquiums
in Aachen, 28. bis 30. Mai 1986, Contributions to the Symposium
in Aachen, May 28–30, 1986, Baden-Baden 1988.

109. E. SERRA (Hrsg.), Il rilancio dell'Europa e i Trattati di Roma.
Actes du colloque de Rome 25–28 Mars 1987, Brüssel u. a.
1989.

110. M. TRACHTENBERG, A Constructed Peace. The Making of the European Settlement, 1945–1963, Princeton 1999.

111. P. WEILEMANN, Die Anfänge der Europäischen Atomgemeinschaft. Zur Gründungsgeschichte von EURATOM 1955–1957,
Baden-Baden 1983.

112. A. WILKENS (Hrsg.), Le Plan Schuman dans l'Histoire. Intérêts
nationaux et projet européen, Brüssel 2004.

4. Allgemeine Darstellungen zur Geschichte der Bundesrepublik Deutschland und ihrer Außenpolitik

113. H. W. BAADE, Das Verhältnis von Parlament und Regierung im
Bereich der auswärtigen Gewalt der Bundesrepublik Deutschland. Studien über den Einfluß des auswärtigen Beziehungen auf
die innerstaatliche Verfassungsentwicklung, Hamburg 1962.

114. T. BANCHOFF, The German Problem Transformed. Institutions, Politics, and Foreign Policy, 1945–1995, Ann Arbor 1999.

115. J. BELLERS, Außenwirtschaftspolitik der Bundesrepublik Deutschland 1949–1989, Münster 1990.

116. P. BENDER, Die „Neue Ostpolitik" und ihre Folgen. Vom Mauerbau zur Vereinigung, München 1995 (zuerst 1986).

117. H.-J. BERG, Der Verteidigungsausschuß des Deutschen Bundestages. Kontrollorgan zwischen Macht und Ohnmacht, München
1982.

118. W. BESSON, Die Außenpolitik der Bundesrepublik. Erfahrungen
und Maßstäbe, München 1970.

119. S. Bierling, Die Außenpolitik der Bundesrepublik Deutschland. Normen, Akteure, Entscheidungen, München/Wien 1999.
120. G. Buchstab/P. Gassert/P. T. Lang (Hrsg.), Kurt Georg Kiesinger 1904–1988. Von Ebingen ins Kanzleramt, Freiburg/Basel/Wien 2005.
121. K. W. Deutsch/L. J. Edinger, Germany Rejoins the Powers. Mass Opinion, Interest Groups, and Elites in Contemporary German Foreign Policy, Stanford 1959.
122. W. Dobler, Außenpolitik und öffentliche Meinung. Determinanten und politische Wirkungen außenpolitischer Einstellungen in den USA und der Bundesrepublik, Frankfurt am Main 1989.
123. T. Enders, Franz Josef Strauß – Helmut Schmidt und die Doktrin der Abschreckung, Koblenz 1984.
124. U. Fastenrath, Kompetenzverteilung im Bereich der auswärtigen Gewalt, München 1986.
125. S. Finger, Franz Josef Strauß. Ein politisches Leben, München 2005.
126. A. Gallus, Die Neutralisten. Verfechter eines vereinten Deutschland zwischen Ost und West 1945–1990, Düsseldorf 2001.
127. P. Gassert, Kurt Georg Kiesinger 1904–1988. Kanzler zwischen den Zeiten, München 2006.
128. C. M. Gladis, Alliierte Wiedervereinigungsmodelle für das geteilte Deutschland, Frankfurt am Main u. a. 1990.
129. C. Goschler, Schuld und Schulden. Die Politik der Wiedergutmachung für NS-Verfolgte seit 1945, Göttingen 2005.
130. W. G. Grewe, Deutsche Außenpolitik der Nachkriegszeit, Stuttgart 1960.
131. W. E. Griffith, Die Ostpolitik der Bundesrepublik Deutschland, Stuttgart 1981.
132. D. Groh/P. Brandt, „Vaterlandslose Gesellen". Sozialdemokratie und Nation 1860–1990, München 1992.
133. C. Hacke, Die Außenpolitik der Bundesrepublik Deutschland. Von Konrad Adenauer bis Gerhard Schröder, Frankfurt am Main/Berlin 2003 (zuerst 1988).
134. H. Haftendorn, Abrüstungs- und Entspannungspolitik zwischen Sicherheitsbefriedigung und Friedenssicherung. Zur Außenpolitik der BRD 1955–1973, Düsseldorf 1974.
135. Dies., Deutsche Außenpolitik zwischen Selbstbeschränkung und Selbstbehauptung 1945–2000, Stuttgart/München 2001.
136. Dies./W.-D. Karl/J. Krause/L. Wilker (Hrsg.), Verwaltete Außenpolitik. Sicherheits- und entspannungspolitische Entscheidungsprozesse in Bonn, Köln 1978.

137. Dies./H. Riecke (Hrsg.), „… die volle Macht eines souveränen Staates …". Die Alliierten Vorbehaltsrechte als Rahmenbedingung westdeutscher Außenpolitik 1949–1990, Baden-Baden 1996.

138. W. F. Hanrieder, Deutschland, Europa, Amerika. Die Außenpolitik der Bundesrepublik Deutschland 1949–1989, 2., überarb. u. erw. Aufl., Paderborn u. a. 1995 (zuerst 1989).

139. M. Heintzen, Private Außenpolitik. Eine Typologie der grenzüberschreitenden Aktivitäten gesellschaftlicher Kräfte und ihres Verhältnisses zur staatlichen Außenpolitik, Baden-Baden 1989.

140. V. Hentschel, Ludwig Erhard. Ein Politikerleben, München/Landsberg am Lech 1996.

141. L. Herbst/C. Goschler (Hrsg.), Wiedergutmachung in der Bundesrepublik Deutschland, München 1989.

142. K. Hildebrand, Die Außenpolitik der Bundesrepublik Deutschland 1949–1989, in: GWU 45 (1994) 611–625.

143. Ders., Integration und Souveränität. Die Außenpolitik der Bundesrepublik Deutschland 1949–1982, Bonn 1991.

144. A. Hillgruber, Deutsche Geschichte 1945–1986, 8., unv. Aufl. Stuttgart/Berlin/Köln 1995 (zuerst 1965).

145. M. Karama, Struktur und Wandel der Legitimationsideen deutscher Europapolitik, Bonn 2001.

146. P. Graf Kielmansegg, Nach der Katastrophe. Eine Geschichte des geteilten Deutschland, Berlin 2000.

147. H. Köhler, Adenauer. Eine politische Biographie, Frankfurt am Main/Berlin 1994.

148. M. König/M. Schulz (Hrsg.), Die Bundesrepublik Deutschland und die europäische Einigung 1949–2000. Politische Akteure, gesellschaftliche Kräfte und internationale Erfahrungen, Festschrift für Wolf D. Gruner zum 60. Geburtstag, Stuttgart 2004.

149. M. Küntzel, Bonn und die Bombe. Deutsche Atomwaffenpolitik von Adenauer bis Brandt, Frankfurt am Main/New York 1992.

150. H. J. Küsters, Der Integrationsfriede. Viermächte-Verhandlungen über die Friedensregelung mit Deutschland 1945–1990, München 2000.

151. W. Link, Die Außenpolitik und internationale Einordnung der Bundesrepublik Deutschland, in: 182, 571–588.

152. R. Löwenthal, Vom Kalten Krieg zur Ostpolitik, in: 153, 604–699.

153. Ders./H.-P. Schwarz (Hrsg.), Die Zweite Republik. 25 Jahre Bundesrepublik Deutschland – eine Bilanz, Stuttgart 1974.

154. H.-D. Lucas (Hrsg.), Genscher, Deutschland und Europa, Baden-Baden 2002.
155. E. Majonica, Deutsche Außenpolitik. Probleme und Entscheidungen, Stuttgart 1965.
156. P. Merseburger, Willy Brandt 1913–1992. Visionär und Realist, Stuttgart/München 2002.
157. C. Meyer, Herbert Wehner. Eine Biographie, München 2006.
158. A. C. Mierzejewski, Ludwig Erhard. Der Wegbereiter der Sozialen Marktwirtschaft. Biographie, Berlin 2004.
159. R. Morsey, Die Bundesrepublik Deutschland. Entstehung und Entwicklung bis 1969, 5. Aufl., München 2007.
160. H. Müller-Roschach, Die Deutsche Europapolitik 1949–1977. Eine politische Chronik, Bonn 1980.
161. K. Niclauss, Kanzlerdemokratie. Regierungsführung von Konrad Adenauer bis Gerhard Schröder, 2., überarb. u. erw. Aufl. Paderborn u. a. 2004.
162. P. Noack, Die Außenpolitik der Bundesrepublik Deutschland, 2., überarb. u. erw. Aufl. Stuttgart u. a. 1981 (zuerst 1972).
163. T. Oppelland, Gerhard Schröder (1910–1989). Politik zwischen Staat, Partei und Konfession, Düsseldorf 2002.
164. G. Patz, Parlamentarische Kontrolle der Außenpolitik. Fallstudien zur politischen Bedeutung des Auswärtigen Ausschusses des Deutschen Bundestages, Meisenheim am Glan 1976.
165. H. Potthoff, Im Schatten der Mauer. Deutschlandpolitik 1961 bis 1990, Berlin 1999.
166. N. Reinke, Geschichte der deutschen Raumfahrtpolitik. Konzepte, Einflußfaktoren und Interdependenzen 1923–2002, München 2004.
167. A. Rödder, Die Bundesrepublik Deutschland 1969–1990, München 2004.
168. R. Roth, Parteiensystem und Außenpolitik. Zur Bedeutung des Parteiensystems für den außenpolitischen Entscheidungsprozeß in der BRD, Meisenheim am Glan 1973.
169. M. Rupps, Helmut Schmidt. Politikverständnis und geistige Grundlagen, Bonn 1997.
170. W. Scheel (Hrsg.), Nach dreißig Jahren. Die Bundesrepublik Deutschland – Vergangenheit, Gegenwart, Zukunft, Stuttgart 1979.
171. M. Schmidt, Die FDP und die deutsche Frage 1949–1990, Hamburg 1995.
172. G. Schöllgen, Die Außenpolitik der Bundesrepublik Deutschland. Von den Anfängen bis zur Gegenwart, München 1999.

173. H.-P. Schwarz, Adenauer. Bd. 1: Der Aufstieg. 1876–1952; Bd. 2: Der Staatsmann. 1952–1967, Stuttgart 1986/1991.

174. Ders., Die Bundesregierung und die auswärtigen Beziehungen, in: 175, 43–112.

175. Ders. (Hrsg.), Handbuch der deutschen Außenpolitik, 2. Aufl. München 1976.

176. G. Schweigler, Grundlagen der außenpolitischen Orientierungen der Bundesrepublik Deutschland. Rahmenbedingungen, Motive, Einstellungen, Baden-Baden 1985.

177. H. Soell, Helmut Schmidt 1918–1969. Vernunft und Leidenschaft, München 2003.

178. M. Stickler, „Ostdeutsch heißt Gesamtdeutsch". Organisation, Selbstverständnis und heimatpolitische Zielsetzungen der deutschen Vertriebenenverbände 1949–1972, Düsseldorf 2004.

179. Stiftung Haus der Geschichte der Bundesrepublik Deutschland/Bundeskanzleramt (Hrsg.), Die Bundeskanzler und ihre Ämter, Heidelberg 2006.

180. B. Thoss (Hrsg.), Vom Kalten Krieg zur deutschen Einheit. Analysen und Zeitzeugenberichte zur deutschen Militärgeschichte 1945 bis 1995, München 1995.

181. A. Vogtmeier, Egon Bahr und die deutsche Frage. Zur Entwicklung der sozialdemokratischen Ost- und Deutschlandpolitik vom Kriegsende bis zur Vereinigung, Bonn 1996.

182. W. Weidenfeld/H. Zimmermann (Hrsg.), Deutschland-Handbuch. Eine doppelte Bilanz 1949–1989, München 1989.

183. H. A. Winkler, Der lange Weg nach Westen, Bd. 2: Deutsche Geschichte vom „Dritten Reich" bis zur Wiedervereinigung, 3. Aufl. München 2001.

184. B. C. Witte, Deutsche Kulturpolitik im Ausland: Ziele – Chancen – Grenzen, in: K. D. Bracher/M. Funke/H.-P. Schwarz (Hrsg.), Deutschland zwischen Krieg und Frieden. Beiträge zur Politik und Kultur im 20. Jahrhundert, Festschrift für Hans-Adolf Jacobsen, Düsseldorf 1991, 371–383.

185. E. Wolfrum, Die geglückte Demokratie. Geschichte der Bundesrepublik Deutschland von ihren Anfängen bis zur Gegenwart, Stuttgart 2006.

5. Zu einzelnen Phasen der Außenpolitik

5.1 1945–1949

186. W. Benz, Die Gründung der Bundesrepublik. Von der Bizone zum souveränen Staat, 5., überarb. u. erw. Aufl. München 1999.
187. B. Blank, Die westdeutschen Länder und die Entstehung der Bundesrepublik. Zur Auseinandersetzung um die Frankfurter Dokumente vom Juli 1948, München 1995.
188. M. Brackmann, Vom totalen Krieg zum Wirtschaftswunder. Die Vorgeschichte der westdeutschen Währungsreform 1948, Essen 1993.
189. W. Bührer, Ruhrstahl und Europa. Die Wirtschaftsvereinigung Eisen- und Stahlindustrie und die Anfänge der europäischen Integration 1945–1952, München 1986.
190. W. Conze, Jakob Kaiser. Politiker zwischen Ost und West 1945–1949, unveränd. ND Stuttgart u. a. 1985 (zuerst 1969).
191. E. Deuerlein, Die Einheit Deutschlands, Bd. 1: Die Erörterungen und Entscheidungen der Kriegs- und Nachkriegskonferenzen 1941–1949. Darstellung und Dokumente, 2., durchges. u. erw. Aufl. Frankfurt am Main/Berlin 1961.
192. T. Eschenburg, Jahre der Besatzung 1945–1949, Stuttgart/Wiesbaden 1983.
193. M. E. Foelz-Schroeter, Föderalistische Politik und nationale Repräsentation 1945–1947. Westdeutsche Länderregierungen, zonale Bürokratien und politische Parteien im Widerstreit, Stuttgart 1974.
194. R. G. Foerster/C. Greiner/G. Meyer/H.-J. Rautenberg/N. Wiggershaus, Von der Kapitulation bis zum Pleven-Plan, München/Wien 1982.
195. H. Graml, Die Alliierten und die Teilung Deutschlands. Konflikte und Entscheidungen 1941–1948, Frankfurt am Main 1985.
196. W. Grünewald, Die Münchener Ministerpräsidentenkonferenz 1947. Anlaß und Scheitern eines gesamtdeutschen Unternehmens, Meisenheim am Glan 1971.
197. K. Höfner, Die Aufrüstung Westdeutschlands. Willensbildung, Entscheidungsprozesse und Spielräume westdeutscher Politik 1945 bis 1950, München 1990.
198. C. Klessmann, Die doppelte Staatsgründung. Deutsche Geschichte 1945–1955, 5., überarb. u. erw. Aufl. Bonn 1991.
199. M. Knapp (Hrsg.), Von der Bizonengründung zur ökonomisch-po-

litischen Westintegration. Studien zum Verhältnis zwischen Außenpolitik und Außenwirtschaftsbeziehungen in der Entstehungs-
phase der Bundesrepublik Deutschland (1947–1952), Frankfurt
am Main 1984.

200. E. KRAUS, Ministerien für das ganze Deutschland? Der Alliierte
Kontrollrat und die Frage gesamtdeutscher Zentralverwaltungen,
München 1990.

201. C. LÜDERS, Das Ruhrkontrollsystem. Entstehung und Entwicklung
im Rahmen der Westintegration Westdeutschlands 1947–1953,
Frankfurt am Main/New York 1988.

202. G. MAI, Der Alliierte Kontrollrat in Deutschland 1945–1948.
Alliierte Einheit – deutsche Teilung?, München 1995.

203. H. PIONTKOWITZ, Anfänge westdeutscher Außenpolitik 1946–
1949. Das Deutsche Büro für Friedensfragen, Stuttgart 1978.

204. C. SCHARF/H.-J. SCHRÖDER (Hrsg.), Politische und ökonomische
Stabilisierung Westdeutschlands 1945–1949. Fünf Beiträge zur
Deutschlandpolitik der westlichen Alliierten, Wiesbaden 1977.

205. H.-J. SCHRÖDER (Hrsg.), Marshallplan und westdeutscher Wiederaufstieg. Positionen – Kontroversen, Stuttgart 1990.

206. H.-P. SCHWARZ, Vom Reich zur Bundesrepublik. Deutschland im
Widerstreit der außenpolitischen Konzeptionen in den Jahren der
Besatzungsherrschaft 1945–1949, 2., erw. Aufl. Stuttgart 1980
(zuerst 1966).

207. H. WILMS, Ausländische Einwirkungen auf die Entstehung des
Grundgesetzes, Stuttgart/Berlin/Köln 1999.

208. H. A. WINKLER (Hrsg.), Politische Weichenstellungen im Nachkriegsdeutschland 1945–1953, Göttingen 1979.

5.2 1949–1963

209. W. ABELSHAUSER, Wirtschaft und Rüstung in den fünfziger Jahren,
in: DERS./W. SCHWENGLER, Wirtschaft und Rüstung, Souveränität
und Sicherheit, München 1997, 1–185.

210. R. ALTMANN, Das deutsche Risiko. Außenpolitische Perspektiven,
Stuttgart-Degerloch 1962.

211. B. BANDULET, Adenauer zwischen West und Ost. Alternativen der
deutschen Außenpolitik, München 1970.

212. A. BARING, Im Anfang war Adenauer. Die Entstehung der Kanzlerdemokratie, 3., ungek. u. durchgeseh. Aufl. München 1984 (zuerst 1969).

213. J. BELLERS, Reformpolitik und EWG-Strategie der SPD. Die in-

nen- und außenpolitischen Faktoren der europapolitischen Integrationswilligkeit einer Oppositionspartei (1957–1963), München 1979.

214. R. A. BLASIUS (Hrsg.), Von Adenauer zu Erhard. Studien zur Auswärtigen Politik der Bundesrepublik Deutschland 1963, München 1994.

215. D. BLUMENWITZ/K. GOTTO/H. MAIER/K. REPGEN/H.-P. SCHWARZ (Hrsg.), Konrad Adenauer und seine Zeit. Politik und Persönlichkeit des ersten Bundeskanzlers, Bd. 1: Beiträge von Weg- und Zeitgenossen; Bd. 2: Beiträge der Wissenschaft, Stuttgart 1976.

216. R. M. BOOZ, „Hallsteinzeit". Deutsche Außenpolitik 1955–1972, Bonn 1995.

217. C. BRAUERS, Liberale Deutschlandpolitik 1949–1969. Positionen der F.D.P. zwischen nationaler und europäischer Orientierung, Münster 1993.

218. C. BUCHHEIM, Die Wiedereingliederung Westdeutschlands in die Weltwirtschaft 1945–1958, München 1990.

219. H. BUCHHEIM, Deutschlandpolitik 1949–1972. Der politisch-diplomatische Prozeß, Stuttgart 1984.

220. W. BÜHRER, Westdeutschland in der OEEC. Eingliederung, Krise, Bewährung 1947–1961, München 1997.

221. M. DICKHAUS, Die Bundesbank im westeuropäischen Wiederaufbau. Die internationale Währungspolitik der Bundesrepublik Deutschland 1948 bis 1958, München 1996.

222. A. DOERING-MANTEUFFEL, Die Bundesrepublik Deutschland in der Ära Adenauer. Außenpolitik und innere Entwicklung 1949–1963, 2. Aufl. Darmstadt 1988.

223. DERS., Katholizismus und Wiederbewaffnung. Die Haltung der deutschen Katholiken gegenüber der Wehrfrage 1948–1955, Mainz 1981.

224. H.-J. DÖSCHER, Seilschaften. Die verdrängte Vergangenheit des Auswärtigen Amts, Berlin 2005.

225. H. EHLERT/C. GREINER/G. MEYER/B. THOSS, Die NATO-Option, München 1993.

226. F. EIBL, Politik der Bewegung. Gerhard Schröder als Außenminister 1961–1966, München 2001.

227. H. END, Erneuerung der Diplomatie. Der Auswärtige Dienst der Bundesrepublik Deutschland – Fossil oder Instrument?, Neuwied/ Berlin 1969.

228. V. ERHARD, Adenauers deutschlandpolitische Geheimkonzepte

während der zweiten Berlin-Krise 1958–1962. Eine Studie aus den Akten der westlichen Diplomatie, Hamburg 2003.

229. J. Foschepoth (Hrsg.), Adenauer und die deutsche Frage, Göttingen 1988.

230. A. F. Gablik, Strategische Planungen in der Bundesrepublik Deutschland 1955–1967. Politische Kontrolle oder militärische Notwendigkeit? Baden-Baden 1996.

231. G. v. Gersdorff, Adenauers Außenpolitik gegenüber den Siegermächten 1954. Westdeutsche Bewaffnung und internationale Politik, München 1994.

232. S. J. Glatzeder, Die Deutschlandpolitik der FDP in der Ära Adenauer, Konzeptionen in Entstehung und Praxis, Baden-Baden 1980.

233. W. G. Gray, Germany's Cold War. The Global Campaign to Isolate East Germany, 1949–1969, Chapel Hill/London 2003.

234. H. Guldin, Die Bundesrepublik Deutschland auf dem Weg zur souveränen Gleichberechtigung: Die politisch-ökonomische Westintegration Westdeutschlands als Verhandlungsgegenstand zwischen der Alliierten Hohen Kommission und der Bundesregierung in den Jahren 1949 bis 1952. Fallstudie zu einem spezifisch strukturierten Entscheidungssystem in den Sachbereichen Außen-, Außenwirtschafts- und Sicherheitspolitik, Frankfurt am Main u. a. 1990.

235. W. Haas, Beitrag zur Geschichte der Entstehung des Auswärtigen Dienstes der Bundesrepublik Deutschland, Bremen 1969.

236. K.-E. Hahn, Wiedervereinigungspolitik im Widerstreit. Einwirkungen und Einwirkungsversuche westdeutscher Entscheidungsträger auf die Deutschlandpolitik Adenauers von 1949 bis zur Genfer Viermächtekonferenz 1959, Hamburg 1993.

237. L. Herbst/W. Bührer/H. Sowade (Hrsg.), Vom Marshallplan zur EWG. Die Eingliederung der Bundesrepublik Deutschland in die westliche Welt, München 1990.

238. C. Hoppe, Zwischen Teilhabe und Mitsprache. Die Nuklearfrage in der Allianzpolitik Deutschlands 1959–1966, Baden-Baden 1993.

239. R. Hrbek, Die SPD – Deutschland und Europa. Die Haltung der Sozialdemokratie zum Verhältnis von Deutschland-Politik und West-Integration (1945–1957), Bonn 1972.

240. Ders./V. Schwarz (Hrsg.), 40 Jahre Römische Verträge: Der deutsche Beitrag. Dokumentation der Konferenz anläßlich des 90. Geburtstages von Dr. h. c. Hans von der Groeben, Baden-Baden 1998.

241. P. JEUTTER, EWG – Kein Weg nach Europa. Die Haltung der Freien Demokratischen Partei zu den Römischen Verträgen, Bonn 1985.

242. W. KILIAN, Die Hallstein-Doktrin. Der diplomatische Krieg zwischen der BRD und der DDR 1955–1973. Aus den Akten der beiden deutschen Außenministerien, Berlin 2001.

243. C. KLESSMANN, Zwei Staaten, eine Nation. Deutsche Geschichte 1955–1970, 2., überarb. u. erw. Aufl. Bonn 1997.

244. K. KLOTZBACH, Der Weg zur Staatspartei. Programmatik, praktische Politik und Organisation der deutschen Sozialdemokratie 1945–1965, Bonn 1982.

245. L. KÖLLNER/K. A. MAIER/W. MEIER-DÖRNBERG/H.-E. VOLKMANN, Die EVG-Phase, München 1990.

246. E.-D. KÖPPER, Gewerkschaften und Außenpolitik. Die Stellung der westdeutschen Gewerkschaften zur wirtschaftlichen und militärischen Integration der Bundesrepublik in die Europäischen Gemeinschaften und die NATO, Frankfurt am Main/New York 1982.

247. D. KOERFER, Kampf ums Kanzleramt. Erhard und Adenauer, Stuttgart 1987.

248. D. KOSTHORST, Brentano und die deutsche Einheit. Die Deutschland- und Ostpolitik des Außenministers im Kabinett Adenauer 1955–1961, Düsseldorf 1993.

249. J. KÜPPER, Die Kanzlerdemokratie. Voraussetzungen, Strukturen und Änderungen des Regierungsstiles in der Ära Adenauer, Frankfurt am Main/Bern/New York 1985.

250. D. C. LARGE, Germans to the Front. West German Rearmament in the Adenauer Era, Chapel Hill/London 1996.

251. B. LÖFFLER, Soziale Marktwirtschaft und administrative Praxis. Das Bundeswirtschaftsministerium unter Ludwig Erhard, Stuttgart 2003.

252. G. MAI, Westliche Sicherheitspolitik im Kalten Krieg. Der Korea-Krieg und die deutsche Wiederbewaffnung 1950, Boppard am Rhein 1977.

253. T. W. MAULUCCI, Jr., The Creation and Early History of West German Foreign Office, 1945–55, Diss. Yale 1997, Mikrofilm Ann Arbor 1998.

254. P. MERSEBURGER, Der schwierige Deutsche. Kurt Schumacher, Eine Biographie, 2. Aufl. Stuttgart 1995.

255. R. MORSEY/K. REPGEN (Hrsg.), Adenauer-Studien I; Adenauer-Studien III. Untersuchungen und Dokumente zur Ostpolitik und Biographie, Mainz 1971/1974.

256. C. M. MÜLLER, Relaunching German Diplomacy. The Auswärtiges Amt in the 1950s, Münster 1996.

257. R. NEEBE, Weichenstellung für die Globalisierung. Deutsche Weltmarktpolitik, Europa und Amerika in der Ära Ludwig Erhard, Köln/Weimar/Wien 2004.

258. T. RHENISCH, Europäische Integration und industrielles Interesse. Die deutsche Industrie und die Gründung der Europäischen Wirtschaftsgemeinschaft, Stuttgart 1999.

259. U. ROMBECK-JASCHINSKI, Das Londoner Schuldenabkommen. Die Regelung der deutschen Auslandsschulden nach dem Zweiten Weltkrieg, München 2005.

260. H. K. RUPP, Außerparlamentarische Opposition in der Ära Adenauer: Der Kampf gegen die Atombewaffnung in den fünfziger Jahren, Eine Studie zur innenpolitischen Entwicklung der BRD, Köln 1970.

261. W. SCHMIDT, Kalter Krieg, Koexistenz der kleinen Schritte. Willy Brandt und die Deutschlandpolitik 1948–1963, Wiesbaden 2001.

262. K. T. SCHMITZ, Deutsche Einheit und Europäische Integration. Der sozialdemokratische Beitrag zur Außenpolitik der Bundesrepublik Deutschland unter besonderer Berücksichtigung des programmatischen Wandels einer Oppositionspartei, Bonn 1978.

263. H.-P. SCHWARZ, Die Ära Adenauer. Gründerjahre der Republik 1949–1957; Epochenwechsel 1957–1963, Stuttgart/Wiesbaden 1981/1983.

264. DERS., Das außenpolitische Konzept Konrad Adenauers, in: 255, I, 71–108.

265. P. SIEBENMORGEN, Gezeitenwechsel. Aufbruch zur Entspannungspolitik, Bonn 1990.

266. R. STEININGER/J. WEBER/G. BISCHOF/T. ALBRICH/K. EISTERER (Hrsg.), Die doppelte Eindämmung. Europäische Sicherheit und deutsche Frage in den Fünfzigern, München 1993.

267. U. STOLL, Kulturpolitik als Beruf. Dieter Sattler (1906–1968) in München, Bonn und Rom, Paderborn u. a. 2005.

268. B. THOSS, Nato-Strategie und nationale Verteidigungsplanung. Planung und Aufbau der Bundeswehr unter den Bedingungen der massiven atomaren Vergeltungsstrategie 1952 bis 1960, München 2006.

269. DERS./H.-E. VOLKMANN (Hrsg.), Zwischen Kaltem Krieg und Entspannung. Sicherheits- und Deutschlandpolitik der Bundesrepublik im Mächtesystem der Jahre 1953–1956, Boppard am Rhein 1988.

270. K. P. TUDYKA, Gesellschaftliche Interessen und auswärtige Beziehungen. Materialien zur Außenwirtschaftspolitik der Ära Adenauer, 2 Bde., Nijmwegen 1978.

271. C. TUSCHHOFF, Deutschland, Kernwaffen und die NATO 1949–1967. Zum Zusammenhalt von und friedlichem Wandel in Bündnissen, Baden-Baden 2002.

272. J. VOGEL, Kirche und Wiederbewaffnung. Die Haltung der Evangelischen Kirche in Deutschland in den Auseinandersetzungen um die Wiederbewaffnung der Bundesrepublik 1949–1956, Göttingen 1978.

273. H. VOGT, Wächter der Bonner Republik. Die Alliierten Hohen Kommissare 1949–1955, Paderborn u. a. 2004.

274. D. WAGNER, FDP und Wiederbewaffnung. Die wehrpolitische Orientierung der Liberalen in der Bundesrepublik Deutschland 1949–1955, Boppard am Rhein 1978.

275. W. WEIDENFELD, Konrad Adenauer und Europa. Die geistigen Grundlagen der westeuropäischen Integrationspolitik des ersten Bonner Bundeskanzlers, Bonn 1976.

276. G. WETTIG, Entmilitärisierung und Wiederbewaffnung in Deutschland 1943–1955. Internationale Auseinandersetzungen um die Rolle der Deutschen in Europa, München 1967.

5.3 1963–1969

277. B. W. BOUVIER, Zwischen Godesberg und Großer Koalition. Der Weg der SPD in die Regierungsverantwortung. Außen-, sicherheits- und deutschlandpolitische Umorientierung und gesellschaftliche Öffnung der SPD 1960–1966, Bonn 1990.

278. C. V. BRAUNMÜHL, Kalter Krieg und friedliche Koexistenz. Die Außenpolitik der SPD in der Großen Koalition, Frankfurt am Main 1973.

279. K. HILDEBRAND, Von Erhard zur Großen Koalition 1963–1969, Stuttgart/Wiesbaden 1984.

280. H. KNORR, Der parlamentarische Entscheidungsprozeß während der Großen Koalition 1966 bis 1969. Struktur und Einfluß der Koalitionsfraktionen und ihr Verhältnis zur Regierung der Großen Koalition, Meisenheim am Glan 1975.

281. D. KROEGEL, Einen Anfang finden! Kurt Georg Kiesinger in der Außen- und Deutschlandpolitik der großen Koalition, München 1997.

282. E. KUPER, Frieden durch Konfrontation und Kooperation. Die Ein-

stellung von Gerhard Schröder und Willi (sic!) Brandt zur Entspannungspolitik, Stuttgart 1974.

283. H. G. LEHMANN, Öffnung nach Osten. Die Ostreisen Helmut Schmidts und die Entstehung der Ost- und Entspannungspolitik, Bonn 1984.

284. R. SCHMOECKEL/B. KAISER, Die vergessene Regierung. Die große Koalition 1966 bis 1969 und ihre langfristigen Wirkungen, Bonn 1991.

285. K. SCHÖNHOVEN, Wendejahre. Die Sozialdemokratie in der Zeit der Großen Koalition 1966–1969, Bonn 2004.

286. D. TASCHLER, Vor neuen Herausforderungen. Die außen- und deutschlandpolitische Debatte in der CDU/CSU-Bundestagsfraktion während der Großen Koalition (1966–1969), Düsseldorf 2001.

287. H. TÜRK, Die Europapolitik der Großen Koalition 1966–1969, München 2006.

5.4 1969–1982

288. A. BARING, Machtwechsel. Die Ära Brandt–Scheel, 4. Aufl. Stuttgart 1983.

289. P. BECKER, Die frühe KSZE-Politik der Bundesrepublik Deutschland. Der außenpolitische Entscheidungsprozeß bis zur Unterzeichnung der Schlußakte von Helsinki, Hamburg/Münster 1992.

290. T. ENDERS, Die SPD und die äußere Sicherheit. Zum Wandel der sicherheitspolitischen Konzeption der Partei in der Zeit der Regierungsverantwortung (1966–1982), Melle 1987.

291. F. FISCHER, „Im deutschen Interesse". Die Ostpolitik der SPD von 1969 bis 1989, Husum 2001.

292. T. GARTON ASH, Im Namen Europas. Deutschland und der geteilte Kontinent, München/Wien 1993.

293. A. GRAU, „Gegen den Strom". Die Reaktion der CDU/CSU-Opposition auf die Ost- und Deutschlandpolitik der sozial-liberalen Koalition 1969–1973, Düsseldorf 2005.

294. C. HACKE, Die Ost- und Deutschlandpolitik der CDU/CSU. Wege und Irrwege der Opposition seit 1969, Köln 1975.

295. E. JAHN/V. RITTBERGER (Hrsg.), Die Ostpolitik der Bundesrepublik. Triebkräfte, Widerstände, Konsequenzen, Opladen 1974.

296. A. KRAMER, Die FDP und die äußere Sicherheit. Zum Wandel der sicherheitspolitischen Konzeption der Partei von 1966 bis 1982, Bonn 1995.

297. S. Layritz, Der NATO-Doppelbeschluß. Westliche Sicherheitspolitik im Spannungsfeld von Innen-, Bündnis- und Außenpolitik, Frankfurt am Main u. a. 1992.

298. W. Link, Außen- und Deutschlandpolitik in der Ära Brandt 1969–1974, in: K. D. Bracher/W. Jäger/Ders., Republik im Wandel 1969–1974. Die Ära Brandt, Stuttgart/Mannheim 1986, 161–282.

299. Ders., Außen- und Deutschlandpolitik in der Ära Schmidt 1974–1982, in: W. Jäger/Ders., Republik im Wandel 1974–1982. Die Ära Schmidt, Stuttgart/Mannheim 1987, 273–432.

300. M. Longerich, Die SPD als „Friedenspartei" – mehr als nur Wahltaktik? Auswirkungen sozialdemokratischer Traditionen auf die friedenspolitischen Diskussionen 1959–1983, Frankfurt am Main u. a. 1990.

301. M. Müller, Politik und Bürokratie. Die MBFR-Politik der Bundesrepublik Deutschland zwischen 1967 und 1973, Baden-Baden 1988.

302. R. Mutz, Konventionelle Abrüstung in Europa. Die Bundesrepublik und MBFR, Baden-Baden 1984.

303. T. Risse-Kappen, Die Krise der Sicherheitspolitik. Neuorientierungen und Entscheidungsprozesse im politischen System der Bundesrepublik Deutschland 1977–1984, Mainz/München 1988.

304. G. Schmid, Entscheidung in Bonn. Die Entstehung der Ost- und Deutschlandpolitik 1969/1970, Köln 1979.

305. T. M. Weber, Zwischen Nachrüstung und Abrüstung. Die Nuklearwaffenpolitik der Christlichen Demokratischen Union Deutschlands zwischen 1977 und 1989, Baden-Baden 1994.

5.5 1982–1990

306. T. Benien, Der SDI-Entscheidungsprozeß in der Regierung Kohl/Genscher (1983–1986). Eine Fallstudie über Einflußfaktoren sicherheitspolitischer Entscheidungsfindung unter den Bedingungen strategischer Abhängigkeit, München 1990.

307. C.-M. Brand, Souveränität für Deutschland. Grundlagen, Entstehungsgeschichte und Bedeutung des Zwei-Plus-Vier-Vertrages vom 12. September 1990, Köln 1993.

308. E. Bruck/P. M. Wagner (Hrsg.), Wege zum „2+4"-Vertrag. Die äußeren Aspekte der deutschen Einheit, München 1996.

309. S. Fröhlich, „Auf den Kanzler kommt es an": Helmut Kohl und die deutsche Außenpolitik. Persönliches Regiment und Regie-

rungshandeln vom Amtsantritt bis zur Wiedervereinigung, Paderborn u. a. 2001.

310. D. FUHRMANN-MITTLMEIER, Die deutschen Länder im Prozeß der Europäischen Einigung. Eine Analyse der Europapolitik unter integrationspolitischen Gesichtspunkten, Berlin 1991.

311. E. GADDUM, Die deutsche Europapolitik in den 80er Jahren. Interessen, Konflikte und Entscheidungen der Regierung Kohl, Paderborn u. a. 1994.

312. K.-R. KORTE, Deutschlandpolitik in Helmut Kohls Kanzlerschaft. Regierungsstil und Entscheidungen 1982–1989, Stuttgart 1998.

313. R. ROLOFF, Auf dem Weg zur Neuordnung Europas. Die Regierungen Kohl/Genscher und die KSZE-Politik der Bundesrepublik Deutschland von 1986 bis 1992, Vierow b. Greifswald 1995.

314. H.-P. SCHWARZ, Die gezähmten Deutschen. Von der Machtbesessenheit zur Machtvergessenheit, Stuttgart 1985.

315. Ders., Die Zentralmacht Europas. Deutschlands Rückkehr auf die Weltbühne, Berlin 1994.

316. H. STARK, Helmut Kohl, l'Allemagne et l'Europe. La politique d'intégration européenne de la République fédérale 1982–1998, Paris 2004.

317. D. F. STURM, Uneinig in die Einheit. Die Sozialdemokratie und die Vereinigung Deutschlands 1989/90, Bonn 2006.

318. W. WEIDENFELD, Außenpolitik für die deutsche Einheit. Die Entscheidungsjahre 1989/90, Stuttgart 1998.

319. G. WEWER (Hrsg.), Bilanz der Ära Kohl. Christlich-liberale Politik in Deutschland 1982–1998, Opladen 1998.

320. A. WIRSCHING, Abschied vom Provisorium. Geschichte der Bundesrepublik Deutschland 1982–1990, Stuttgart 2006.

321. P. ZELIKOW/C. RICE, Sternstunden der Diplomatie. Die deutsche Einheit und das Ende der Spaltung Europas, Berlin 1997.

322. M. ZIMMER, Nationales Interesse und Staatsräson. Zur Deutschlandpolitik der Regierung Kohl 1982–1989, Paderborn u. a. 1992.

6. Beziehungen zu einzelnen Staaten und Organisationen

6.1 USA

323. J. H. BACKER, Die Entscheidung zur Teilung Deutschlands. Die amerikanische Deutschlandpolitik 1943–1948, München 1981.
324. M. BROER, Die nuklearen Kurzstreckenwaffen in Europa. Eine Analyse des deutsch-amerikanischen Streits über die Einbeziehung der SRINF in den INF-Vertrag und der SNF-Kontroverse, Frankfurt am Main u. a. 1993.
325. H. DITTGEN, Deutsch-amerikanische Sicherheitsbeziehungen in der Ära Helmut Schmidt. Vorgeschichte und Folgen des NATO-Doppelbeschlusses, München 1991.
326. A. FROHN, Neutralisierung als Alternative zur Westintegration. Die Deutschlandpolitik der Vereinigten Staaten von Amerika 1945–1949, Frankfurt am Main 1985.
327. S. FUCHS, „Dreiecksverhältnisse sind immer kompliziert". Kissinger, Bahr und die Ostpolitik, Hamburg 1999.
328. G. GERHARDT, Das Krisenmanagement der Vereinigten Staaten während der Berliner Blockade (1948/1949). Intentionen, Strategie und Wirkungen, Berlin 1984.
329. J. GIMBEL, Amerikanische Besatzungspolitik in Deutschland 1945–1949, Frankfurt am Main 1971 (zuerst 1968).
330. DERS., The Origins of the Marshall-Plan, Stanford 1976.
331. H.-J. GRABBE, Unionsparteien, Sozialdemokratie und Vereinigte Staaten von Amerika 1945–1966, Düsseldorf 1983.
332. B. HEEP, Helmut Schmidt und Amerika. Eine schwierige Partnerschaft, Bonn 1990.
333. H.-D. JACOBSEN, Die Ost-West-Wirtschaftsbeziehungen als deutsch-amerikanisches Problem, Baden-Baden 1986.
334. D. JUNKER (Hrsg.), Die USA und Deutschland im Zeitalter des Kalten Krieges 1945–1990. Ein Handbuch, Bd. 1: 1945–1968, Bd. 2: 1968–1990, Stuttgart/München 2001.
335. K. LARRES/T. OPPELLAND (Hrsg.), Deutschland und die USA im 20. Jahrhundert. Geschichte der politischen Beziehungen, Darmstadt 1997.
336. E.-C. MEIER, Deutsch-amerikanische Sicherheitsbeziehungen und der NATO-Doppelbeschluß. Die Auswirkungen NATO-interner Interessendivergenzen für die Nuklearpolitik des Bündnisses, 2. Bde., Rheinfelden 1986.

337. F. NINKOVICH, Germany and the United States. The Transformation of the German Question since 1945, 2., erw. Aufl. New York u. a. 1995.

338. I. PETERS, Transatlantischer Konsens und Vertrauensbildung in Europa. Die KVAE-Politik der Vereinigten Staaten von Amerika und der Bundesrepublik Deutschland 1978–1986, Baden-Baden 1987.

339. H.-G. PÖTTERING, Adenauers Sicherheitspolitik 1955–1963. Ein Beitrag zum deutsch-amerikanischen Verhältnis, Düsseldorf 1975.

340. H.-J. RUPIEPER, Der besetzte Verbündete. Die amerikanische Deutschlandpolitik 1949–1955, Wiesbaden 1991.

341. DERS., Die Wurzeln der westdeutschen Nachkriegsdemokratie. Der amerikanische Beitrag 1945–1952, Opladen 1993.

342. H. SCHWARZ, Die verfassungsgerichtliche Kontrolle der Außen- und Sicherheitspolitik. Ein Verfassungsvergleich Deutschland – USA, Berlin 1995.

343. W. STÜTZLE, Kennedy und Adenauer in der Berlin-Krise 1961–1962, Bonn/Bad-Godesberg 1973.

344. E. THIEL, Dollar-Dominanz, Lastenteilung und amerikanische Truppenpräsenz in Europa. Zur Frage kritischer Verknüpfungen währungs- und stationierungspolitischer Zielsetzungen in den deutsch-amerikanischen Beziehungen, Baden-Baden 1979.

345. K. WIEGREFE, Das Zerwürfnis. Helmut Schmidt, Jimmy Carter und die Krise der deutsch-amerikanischen Beziehungen, Berlin 2005.

346. C. WOODS EISENBERG, Drawing the line: The American decision to divide Germany, 1944–1949, Cambridge 1996.

347. H. ZIMMERMANN, Money and Security. Troops, Monetary Policy, and West Germany's Relations with the United States and Britain, 1950–1971, Cambridge/Washington 2002.

6.2 Sowjetunion

348. H. ADOMEIT, Imperial Overstretch: Germany in Soviet Policy from Stalin to Gorbachev. An Analysis Based on New Archival Evidence, Memoirs, and Interviews, Baden-Baden 1998.

349. R. BIERMANN, Zwischen Kreml und Kanzleramt. Wie Moskau mit der deutschen Einheit rang, Paderborn u. a. 1997.

350. W. KILIAN, Adenauers Reise nach Moskau, Freiburg im Breisgau/ Basel/Wien 2005.

144 III. Quellen und Literatur

351. W. Link, Die Entstehung des Moskauer Vertrages im Lichte neuer Archivalien, in: VfZ 49 (2001) 295–315.
352. W. Loth, Stalins ungeliebtes Kind. Warum Moskau die DDR nicht mochte, Berlin 1994.
353. R. Newnham, Deutsche Mark Diplomacy. Positive Economic Sanctions in German-Russian Relations, University Park 2002.
354. A. v. Plato, Die Vereinigung Deutschlands – ein weltpolitisches Machtspiel. Bush, Kohl, Gorbatschow und die geheimen Moskauer Protokolle, 2., durchges. Aufl. Bonn 2003.
355. K. Rudolph, Wirtschaftsdiplomatie im Kalten Krieg. Die Ostpolitik der westdeutschen Großindustrie 1945–1991, Frankfurt am Main/New York 2004.
356. K.-H. Schlarp, Zwischen Konfrontation und Kooperation. Die Anfangsjahre der deutsch-sowjetischen Wirtschaftsbeziehungen in der Ära Adenauer, Münster/Hamburg/London 2000.
357. R. Steininger, Eine Chance zur Wiedervereinigung? Die Stalin-Note vom 10. März 1952. Darstellung und Dokumentation auf der Grundlage unveröffentlichter britischer und amerikanischer Akten, Bonn 1985.
358. A. Stent, Wandel durch Handel? Die politisch-wirtschaftlichen Beziehungen zwischen der Bundesrepublik Deutschland und der Sowjetunion, Köln 1983.
359. T. Wagensohn, Von Gorbatschow zu Jelzin. Moskaus Deutschlandpolitik (1985–1995) im Wandel, Baden-Baden 2000.
360. G. Wettig, Bereitschaft zu Einheit in Freiheit? Die sowjetische Deutschland-Politik 1945–1955, München 1999.
361. C. Wörmann, Osthandel als Problem der Atlantischen Allianz. Erfahrungen aus dem Erdgas-Röhren-Geschäft mit der UdSSR, Bonn 1986.
362. J. Zarusky (Hrsg.), Die Stalin-Note vom 10. März 1952. Neue Quellen und Analysen, München 2002.

6.3 Frankreich

363. J. Bauer, Die deutsch-französischen Beziehungen 1963–1969. Aspekte der Entwicklung nach Abschluß des Vertrages vom 22. Januar 1963, Diss. Bonn 1980.
364. A. Baumann, Begegnung der Völker? Der Elysée-Vertrag und die Bundesrepublik Deutschland. Deutsch-französische Kulturpolitik von 1963 bis 1969, Frankfurt am Main u. a. 2003.

365. C. Buffet, Mourir pour Berlin. La France et l'Allemagne 1945–1949, Paris 1991.

366. J.-P. Cahn/K.-J. Müller, La République fédérale d'Allemagne et la Guerre d'Algérie (1954–1962). Perception, implication et retombées diplomatiques. Paris 2003.

367. C. Defrance/Ulrich Pfeil (Hrsg.), Der Elysée-Vertrag und die deutsch-französischen Beziehungen 1945–1963–2003, München 2005.

368. J. W. Friend, The Linchpin. French-German Relations 1950–1990, New York/Westport/London 1991.

369. A. Heinen, Saarjahre. Politik und Wirtschaft im Saarland 1945–1955, Stuttgart 1996

370. K. Hildebrand, Willy Brandt, Charles de Gaulle und „la grande Europe", in: HZ 279 (2004) 387–408.

371. R. Hudemann, Sozialpolitik im deutschen Südwesten zwischen Tradition und Neuordnung 1945–1953. Sozialversicherung und Kriegsopferversorgung im Rahmen französischer Besatzungspolitik, Mainz 1988.

372. Ders./R. Poidevin (Hrsg.), Die Saar 1945–1955. Ein Problem der europäischen Geschichte La Sarre 1945–1955. Un problème de l'histoire européenne, München 1992.

373. D. Hüser, Frankreichs „doppelte Deutschlandpolitik". Dynamik aus der Defensive – Planen, Entscheiden, Umsetzen in gesellschaftlichen und wirtschaftlichen, innen- und außenpolitischen Krisenzeiten 1944–1950, Berlin 1996.

374. S. A. Kocs, Autonomy of Power? The Franco-German Relationship and Europe's Strategic Choices, 1955–1995, Westport/London 1995.

375. U. Lappenküper, Die deutsch-französischen Beziehungen 1949–1963. Von der „Erbfeindschaft" zur „Entente élémentaire", 2 Bde., München 2001.

376. S. Lefèvre, Les relations économiques franco-allemands de 1945 à 1955. De l'occupation à la coopération, Paris 1998.

377. U. Leimbacher, Die unverzichtbare Allianz. Deutsch-französische sicherheitspolitische Zusammenarbeit 1982–1989, Baden-Baden 1992.

378. R. Marcowitz, Option für Paris? Unionsparteien, SPD und Charles de Gaulle 1958–1969, München 1996.

379. H. Miard-Delacroix, Partenaires de choix? Le chancelier Helmut Schmidt et la France (1974–1982), Bern u. a. 1993.

380. T. PEDERSEN, Germany, France and the Integration of Europe. A realist interpretation, London/New York 1998.
381. T. SCHABERT, Wie Weltgeschichte gemacht wird. Frankreich und die deutsche Einheit, Stuttgart 2002.
382. C. SCHARF/H.-J. SCHRÖDER (Hrsg.), Die Deutschlandpolitik Frankreichs und die französische Zone 1945–1949, Wiesbaden 1983.
383. R. H. SCHMIDT, Saarpolitik 1945–1957, 3 Bde., Berlin 1959–1962.
384. K. SCHWABE (Hrsg.), Konrad Adenauer und Frankreich 1949–1963. Stand und Perspektiven der Forschung zu den deutsch-französischen Beziehungen in Politik, Wirtschaft und Kultur, Bonn 2005.
385. H.-P. SCHWARZ (Hrsg.), Adenauer und Frankreich. Die deutsch-französischen Beziehungen 1958 bis 1969, Bonn 1985.
386. H. SIMONIAN, The privileged partnership. Franco-German relations in the European Community 1969–1984, Oxford 1985.
387. G.-H. SOUTOU, L'alliance incertaine. Les rapports politico-stratégiques franco-allemands 1954–1996, Paris 1996.
388. S. ZAUNER, Erziehung und Kulturmission. Frankreichs Bildungspolitik in Deutschland 1945–1949, München 1994.
389. G. ZIEBURA, Die deutsch-französischen Beziehungen seit 1945. Mythen und Realitäten, überarb. u. aktual. Neuausgabe, Stuttgart 1997 (zuerst 1970).

6.4 Großbritannien

390. C. BLUTH, Britain, Germany, and Western Nuclear Strategy, Oxford 1995.
391. G. CLEMENS, Britische Kulturpolitik in Deutschland 1945–1949. Literatur, Film, Musik und Theater, Stuttgart 1997.
392. A. DEIGHTON, The Impossible Peace. Britain, the Division of Germany and the Origins of the Cold War, Oxford 1990.
393. N. HIMMLER, Zwischen Macht und Mittelmaß. Großbritanniens Außenpolitik und das Ende des Kalten Krieges. Akteure, Interessen und Entscheidungsprozesse der britischen Regierung 1989/90, Berlin 2001.
394. K.-R. JACKISCH, Eisern gegen die Einheit. Margaret Thatcher und die deutsche Wiedervereinigung, Frankfurt am Main 2004.
395. M. KESSEL, Westeuropa und die deutsche Teilung. Englische und französische Deutschlandpolitik auf den Außenministerkonferenzen von 1945 bis 1947, München 1989.
396. Y. KIPP, Eden, Adenauer und die deutsche Frage. Britische

Deutschlandpolitik im internationalen Spannungsfeld 1951–1957, Paderborn u. a. 2002.

397. K. LARRES/E. MEEHAN (Hrsg.), Uneasy Allies. British-German Relations and European Integration since 1945, Oxford 2000.

398. S. LEE, Victory in Europe? Britain and Germany since 1945, Harlow u. a. 2001.

399. A. RINGE, Konkurrenten in Europa. Großbritannien und die Bundesrepublik Deutschland. Deutsch-britische Wirtschaftsbeziehungen 1949–1957, Stuttgart 1996.

400. C. SCHARF/H.-J. SCHRÖDER (Hrsg.), Die Deutschlandpolitik Großbritanniens und die britische Zone 1945–1949, Wiesbaden 1979.

401. A. E. C. VOLLE, Deutsch-britische Beziehungen. Eine Untersuchung des bilateralen Verhältnisses auf der staatlichen und nichtstaatlichen Ebene seit dem Zweiten Weltkrieg, Diss. Bonn 1976.

6.5 Sonstige Staaten und Organisationen

402. M. ABEDISEID, Die deutsch-arabischen Beziehungen – Probleme und Krisen, Stuttgart-Degerloch 1976.

403. M. ANIĆ DE OSONA, Die erste Anerkennung der DDR. Der Bruch der deutsch-jugoslawischen Beziehungen 1957, Baden-Baden 1990.

404. D. K. APOSTOLOPOULOS, Die griechisch-deutschen Nachkriegsbeziehungen. Historische Hypothek und moralischer *Kredit*. Die bilateralen politischen und ökonomischen Beziehungen unter besonderer Berücksichtigung des Zeitraums 1958–1967, Frankfurt am Main u. a. 2004.

405. B. ASCHMANN, „Treue Freunde …?" Westdeutschland und Spanien 1945–1963, Stuttgart 1999.

406. S. O. BERGGÖTZ, Nahostpolitik in der Ära Adenauer. Möglichkeiten und Grenzen 1949–1963, Düsseldorf 1998.

407. V. BERRESHEIM, 35 Jahre Indochinapolitik der Bundesrepublik Deutschland, Hamburg 1986.

408. D. BINGEN, Die Polenpolitik der Bonner Republik von Adenauer bis Kohl 1949–1991, Baden-Baden 1998.

409. G. BRENKE, Die Bundesrepublik Deutschland und der Namibia-Konflikt, München 1989.

410. W. BRUNS, Die Uneinigen in den Vereinten Nationen. Bundesrepublik Deutschland und DDR in der UNO, Köln 1980.

411. U. DAMM, Die Bundesrepublik Deutschland und die Entwicklungsländer. Versuch einer Darstellung der politischen Beziehungen der Bundesrepublik Deutschland zu den Entwicklungsländern

unter besonderer Berücksichtigung der Entwicklungshilfe, Diss. Genf 1965.

412. A. Das Gupta, Handel, Hilfe, Hallstein-Doktrin. Die bundesdeutsche Südasienpolitik unter Adenauer und Erhard 1949–1966, Husum 2004.

413. J. Deligdisch, Die Einstellung der Bundesrepublik Deutschland zum Staate Israel. Eine Zusammenfassung der Entwicklung seit 1949, Bonn-Bad Godesberg 1974.

414. U. Engel, Die Afrikapolitik der Bundesrepublik Deutschland 1949–1999. Rollen und Identitäten, Münster/Hamburg/London 2000.

415. O. Griese, Auswärtige Kulturpolitik und Kalter Krieg. Die Konkurrenz von Bundesrepublik und DDR in Finnland 1949–1973, München 2006.

416. O. N. Haberl/H. Hecker (Hrsg.), Unfertige Nachbarschaften. Die Staaten Osteuropas und die Bundesrepublik Deutschland, Essen 1989.

417. B. Hein, Die Westdeutschen und die Dritte Welt. Entwicklungspolitik und Entwicklungsdienste zwischen Reform und Revolte 1959–1974, München 2006.

418. K. Jaeger, Die Bedeutung des Palästinenser-Problems für die Gestaltung der Deutsch-Israelischen Beziehungen (ab 1967), Diss. Bonn 1994.

419. Y. A. Jelinek, Deutschland und Israel 1945–1965. Ein neurotisches Verhältnis, München 2004.

420. C. Jetzlsperger, Die Emanzipation der Entwicklungspolitik von der Hallstein-Doktrin. Die Krise der deutschen Nahostpolitik von 1965, die Entwicklungspolitik und der Ost-West-Konflikt, in: HJb 121 (2001) 320–366.

421. D. Korger, Die Polenpolitik der deutschen Bundesregierungen von 1982–1991, Bonn 1993.

422. K. Köster, Bundesrepublik Deutschland und Vereinte Nationen 1949 bis 1963, Frankfurt am Main u. a. 2000.

423. H. J. Küsters (Hrsg.), Adenauer, Israel und das Judentum, Bonn 2004.

424. G. Lavy, Germany and Israel. Moral Debt and National Interest, London/Portland 1996.

425. C. Lejeune, Deutsch-belgische Kulturbeziehungen 1925–1980. Wege zur europäischen Integration?, Köln/Weimar/Wien 1992.

426. E. Majonica, Bonn-Peking. Die Beziehungen der Bundesrepublik Deutschland zur Volksrepublik China, Stuttgart u. a. 1971.

427. C. Masala, Italia und Germania. Die deutsch-italienischen Beziehungen 1963–1969, 2., überarb. Aufl. Köln 1998.

428. K. Miszczak, Deklarationen und Realitäten. Die Beziehungen zwischen der Bundesrepublik Deutschland und der (Volks-)Republik Polen von der Unterzeichnung des Warschauer Vertrages bis zum Abkommen über gute Nachbarschaft und freundschaftliche Beziehungen (1970–1991), München 1993.

429. A. Muschik, Die beiden deutschen Staaten und das neutrale Schweden. Eine Dreiecksbeziehung im Schatten der offenen Deutschlandfrage 1949–1972, Münster 2005.

430. K. Ndumbe III., Was will Bonn in Afrika? Zur Afrikapolitik der Bundesrepublik Deutschland, Pfaffenweiler 1992.

431. M. Pape, Ungleiche Brüder. Österreich und Deutschland 1945–1965, Köln/Weimar/Wien 2000.

432. D. Putensen, Im Konfliktfeld zwischen Ost und West. Finnland, der Kalte Krieg und die deutsche Frage (1947–1973), Berlin 2000.

433. N. Sagi, Wiedergutmachung für Israel. Die deutschen Zahlungen und Leistungen, Stuttgart 1981.

434. M. Schmitz, Westdeutschland und die Schweiz nach dem Krieg. Die Neuformierung der bilateralen Beziehungen 1945–1952, Zürich 2003.

435. M. Schönwald, Deutschland und Argentinien nach dem Zweiten Weltkrieg. Politische und wirtschaftliche Beziehungen und deutsche Auswanderung 1945–1955, Paderborn u. a. 1998.

436. M. Tomala, Polen und die deutsche Wiedervereinigung, Warschau 2004.

437. T. Trampedach, Bonn und Peking. Die wechselseitige Einbindung in außenpolitische Strategien 1949–1990, Hamburg 1997.

438. A. Troche, „Berlin wird am Mekong verteidigt". Die Ostasienpolitik der Bundesrepublik in China, Taiwan und Süd-Vietnam 1954–1966, Düsseldorf 2001.

439. C. Vordemann, Deutschland-Italien 1949–1961. Die diplomatischen Beziehungen, Frankfurt am Main 1994.

440. M. A. Weingardt, Deutsche Israel- und Nahostpolitik. Die Geschichte einer Gratwanderung seit 1949, Frankfurt am Main/New York 2002.

441. C. Wenzel, Südafrika-Politik der Bundesrepublik Deutschland 1982–1992. Politik gegen Apartheid?, Wiesbaden 1994.

442. F. Wielenga, Vom Feind zur Partner. Die Niederlande und Deutschland seit 1945, Münster 2000.

Register

Personenregister

HECKER, H. 55
HEEP, B. D. 104
HEIN, B. 86, 101
HEINEN, A. 75, 78
HEINTZEN, M. 62 f.
HENTSCHEL, V. 84
HERBST, L. 53, 56
Heuss, T. 3
HIEPEL, C. 100
HILDEBRAND, K. 1, 49–52, 56, 59, 71,
   84, 87, 90–94, 101, 112
HILLGRUBER, A. 48, 65, 72
HIMMLER, N. 113 f.
HOCKERTS, H. G. 64
HÖFNER, K. 71 f.
HOPPE, C. 81, 86
Honecker, E. 36, 40, 111
HRBEK, R. 53, 74
HUDEMANN, R. 66
Hurd, D. 44, 46, 114
HÜSER, D. 66

JACOBSEN, H.-A. 52
JACOBSEN, H.-D. 107
JAEGER, K. 54 f., 100
JÄGER, W. 49, 60
JAHN, E. 95
JACKISCH, K.-R. 114
JAMES, H. 102
JELINEK, Y. A. 52, 73
JETZLSPERGER, C. 82, 86
JEUTTER, P. 79
Johnson, L. B. 22, 25, 87, 89
JUNKER, D. 53

KAISER, B. 90 f., 94
Kaiser, J. 4 f., 67
KAISER, K. 113
KALTEFLEITER, W. 61
KARAMA, M. 94, 105
KARL, W.-D. 51
KELLMANN, K. 52
Kennedy, J. F. 17, 81
KESSEL, M. 65
KIELMANSEGG, P. GRAF 49, 107
KIERSCH, G. 66
Kiesinger, K. G. 22–27, 90 f., 93 f.
KIESSLER, R. 105, 113
KILIAN, W. 86
KIM, S.-R. 74
KIPP, Y. 75
KIPPING, M. 70
Kissinger, H. A. 28, 32, 97

KLESSMANN, C. 4, 66, 85
KLOTZBACH, K. 71, 80
KNAPP, M. 68, 70
KNIPPING, F. 58
KNORR, H. 62
KOCS, S. 81
KÖHLER, H. 13, 74
KÖLLNER, L. 72
KÖNIG, M. 53
KÖPPER, E.-D. 63
KOERFER, D. 18, 84
KÖSTER, K. 59
Kohl, H. 38–41, 43–46, 52, 61, 106–
   113, 115
Kohl, M. 29 f., 98
Kolumbus, C. 87
KORGER, D. 110
KORTE, K.-R. 110
Kossygin, A. 29
KOSTHORST, D. 61, 77, 80, 84
KRAMER, A. 105, 108
KRAMER, E. 58, 88
KRAUS, E. 66
KRAUSE, J. 51
KRIPPENDORFF, E. 59
KROEGEL, D. 92
Kroll, H. 80
Krone, H. 52
KRÜGER, D. 6, 57, 70
KÜHLEM, K. 80
KÜNTZEL, M. 93
KÜPPER, J. 60
KÜSTERS, H. J. 53, 58, 73 f., 78 f., 99 f.,
   109, 113
KUPER, E. 85

LADEMACHER, H. 70
Lafontaine, O. 113
LAPPENKÜPER, U. 49, 59, 66, 70–72,
   74 f., 78, 81–83, 88, 109
LARGE, D. C. 71
LARRES, K. 54
LAYRITZ, S. 104
LEE, S. 54
LEFÈVRE, S. 75
LEHMANN, H.-G. 91
LEIMBACHER, U. 112
LEJEUNE, C. 83
LEUTNER, M. 52
LINK, W. 47–49, 56, 58, 68, 76, 92,
   95–107
LIPGENS, W. 58
LIPPMANN, W. 2

Schäffer, F. 9
SCHARF, C. 64f.
Scheel, W. 21, 27–30, 33, 86, 92f.
SCHELL, P. 109
Schewardnadse, E. 44, 46
Schiller, K. 26, 32
SCHLARP, K.-H. 77
SCHMID, G. 60
SCHMIDT, G. 56f.
Schmidt, H. 26, 33–38, 40, 52, 60,
101–106, 109
SCHMIDT, H.-I. 82
SCHMIDT, R. 75
SCHMIDT, W. 85f., 92
SCHMITZ, K. T. 77
SCHMITZ, M. 68
SCHMOECKEL, R. 90f., 94
SCHÖLLGEN, G. 50, 76
Schollwer, W. 92
SCHÖNHOVEN, K. 90–92
SCHÖNWALD, M. 58, 76
SCHRAFSTETTER, S. 82, 93
Schröder, G. 16–20, 22, 61, 78, 81,
84–86, 88
SCHRÖDER, H.-J. 53, 64f.
SCHUBERT, K. VON 51
SCHULZ, M. 53, 105
Schumacher, K. 4–6, 8, 52, 67f.
Schuman, R. 7, 10
SCHWABE, K. 58, 70
SCHWARF, C. 64
SCHWARZ, H. 62
SCHWARZ, H.-P. 48f., 54, 56f., 60–62,
67–69, 71, 73f., 76f., 79f., 82, 84,
91, 107f., 115
SCHWARZ, V. 53
SCHWEIGLER, G. 59
SERRA, E. 58
Sharett, M. 9
SIEBENMORGEN, P. 77, 80
SIMONIAN, H. 100
Skubizewski, K. 46
SOELL, H. 101
SOLSCHENIZYN, A. 51
SOUTOU, G.-H. 56f., 79, 82, 88, 97,
114
SOWADE, H. 53
SPERLING, J. C. 111
Stalin, J. 1f., 9, 65, 67, 72
STARK, H. 111
STEININGER, R. 72, 77
STENT, A. 63
STICKLER, M. 64

STOLL, U. 83
Stoltenberg, G. 45
Stoph, W. 30
STOURZH, G. 75
Strauß, F. J. 14, 26, 40, 42, 86, 94, 99,
112
STÜTZLE, W. 81
STURM, D. F. 113

TASCHLER, D. 92
Teltschik, H. 113
TETZLAFF, R. 82, 112
Thatcher, M. 43, 45, 113f.
THIEL, E. 87
THOSS, B. 52, 74f., 79
TOMALA, M. 52, 114
TRACHTENBERG, M. 56f., 80
TRAMPEDACH, T. 55
TROCHE, A. 85
Truman, H. S. 1
TUDYKA, K. P. 63
TÜRK, H. 94
TUSCHHOFF, C. 93
TWIGGE, S. 82, 93

Ulbricht, W. 21, 86

VOGEL, J. 63,
VOGEL, R. 52
VOGT, H. 70
VOGTMEIER, A. 85, 91
VOLKMANN, H.-E. 72
VOLLE, A. 54
VORDEMANN, C. 76

WAGENSOHN, T. 111, 114
WAGNER, P. M. 112, 114f.
WAGNER, W. 71
Warnke, J. 42
WEBER, T. M. 108
Wehner, H. 80f., 103
WEIDENFELD, W. 69, 114f.
WEILEMANN, P. 58, 78
WEINGARDT, M. A. 54
Weiss, F.-R. von 68
WENZEL, C. 112
WETTIG, G. 65, 71f.
WIEGREFE, K. 104
WIELENGA, F. 55
WIGGERSHAUS, N. 71
WILKENS, A. 70, 94
WILKER, L. 51
WILMS, H. 69

Sachregister

Enzyklopädie deutscher Geschichte
Themen und Autoren

Mittelalter

Agrarwirtschaft, Agrarverfassung und ländliche Gesellschaft im Mittelalter (Werner Rösener) 1992. EdG 13
Adel, Rittertum und Ministerialität im Mittelalter (Werner Hechberger) 2004. EdG 72
Die Stadt im Mittelalter (Frank Hirschmann)
Die Armen im Mittelalter (Otto Gerhard Oexle)
Frauen- und Geschlechtergeschichte des Mittelalters (Hedwig Röckelein)
Die Juden im mittelalterlichen Reich (Michael Toch) 2. Aufl. 2003. EdG 44

Gesellschaft

Wirtschaftlicher Wandel und Wirtschaftspolitik im Mittelalter (Michael Rothmann)

Wirtschaft

Wissen als soziales System im Frühen und Hochmittelalter (Johannes Fried)
Die geistige Kultur im späteren Mittelalter (Johannes Helmrath)
Die ritterlich-höfische Kultur des Mittelalters (Werner Paravicini) 2. Aufl. 1999. EdG 32

Kultur, Alltag, Mentalitäten

Die mittelalterliche Kirche (Michael Borgolte) 2. Aufl. 2004. EdG 17
Mönchtum und religiöse Bewegungen im Mittelalter (Gert Melville)
Grundformen der Frömmigkeit im Mittelalter (Arnold Angenendt) 2. Aufl. 2004. EdG 68

Religion und Kirche

Die Germanen (Walter Pohl) 2. Aufl. 2004. EdG 57
Die Slawen in der deutschen Geschichte des Mittelalters (Thomas Wünsch)
Das römische Erbe und das Merowingerreich (Reinhold Kaiser) 3., überarb. u. erw. Aufl. 2004. EdG 26
Das Karolingerreich (Klaus Zechiel-Eckes)
Die Entstehung des Deutschen Reiches (Joachim Ehlers) 2. Aufl. 1998. EdG 31
Königtum und Königsherrschaft im 10. und 11. Jahrhundert (Egon Boshof) 2. Aufl. 1997. EdG 27
Der Investiturstreit (Wilfried Hartmann) 3., überarb. u. erw. Aufl. 2007. EdG 21
König und Fürsten, Kaiser und Papst nach dem Wormser Konkordat (Bernhard Schimmelpfennig) 1996. EdG 37
Deutschland und seine Nachbarn 1200–1500 (Dieter Berg) 1996. EdG 40
Die kirchliche Krise des Spätmittelalters (Heribert Müller)
König, Reich und Reichsreform im Spätmittelalter (Karl-Friedrich Krieger) 2., durchges. Aufl. 2005. EdG 14
Fürstliche Herrschaft und Territorien im späten Mittelalter (Ernst Schubert) 2. Aufl. 2006. EdG 35

Politik, Staat, Verfassung

Frühe Neuzeit

Bevölkerungsgeschichte und historische Demographie 1500–1800 (Christian Pfister) 2. Aufl. 2007. EdG 28

Gesellschaft

Umweltgeschichte der Frühen Neuzeit (Reinhold Reith)
**Bauern zwischen Bauernkrieg und Dreißigjährigem Krieg (André Holenstein)
1996. EdG 38
Bauern 1648–1806 (Werner Troßbach) 1992. EdG 19
Adel in der Frühen Neuzeit (Rudolf Endres) 1993. EdG 18
Der Fürstenhof in der Frühen Neuzeit (Rainer A. Müller) 2. Aufl. 2004. EdG 33
Die Stadt in der Frühen Neuzeit (Heinz Schilling) 2. Aufl. 2004. EdG 24
Armut, Unterschichten, Randgruppen in der Frühen Neuzeit
(Wolfgang von Hippel) 1995. EdG 34
Unruhen in der ständischen Gesellschaft 1300–1800 (Peter Blickle) 1988. EdG 1**
Frauen- und Geschlechtergeschichte 1500–1800 (N. N.)
**Die deutschen Juden vom 16. bis zum Ende des 18. Jahrhunderts
(J. Friedrich Battenberg) 2001. EdG 60**

Wirtschaft   **Die deutsche Wirtschaft im 16. Jahrhundert (Franz Mathis) 1992. EdG 11
Die Entwicklung der Wirtschaft im Zeitalter des Merkantilismus 1620–1800
(Rainer Gömmel) 1998. EdG 46
Landwirtschaft in der Frühen Neuzeit (Walter Achilles) 1991. EdG 10
Gewerbe in der Frühen Neuzeit (Wilfried Reininghaus) 1990. EdG 3
Kommunikation, Handel, Geld und Banken in der Frühen Neuzeit (Michael
North) 2000. EdG 59**

Kultur, Alltag,   Renaissance und Humanismus (Ulrich Muhlack)
Mentalitäten   Medien in der Frühen Neuzeit (Andreas Würgler)
**Bildung und Wissenschaft vom 15. bis zum 17. Jahrhundert (Notker Hammer-
stein) 2003. EdG 64
Bildung und Wissenschaft in der Frühen Neuzeit 1650–1800
(Anton Schindling) 2. Aufl. 1999. EdG 30
Die Aufklärung (Winfried Müller) 2002. EdG 61
Lebenswelt und Kultur des Bürgertums in der Frühen Neuzeit (Bernd Roeck)
1991. EdG 9
Lebenswelt und Kultur der unterständischen Schichten in der Frühen Neuzeit
(Robert von Friedeburg) 2002. EdG 62**

Religion und   **Die Reformation. Voraussetzungen und Durchsetzung (Olaf Mörke) 2005.
Kirche   EdG 74
Konfessionalisierung im 16. Jahrhundert (Heinrich Richard Schmidt)
1992. EdG 12
Kirche, Staat und Gesellschaft im 17. und 18. Jahrhundert (Michael Maurer)
1999. EdG 51
Religiöse Bewegungen in der Frühen Neuzeit (Hans-Jürgen Goertz)
1993. EdG 20**

Politik, Staat,   **Das Reich in der Frühen Neuzeit (Helmut Neuhaus) 2. Aufl. 2003. EdG 42**
Verfassung   Landesherrschaft, Territorien und Staat in der Frühen Neuzeit (Joachim Bahlcke)
**Die Landständische Verfassung (Kersten Krüger) 2003. EdG 67
Vom aufgeklärten Reformstaat zum bürokratischen Staatsabsolutismus
(Walter Demel) 1993. EdG 23**
Militärgeschichte des späten Mittelalters und der Frühen Neuzeit
(Bernhard R. Kroener)

Das Reich im Kampf um die Hegemonie in Europa 1521–1648 (Alfred Kohler)
1990. EdG 6
Altes Reich und europäische Staatenwelt 1648–1806 (Heinz Duchhardt)
1990. EdG 4

Staatensystem,
internationale
Beziehungen

19. und 20. Jahrhundert

Bevölkerungsgeschichte und Historische Demographie 1800–2000 (Josef
Ehmer) 2004. EdG 71
Migrationen im 19. und 20. Jahrhundert (Jochen Oltmer)
Umweltgeschichte im 19. und 20. Jahrhundert (Frank Uekötter) 2007.
EdG 81
Adel im 19. und 20. Jahrhundert (Heinz Reif) 1999. EdG 55
Geschichte der Familie im 19. und 20. Jahrhundert (Andreas Gestrich)
1998. EdG 50
Urbanisierung im 19. und 20. Jahrhundert (Klaus Tenfelde)
Von der ständischen zur bürgerlichen Gesellschaft (Lothar Gall)
1993. EdG 25
Die Angestellten seit dem 19. Jahrhundert (Günter Schulz) 2000. EdG 54
Die Arbeiterschaft im 19. und 20. Jahrhundert (Gerhard Schildt)
1996. EdG 36
Frauen- und Geschlechtergeschichte im 19. und 20. Jahrhundert (N. N.)
Die Juden in Deutschland 1780–1918 (Shulamit Volkov) 2. Aufl. 2000.
EdG 16
Die deutschen Juden 1914–1945 (Moshe Zimmermann) 1997.
EdG 43

Gesellschaft

Die Industrielle Revolution in Deutschland (Hans-Werner Hahn)
2., durchges. Aufl. 2005. EdG 49
Die deutsche Wirtschaft im 20. Jahrhundert (Wilfried Feldenkirchen)
1998. EdG 47
Agrarwirtschaft und ländliche Gesellschaft im 19. Jahrhundert (Stefan Brakensiek)
Agrarwirtschaft und ländliche Gesellschaft im 20. Jahrhundert (Ulrich Kluge)
2005. EdG 73
Gewerbe und Industrie im 19. und 20. Jahrhundert (Toni Pierenkemper)
2., um einen Nachtrag erw. Auflage 2007. EdG 29
Handel und Verkehr im 19. Jahrhundert (Karl Heinrich Kaufhold)
Handel und Verkehr im 20. Jahrhundert (Christopher Kopper) 2002.
EdG 63
Banken und Versicherungen im 19. und 20. Jahrhundert (Eckhard Wandel)
1998. EdG 45
Technik und Wirtschaft im 19. und 20. Jahrhundert (Christian Kleinschmidt)
2007. EdG 79
Unternehmensgeschichte im 19. und 20. Jahrhundert (Werner Plumpe)
Staat und Wirtschaft im 19. Jahrhundert (Rudolf Boch) 2004. EdG 70
Staat und Wirtschaft im 20. Jahrhundert (Gerold Ambrosius) 1990.
EdG 7

Wirtschaft

Kultur, Bildung und Wissenschaft im 19. Jahrhundert (Hans-Christof Kraus)
2008. EdG 82
Kultur, Bildung und Wissenschaft im 20. Jahrhundert (Frank-Lothar Kroll)
2003. EdG 65

Kultur, Alltag und
Mentalitäten

Lebenswelt und Kultur des Bürgertums im 19. und 20. Jahrhundert (Andreas Schulz) 2005. EdG 75
Lebenswelt und Kultur der unterbürgerlichen Schichten im 19. und 20. Jahrhundert (Wolfgang Kaschuba) 1990. EdG 5

Religion und Kirche

Kirche, Politik und Gesellschaft im 19. Jahrhundert (Gerhard Besier) 1998. EdG 48
Kirche, Politik und Gesellschaft im 20. Jahrhundert (Gerhard Besier) 2000. EdG 56

Politik, Staat, Verfassung

Der Deutsche Bund 1815–1866 (Jürgen Müller) 2006. EdG 78
Verfassungsstaat und Nationsbildung 1815–1871 (Elisabeth Fehrenbach) 2., um einen Nachtrag erw. Aufl. 2007. EdG 22
Politik im deutschen Kaiserreich (Hans-Peter Ullmann) 2., durchges. Aufl. 2005. EdG 52
Die Weimarer Republik. Politik und Gesellschaft (Andreas Wirsching) 2000. EdG 58
Nationalsozialistische Herrschaft (Ulrich von Hehl) 2. Aufl. 2001. EdG 39
Die Bundesrepublik Deutschland. Verfassung, Parlament und Parteien (Adolf M. Birke) 1997. EdG 41
Militär, Staat und Gesellschaft im 19. Jahrhundert (Ralf Pröve) 2006. EdG 77
Militär, Staat und Gesellschaft im 20. Jahrhundert (Bernhard R. Kroener)
Die Sozialgeschichte der Bundesrepublik Deutschland bis 1989/90 (Axel Schildt) 2007. EdG 80
Die Sozialgeschichte der DDR (Arnd Bauerkämper) 2005. EdG 76
Die Innenpolitik der DDR (Günther Heydemann) 2003. EdG 66

Staatensystem, internationale Beziehungen

Die deutsche Frage und das europäische Staatensystem 1815–1871 (Anselm Doering-Manteuffel) 2. Aufl. 2001. EdG 15
Deutsche Außenpolitik 1871–1918 (Klaus Hildebrand) 2. Aufl. 1994. EdG 2
Die Außenpolitik der Weimarer Republik (Gottfried Niedhart) 2., aktualisierte Aufl. 2006. EdG 53
Die Außenpolitik des Dritten Reiches (Marie-Luise Recker) 1990. EdG 8
Die Außenpolitik der Bundesrepublik Deutschland 1949 bis 1990 (Ulrich Lappenküper) 2008. EdG 83
Die Außenpolitik der DDR (Joachim Scholtyseck) 2003. EDG 69

Hervorgehobene Titel sind bereits erschienen.

Stand: (Oktober 2007)